TOBIAS BECK

REH BELLION

Zeige der Welt, was in dir steckt

NXTLVL

Wichtige Hinweise

Die im Buch veröffentlichten Empfehlungen wurden von Verfasser und Verlag erarbeitet und geprüft. Der Inhalt dieses Buches beruht ausschließlich auf den persönlichen Erfahrungen des Autors und erhebt keinen wissenschaftlichen Anspruch. Die benutzten Begrifflichkeiten sind wertfrei. Eine Garantie kann dennoch nicht übernommen werden. Ebenso ist die Haftung des Verfassers bzw. des Verlages und seiner Beauftragten für Personen-, Sach- und Vermögensschäden ausgeschlossen.

Dieses Buch ist urheberrechtlich geschützt. Jede Verwertung ist ohne Zustimmung des Autors nicht zulässig. Das gilt gleichermaßen für Vervielfältigungen, Übersetzungen, Verfilmungen und Einspeicherung und Verarbeitung in elektronischen Systemen. Die Publikation enthält Links zu externen Webseiten Dritter, auf deren Inhalte wir keinen Einfluss haben; für diese fremden Inhalte können wir keine Gewähr übernehmen. Rechtswidrige Inhalte waren zum Zeitpunkt dieser Veröffentlichung nicht erkennbar.

Auch wenn eine gendergerechte Sprache wünschenswert ist, gibt es aus Sicht des Verlages bisher keine befriedigende, gut lesbare Lösung. Der leichten Lesbarkeit zuliebe haben wir des Öfteren von der Doppelung männlicher und weiblicher Formen Abstand genommen. Selbstverständlich liegt es uns fern, dadurch einen Teil der Bevölkerung zu diskriminieren.

1. Auflage

NXT LVL GmbH, An der Dornwiese 2, 82166 Gräfelfing
www.next-level-verlag.de

Autor: Tobias Beck, www.tobias-beck.com
Co-Autor: Gerd König
Lektorat: Ulrike Strerath-Bolz
Schlusskorrektur: Rainer Weber
Cover- und Umschlaggestaltung: www.b3k-design.de,
Andrea Schneider & diceindustries
Coverfoto © Johannes Franzky (Pacing Pixels) www.pacingpixels.de
Satz: Satzwerk Huber, Germering
Druck: GGP Media GmbH, Pößneck
Printed in Germany
ISBN Print: 978-3-949458-60-6
ISBN E-Book (PDF): 978-3-949458-61-3
ISBN E-Book (EPUB, Mobi): 978-3-949458-62-0

Inhalt

Vorwort

von John Strelecky

Das Buch in deinen Händen wurde von jemandem geschrieben, dem du und dein Leben am Herzen liegen. Tobi kenne ich bereits seit einer Ewigkeit und ich bin immer noch davon beeindruckt, mit welcher Konzentration und Hingabe er sich um andere kümmert. Seine eigene Lebensgeschichte ist eine Geschichte voller Entbehrungen und Not, vor allem in seiner Jugend – eine Wirklichkeit, an der er leicht hätte zerbrechen können. Stattdessen fand er den Mut und die Inspiration, sein wahres Ich zu finden, seine wahre Berufung, und den Mut, auch in den schwierigsten Zeiten weiterzumachen. Aus dieser Entwicklung heraus entstand auch sein enormes Maß an Empathie und Mitgefühl für andere.

Tobi ist auf dem Gebiet der Selbstentfaltung des eigenen Ichs tätig. Was ich in diesem Bereich am meisten liebe, ist die große Bandbreite an Methoden, individuellen Herangehensweisen, Persönlichkeiten und Nuancen, die man dort findet. Wahrscheinlich liebe ich das so sehr, weil wir Menschen nun mal einzigartig und unterschiedlich sind. Selten, wenn überhaupt, gibt es etwas, das für *alle* funktioniert. Viele Möglichkeiten zu haben bedeutet also, dass es für jeden von uns eine größere Chance gibt, genau die Art von Inspiration, Hoffnung und Führung zu finden, die uns helfen kann, unser Leben dorthin zu bringen, wo wir es haben wollen.

Tobi hat eine spezifische Herangehensweise, die einzigartig ist. Er redet nicht um den heißen Brei herum, sondern sagt, was er denkt: brutale Offenheit, nicht nur wenn er anderen mitteilt, wozu sie seiner Überzeugung nach fähig sind, sondern auch in der Einschätzung seiner eigenen Aktivitäten, Lernerfahrungen und Momente des Scheiterns.

Er ist bereit, sich auf eine Art und Weise einzubringen, die andere herausfordert, aber auch seine eigenen Schwächen aufzeigt, um in der Summe seiner Herangehensweise Menschen zu helfen, an ihre innere Größe zu glauben.

Wenn ich ein Buch lese und einen einzigen Satz mitnehme, der mir Gänsehaut beschert, dann war es das Geld wert, das ich bezahlt habe. Das war schon immer meine Meinung. Denn es ist ja nicht so, dass ich den Satz nur einmal lesen kann. Ich kann ihn sehen, in ihn eintauchen, an ihm wachsen ... für immer. »Du wurdest groß geboren, du wurdest klein erzogen« ist nur einer von vielen solchen Sätzen in diesem Buch.

Auf 250 Seiten ist Tobi nur eines: Tobi. Er setzt sich mit ganzer Kraft ein und ist mit ganzem Herzen dabei, um dir zu helfen, die beste Version deiner selbst zu sein.

Viel Spaß beim Lesen!

John Strelecky
Autor des internationalen Bestsellers *Das Café am Rande der Welt*
und der Buchreihe *The Big Five for Life*

Intro: No Bambi, No Cry

Let's do some Brainwashing.

Ja, du hast richtig gelesen. Fürs stumpfe Entertainment sind andere zuständig. Du hast die Wahl: Netflix, »Untenhaltungsindustrie«, Bundesliga, Insta-Storys mit Kätzchen und Gratis-Beleidigungen von Piggy999 in den Kommentaren, Birne zuknallen bei der nächstbesten Party, Gamen bis zur Sehnenscheidenentzündung oder, wenn du nicht grundsätzlich gegen Bücher bist: irgendwas mit Why, Wellness, Wohlstand in drei Minuten oder irgendwas mit Marketing.

Kannst du alles machen, wenn dir das reicht – wenn dir das wirklich, wirklich genug ist. Let them entertain you. Klapp jetzt dieses Buch zu, viel Spaß, schönes Leben noch. Vielleicht sehen wir uns später, vielleicht auch nicht. Bei mir findest du immer offene Arme.

Hier bekommst du nichts von alldem. Hier wird dein Gehirn gewaschen. Vielleicht ist dir dieses Buch an manchen Stellen zu rau. Ich rede die meiste Zeit über mit deinem Kopf, weil du da nun mal die Entscheidungen triffst – und der braucht das so. Eigentlich möchte ich dich am liebsten schütteln, um dir zu zeigen, wie großartig du bist. Wenn die Aufzählung oben so ungefähr deinen bisherigen Tagesablauf beschreibt, sei gewarnt: Dann waschen wir dein Gehirn nicht nur, dann spülen wir bei dir mit dem Hochdruckreiniger durch. Mit kaltem Wasser. Das wird kein wohltemperierter Wellness-Trip. Den kriegst du woanders. Hier bekommst du Brainwashing. Hier machen wir Real Talk. Hier jagen wir Bambi.

Nimm es bitte nicht persönlich, aber nimm es unbedingt persönlich!

Warum der Real Talk? Warum habe ich ein Buch geschrieben, das auch für mich selbst keine leichte Kost ist? Warum mute ich uns beiden diese schonungslose Offenheit zu, bis mindestens einer von uns heult?

Erstens: Weil ich will, dass du meine Liebe spürst. Tough love. Damit du verstehst, wie ernst ich es mit dir meine. Weil es wehtun muss, bevor es besser wird. Und du willst, dass es besser wird – nicht einfach anders, sondern besser. Darum, das wissen wir beide, hast du nach diesem Buch gegriffen. Also sparen wir uns die Nettigkeiten und sind einfach ehrlich miteinander. Von Mensch zu Mensch. Von einem sterblichen, unvollkommenen Wesen zum anderen.

Zweitens: Weil uns die Zeit davonläuft. Mir auf jeden Fall, weil ich das Maximum aus meinem Leben herausholen will. Du etwa nicht? Ich habe vor langer Zeit eine Entscheidung getroffen, und ich werde für nichts und niemanden eine Ausnahme machen: Ich vergeude meine Zeit nicht mit Bullshit. Wir haben sowieso viel zu wenig davon – Zeit, nicht Bullshit. Von dem haben wir viel zu viel. Aber Zeit? Du hast keine zu verschwenden, und unser Land auch nicht. Die Wirtschaft fährt vor den Baum, die politischen Verhältnisse werden immer instabiler, der soziale Zusammenhalt bröckelt. Ganz zu schweigen davon, dass der Planet stirbt. Neben dem allgegenwärtigen Personalmangel leidet unsere Gesellschaft unter einem Mangel, der noch viel schlimmer ist und gegen den wir mit allem ankämpfen müssen, was wir haben: unter einem Mangel an Leuten, die für sich und andere was reißen wollen. Die wollen, dass sich hier der Wind dreht. Die wollen, dass sich etwas ändert. Die wollen, dass wir wieder auf die Beine kommen und in der Welt mitmischen. Wenn du dieses Buch in der Hand hast, gehörst du zu uns: zu denen, die noch was vorhaben und dabei nicht nur an sich denken. Die wissen, dass wir keine Zeit mehr zu verlieren haben. Wir wollen dich, wir brauchen dich – und ich bin hier, um dich abzuholen. Wenn das Brainwashing ist, bitte schön! I want you for Tobis Army! Wir kämpfen hier mit der härtesten Bandage von allen: mit Liebe. Und Liebe, da erzähle ich dir nichts Neues, muss manchmal wehtun.

Drittens: Weil du dein Leben verschwendest. In dir steckt so viel mehr, als du bisher aus dir machst. Das weiß ich, denn sonst hättest du spätestens nach dem dritten Absatz nicht mehr weitergelesen. Wahrscheinlich hättest du dieses Buch gar nicht erst aufgeschlagen. Du lässt meine Worte an dich heran, weil du weißt: Da geht mehr. Weil du willst, dass sich endlich etwas verändert – für dich und für die Welt.

Weil du Bock hast auf *Reh*bellion!

Vielleicht suchst du schon seit Jahren nach deinem Why. Schließlich sagen ja alle, dass man das tun muss. Das Why ist der Anfang, mit dem Why geht es los! Vielleicht hast du bereits Dutzende Bücher gelesen, alle möglichen Seminare besucht und irgendwo an einem Beach in Thailand achtsam in eine Kokosnuss geatmet, bis dir schwarz vor Augen wurde. Vielleicht hast du dabei sogar einen Moment der Erleuchtung erlebt oder wenigstens Sterne gesehen. Vielleicht hast du ein paar gute Ideen eingesammelt. Vielleicht hast du dir ein paar schlechte Angewohnheiten abgewöhnt und ein paar gute Rituale in dein Leben gelassen. Aber das große Why, das alle Fragen beantwortet und deinem Leben auf magische Weise einen Sinn gibt, das hast du trotzdem nicht gefunden. Obwohl du alles versucht hast, was man schmerzlos versuchen kann, stehst du immer noch auf dieser verdammten Startlinie und kommst nicht vom Fleck.

Und warum? Weil jedes Mal, wenn du kurz davor warst, wirklich etwas zu verändern, dein inneres Bambi sich dir in den Weg gestellt hat.

Deshalb müssen wir Bambi loswerden. Dieses kulleräugige Bündel Fake-Niedlichkeit, das sich bei jeder Gelegenheit zwischen dich und dein Potenzial geschoben hat, wird dir nicht länger im Weg stehen. Diese Stimme in deinem Ohr, die dir alle guten Ideen und alle Ambitionen ausredet, werden wir ruhigstellen. Wir werden uns um Bambi kümmern – wenn du verstehst, was ich meine. Am Ende dieses Buches wirst du ohne diesen unsicheren, ja-sagenden, klein beigebenden, manipulierbaren und manipulativen inneren Saboteur im Kuschelpelz auskommen, der dein Leben in Watte packt, deine Worte dämpft und deine Entscheidungen bremst.

Dein inneres Bambi: Das ist das Opfer, das du bringen musst. Nicht mehr, aber auch nicht weniger. Danach wird dein Leben ein anderes, ein ganz anderes sein: No Bambi, No Cry. Bist du wirklich bereit dazu?

Noch etwas möchte ich mit dir klären, bevor es losgeht. Was in diesem Buch und bei meinen Live-Programmen, Seminaren und Online-Trainings passiert, ist *Persönlichkeitsentwicklung*. So weit, so einfach. Doch ich muss dich warnen: Dieses Wort ist trügerisch. Es wird oft missverstanden. Manche halten Persönlichkeitsentwicklung für eine Entschuldigung, sich nur noch um sich selbst zu kümmern. Diese Menschen entwickeln sich nicht; sie bleiben einfach auf ihrem Ego-Trip hängen. Das ist das Gegenteil von Wachstum! Du kannst von morgens bis abends im Lotussitz irgendwo rumhängen, aber irgendwann wird der kalte Wind der Realität unter der Yogamatte durchpfeifen.

Bei der persönlichen Entwicklung geht es eben nicht nur um dich. Es geht um uns alle. Es geht darum, herauszufinden, wie du deine Rolle in der Welt finden und ausfüllen kannst. Und zwar zu einem Zweck, der viel größer ist als du und ich: Damit du, wenn du dein bestes Leben lebst, zurückgeben kannst. Damit du dich um andere kümmern kannst. Du machst das hier nicht nur für dich, du machst das für deine Leute: für deine Familie. Für deine Kinder. Für deine Freundinnen und Freunde. Für dein Team. Für alle, die am selben Strang ziehen wie du. Und für die, die schwächer sind als du. Für die Bambis da draußen, die noch auf zittrigen Beinchen durchs Leben staksen und auf den guten Willen anderer angewiesen sind. Ich mache das für dich, und wir machen das für alle. Aber nur, wenn du mit im Boot bist. Ich kann dich nicht verändern. Ich kann dein Bambi nicht für dich erledigen. Das kannst nur du allein.

Lass mich deine Welt erschüttern, damit du die Welt verändern kannst. Lass uns die Hindernisse aus dem Weg räumen, die dich von deiner wahren Größe abhalten. Lass mich dein Gehirn waschen. No More Bambi. *Reh*bellion jetzt!

Bevor es richtig losgeht, musst du schon das erste Mal sehr, sehr tapfer sein. Die erste Illusion, die ich dir nehmen muss, wird nämlich gleich richtig wehtun: Bambi war gar kein Reh! Das Ur-Bambi aus der Romanvorlage von Felix Salten aus dem Jahr 1923 und dem Zeichentrickfilm von Walt Disney von 1942 war ein Hirschkalb, ein kleiner Weißwedelhirsch, der später zu einem stolzen Familienhirsch heranwuchs. Für deine und unsere *Reh*bellion macht das allerdings nicht den geringsten Unterschied. Ebenso wenig, dass Bambi ein Junge war, ganz im Gegenteil: Das innere Bambi ist absolut *pangender*. Die Themen dieses Buches betreffen alle. Am schönsten bist du, wenn du dich zeigst, wie du bist. Also triffst du auch die Entscheidung, welche Pronomen du deinem inneren Bambi gibst.

TEIL I
Know Your Bambi

Rehe im Scheinwerferlicht

Der *Reh*flex

Kennst du das Gefühl, wenn die Ungewissheit dich erstarren lässt? Wenn das Leben mit all seinen Möglichkeiten vor dir liegt und du genau deshalb den Wald vor lauter Bäumen nicht siehst? Hast du irgendwann in deinem Leben schon mal die Hilflosigkeit gespürt, die Besitz von dir ergreift, wenn du von deinem eigenen Licht geblendet wirst? Erinnerst du dich an die verzweifelte Hoffnung, eine Lösung möge vom Himmel fallen?

Das ist der *Reh*flex. Und ich bin gekommen, um ihn dir auszutreiben.

Wahrscheinlich ist dir schon aufgefallen, dass der *Reh*flex immer im falschen Moment einsetzt: genau dann, wenn es zählt. Immer, wenn in deinem Leben etwas Aufregendes, Spannendes, Weltbewegendes passiert, das alles verändern könnte: Das sind die Momente, in denen du plötzlich erstarrst und wie ein Crash-Test-Dummy das Schicksal auf dich zurasen lässt, anstatt die Kontrolle über die Situation zu übernehmen. Wenn das stumpfsinnige, ahnungslose Bambi in dir einfach stehen bleibt und sich vom Leben überfahren lässt, statt eine Entscheidung zu treffen und den Weg des Lebens und der Freiheit zu wählen.

Warum macht Bambi das? Warum bleiben Wildtiere wie angewurzelt im Scheinwerferlicht stehen? Warum bleibt dein inneres Bambi regungslos, statt in Aktion zu treten – und du mit ihm?

Ganz einfach: Weil es nicht kapiert, was los ist. Das Reh, der Hirsch und viele anderen Wildtiere, die in die ewigen

Jagdgründe und die Unfallstatistik eingehen, werden nicht etwa von plötzlichem Lampenfieber befallen, wenn die Scheinwerfer eines herannahenden Fahrzeugs auf sie gerichtet sind. Sie bleiben nicht stehen, weil sie auf einmal bewegungsunfähig wären oder »erstarren«, wie es häufig genannt wird. Sie bleiben stehen, weil sie die Gefahr, die auf sie zurast, gar nicht erkennen. Sie bringen das gleißende Licht nicht mit einem Auto in Verbindung; sie sehen nur Licht. Und so schauen sie neugierig, was da wohl los ist. Dieses »Überprüfungsverhalten« hilft ihnen normalerweise, eine mögliche Gefahr einzuschätzen und angemessen zu reagieren. Ihre üblichen Feinde im Wald haben ja keine Scheinwerfer und sind auch nicht mit 140 Sachen auf der Landstraße unterwegs.

Das ist der eine Grund.

Der andere Grund ist, dass das Scheinwerferlicht Bambis übliche Reaktionsmuster lahmlegt. Weil das Reh geblendet wird, kann es seine unmittelbare Umgebung nicht mehr ausreichend wahrnehmen – es ist praktisch nur noch von gleißendem Licht umgeben. Durch den Lichtkegel bekommt das Tier eine Art Tunnelblick. Dadurch kann es mögliche Fluchtwege um sich herum nicht mehr erkennen. Und weil es nicht weiß, wohin, bleibt es lieber stehen, bis es wieder sehen kann – also bis das Auto vorbeigefahren ist. Wenn es vorbeifährt. Das ist das Problem: Bambi ist dem Licht und der heranrasenden Bedrohung ausgeliefert. Es lässt das Schicksal die Entscheidung treffen, ob und wie es mit seinem Leben weitergeht. Es bleibt passiv, wo es dringend aktiv werden müsste. Tote Masse statt bewegliches Ziel, und deshalb: potenziell gleich tot.

Das ist Bambi im Scheinwerferlicht. Und nun frage ich dich: Bist das auch du, wenn das Schicksal auf dich zurast? Bist das du, jedes Mal, wenn das Leben dir eine Veränderung in den Weg stellt? Bist das du in den entscheidenden Situationen, die alles verändern könnten – tote Masse statt bewegliches Ziel?

Wenn die Antwort Ja ist, dann bist du hier richtig. Wenn du auch nur ein einziges Mal in den letzten Jahren vor einer Veränderung erstarrt bist und deine Zukunft dem Schicksal überlassen hast, anstatt selbst zu entscheiden, dann müssen wir daran arbeiten. Wenn du auch nur den Hauch eines Zweifels hast, dass die alleinige Kontrolle über dein Leben und deine Reaktion auf Gegenverkehr auf deinem Weg in deiner Hand liegen, und in deiner Hand allein, dann müssen wir Bambi in seinen flauschigen weißen Hintern treten – damit es sich bewegt, bevor es zu spät ist.

Jeder Scheinwerfer in deinem Leben kündigt Veränderung an. Und die einzig richtige Reaktion auf Veränderung ist kontrollierte Bewegung: der Sprung in die Freiheit, bevor es zu spät ist.

Selbstbestimmung.

Was ist ein inneres Bambi?

Auf diese Frage gibt es eine kurze und eine lange Antwort. Fangen wir mit der langen an.

Besondere Menschen – Menschen wie du – haben die Neigung, sich selbst zu hinterfragen. Ihre natürliche Denk- und Bewegungsrichtung ist vorwärts. Sie wollen dynamisch leben, nicht statisch. Sie wollen wachsen. Sie wollen sich entwickeln und sind bereit, sich zu verändern, damit sich etwas verändert – in ihrem Leben, in ihrem Umfeld, in der Welt. Deshalb fällt es ihnen auf, wenn es nicht vorwärtsgeht, wenn sie von etwas blockiert werden, das sie von ihren Zielen abhält und verhindert, dass sie sich verändern.

Dieses Etwas ist manchmal so klein und nervig wie ein Steinchen im Schuh. Manchmal ist es aber auch so gigantisch und frustrierend wie ein Felsbrocken mitten auf der A4 am letzten Tag der Sommerferien. Mal stört es nur, mal legt es alles lahm. Mal liegt es auf der Hand, mal ist es vollkommen unerklärlich. Es kann unsichtbar in deinen Gedanken verborgen sein oder so offensichtlich wie eine Eisenkugel, die an dein Bein gekettet ist. Nicht mal real muss es sein. Die größten Hürden, die wir im Leben überspringen müssen, sind ganz oft eingebildet – aber das macht sie kein bisschen weniger hinderlich.

Woher dieses Etwas kommt, ist eine Frage, die die Philosophen, die Psychologen, die Soziologen und viele andere gebildete Menschen seit Jahrhunderten beschäftigt. Eine richtig gute Antwort haben all die schlauen Köpfe bis heute nicht gefunden. Dieses Etwas ist nämlich scheu. Meistens siehst du nur sein kuschelweißes Popöchen, wie es im Dickicht des Waldes verschwindet. Dieses schlüpfrige, flauschige Etwas, es will nicht erwischt werden. Und wenn du es doch mal zu fassen bekommst, dann schaut es dich mit seinen großen braunen Kulleraugen an und blitzdingst dich mit seiner Niedlichkeit, damit du alles wieder vergisst, was du bisher gelernt hast. So kriegt es dich jedes Mal aufs Neue.

Manche halten dieses Etwas für einen Mythos, wie den Yeti – eine Erfindung fauler Menschen, damit sie eine Ausrede haben, wenn sie ihren Hintern mal wieder auf dem bequemen Sofa geparkt lassen. Glaube ich nicht! Denn wenn ich mir die Berichte über Yeti-Sichtungen so anschaue, bekomme ich den Eindruck: Man muss ihn sehen *wollen*. Dieses Etwas aber kreuzt immer im ungünstigsten Moment ungefragt auf. Je weniger man es gebrauchen kann, desto penetranter macht es sich bemerkbar. Niemand will es sehen, doch es ist allgegenwärtig. Und es stört die am meisten, die eben nicht faul sind, sondern etwas reißen wollen und darüber stolpern.

Experten vermuten, dass es in deinem Unterbewusstsein lebt – da, wo es unbeobachtet Schaden anrichten kann. Andere Experten schwören Stein und Bein, dass es so offensichtlich ist wie ein Brett vor dem Kopf, nur eben nicht für den, der es vor der Stirn hat.

Kein Wunder also, dass es so viele Namen für dieses Etwas gibt, einer hässlicher als der andere: von A wie Angst bis Z wie Zweifel. Wenn du mich fragst, sind diese Worte nur Umschreibungen, flüchtige Zustände, verschiedene Ausprägungen, kurzfristige Symptome der eigentlichen Diagnose, die vielleicht nicht dein Leben bedrohen, aber deine Möglichkeiten auf das Existenzminimum zusammenschrumpfen lassen.

Also habe ich beschlossen, dem Kind einen Namen zu geben. Aber warum Bambi? Warum nicht etwas Teuflischeres wie Satan, Voldemort oder Karlheinz?

Weil deine größte innere Blockade eben kein einfaches Feindbild ist. Deine schlimmsten inneren Veränderungsvermeidungskomplexe, Entwicklungsblockierungssyndrome und Wachstumsverhinderungsstrategien sind eben keine hässlichen Teufelchen, die man auf den ersten Blick an ihren Hörnern erkennt und die schon eine Meile gegen den Wind nach Schwefel stinken. Das, was dich ausbremst, ist nicht so einfach und klar umrissen, sonst hätten wir es ja alle im Griff. Das, was dich am meisten zurückhält, ist manchmal das, wovon du dich am wenigsten lösen willst. Wer dir am meisten schadet, ist manchmal der, den du am meisten liebst. Was dir guttun würde ist nicht selten gerade das, was du am meisten fürchtest – und umgekehrt. Persönlichkeitsentwicklung ist keine Romcom für zarte Gemüter und schwache Nerven. Veränderung hat viele Gesichter, und Wachstum gibt es nicht ohne Schmerzen. Das Leben ist nicht logisch, nicht schwarzweiß und nicht klar umrissen. Es ist reich an Überraschungen, je erfüllter, desto reicher.

Deshalb habe ich einen Namen gesucht, der eben nicht offensichtlich ist. Einen, der genauso bösartig niedlich ist wie das Problem, das er beschreibt. Ich habe einen Namen gesucht, der so unerträglich nervig ist, dass man ihn am liebsten zugleich knuddeln und erwürgen möchte.

Deshalb Bambi. Das war die lange Antwort. Hier kommt die kurze: Dein inneres Bambi steht für alles, was dich von deinem besten Leben abhält.

Zeit, Bambi näher kennenzulernen, meinst du nicht? Let me introduce you.

Die Angst vor deiner eigenen Größe

In dir steckt etwas Großes. Woher ich das weiß? Ich weiß das, weil du dieses Buch sonst nicht in der Hand halten würdest. Du könntest stattdessen ja auch alles andere machen, was ich im Vorwort bereits aufgezählt habe: Netflix, Saufen, den Kopf in Watte packen. Stattdessen liest du diese Zeilen und lässt dir meinen Real Talk gefallen. Ich weiß, dass das nicht immer einfach auszuhalten ist. Genau deshalb bin ich überzeugt davon, dass du bereit bist, aufzustehen und etwas zu bewegen.

Und doch stehst du noch am Anfang deiner Reise, nicht wahr? Vielleicht ahnst du, dass der Weg, der vor dir liegt, nicht immer einfach sein wird. Ich will dir nichts vormachen: Mit diesem Verdacht hast du recht. Du wirst unterwegs hinfallen. Du wirst enttäuscht werden. Du wirst Schmerzen aushalten müssen. Doch das ist notwendig. Genau diese Leidensmomente und Rückschläge brauchst du, um zu realisieren, wie groß du tatsächlich bist. In den schwierigen Phasen wirst du dir erst wirklich klar darüber werden, wie viel du aushältst und was du alles zu leisten imstande bist, um deine Ziele zu erreichen.

In dir steckt mehr Kraft, als du mit deinem Verstand für möglich hältst. Viel, viel mehr Kraft! Da stellt sich natürlich die Frage: Wo steckt sie denn, diese unbändige Energie, mit der du alles erreichen kannst? Oder anders gefragt: Wo versteckst du sie? Denn das tust du. Hättest du all diese Kraft bereits entfesselt, bräuchtest du dieses Buch nicht mehr. Du wärst längst da, wo du hinwillst. Denn wenn es dir an einem nicht mangelt, dann an Kraft.

Die erste, die mir die Augen für die innere Größe geöffnet hat – und ganz besonders für diese rohe Schöpferkraft, die sich in der weiblichen Seele verbirgt –, war meine Oma. Sie hat oft einen Satz gesagt, der auf den Punkt bringt, wonach ich mit meiner Arbeit heute strebe: »Wenn die richtigen Menschen mit der richtigen Energie am richtigen Ort zum richtigen Zeitpunkt zusammenkommen, dann sind Wunder möglich.«

Meine kleine Tochter Maya hat mich vor einer Veranstaltung mit mehreren Tausend Teilnehmern einmal gefragt: »Papa, warum machst du das? Warum redest du mit all diesen Menschen?«

Die Antwort hat mit jeder einzelnen Person im Publikum zu tun und auch mit jeder meiner Leserinnen und jedem meiner Leser. Die Antwort hat mit *dir* zu tun. Denn ich mache das nicht für Tausende von Menschen. Ich mache das für dich, für dich ganz allein. Ich mache das für die eine Person unter Tausenden, die zu irgendeinem Zeitpunkt, während ich spreche, einen Durchbruch erlebt. Die von irgendetwas, was ich sage, abgeholt und mitgerissen wird. Ich mache das für den Moment, in dem du aufspringst und sagst: »Ich bin bereit! Ich mache das für mich!«

Ich mache das für dich. Denn du wirst diejenige oder derjenige sein, der nach vorn prescht und allen anderen zeigt, wie es geht.

Das ist der Moment, in dem dieses Große in dir zum Leben erwacht und sich mit der Welt verbindet. Denn auch, wenn dieser Erweckungsmoment aus dir ganz allein herausbricht und nur aus dir kommen kann: Du machst das eben nicht nur für dich.

Deine wahre Größe wird erst freigesetzt, wenn du deine Schöpferkraft in etwas einbringst, das noch größer ist als du. Du stehst nicht nur für dich auf, auch wenn du damit den Anfang machst. Du stehst für deine Leute auf. Du stehst für deine Familie und deine Freunde und dein Team auf. Und wenn du das hier liest und eine Frau bist: Du stehst für alle Frauen auf. Du stehst sogar für Männer wie mich auf. Denn es war eine Frau, die mir den Anstoß gegeben hat, den Schritt in die Sichtbarkeit zu wagen. Du wirst in diesem Buch noch von ihr lesen, und von anderen starken Frauen wie ihr. Von den Leaderinnen, Kämpferinnen, die für uns alle das Heft in die Hand nehmen – für die Frauen, für die Männer, für die Kinder und für die Benachteiligten.

Was glaubst du, wo sind diese »richtigen Menschen«, von denen meine Oma früher gesprochen hat? Wen meinte sie damit?

Dich meinte sie!

Wann ist wohl dieser Zeitpunkt, von dem immer alle sprechen, der »richtige Zeitpunkt«, wenn man plötzlich weiß, was zu tun ist?

Jetzt ist der Zeitpunkt!

Und wo ist diese Energie, mit der du gemeinsam mit anderen Großes erreichen kannst?

Sie steckt tief in dir und wartet darauf, endlich entfesselt zu werden.

Aber sie ist vergraben. Sie ist verschüttet unter Leid, Frust und Selbstzweifeln. Sie ist verborgen unter all den schädlichen Denkmustern und Gewohnheiten, mit denen du dich selbst kleinmachst. Und sie ist verborgen unter den Glaubenssätzen, mit denen du dich von anderen dein ganzes Leben lang hast kleinhalten lassen.

Lass uns einige dieser Denkmuster, Gewohnheiten und Glaubenssätze aus deinen Gedanken herausreißen und ins Licht halten, damit du sehen kannst: Sie sind nicht wahr, und sie können dich nicht steuern, wenn du es nicht zulässt. Sie sind nichts als Gedankenmüll, der dir die Sicht versperrt und der Energie in dir den Weg ins Freie blockiert, weil er deine Vorstellungskraft limitiert. Du kennst diese Phrasen der Unterdrückung:

»Das schaffe ich nie.«
»Dafür bin ich nicht gemacht.«
»Daran sind schon ganz andere als ich gescheitert.«
»Das ist eine Nummer zu groß für dich.«
»Das ist kein Job für eine Frau.«
»Dafür braucht man ganz andere Kompetenzen.«
»Als ob die Welt gerade auf dich gewartet hätte.«
»Dafür ist die Zeit noch nicht reif.«
»Dazu bist du noch nicht bereit.«
»Gib deine Sicherheit nicht für ein Wolkenschloss auf.«
»Hochmut kommt vor dem Fall.«
»Spiel nicht mit dem Feuer.«
»Was, wenn du scheiterst?«

Jede dieser schäbigen Anfechtungen, die dich kleinhalten und deine Kraft unterdrücken wollen, hat eine Stimme. Hörst du sie? Hörst du, wer sich dir in den Weg stellt? Hörst du, welche Menschen und Einflüsse in deinem Leben dein inneres Bambi simuliert, um zu verhindern, dass du den Mut aufbringst und dich deiner Herausforderung stellst? Hörst du, wie es dich manipuliert?

Wenn du ehrlich mit dir selbst bist, weißt du, was da aus dir spricht – welche Macht dein inneres Bambi repräsentiert. Du weißt es, nicht wahr? Es ist die Angst. Und es ist nicht in erster Linie die Angst vor dem Scheitern. Das glaubst du vielleicht, weil es leichter ist, sich das einzugestehen. Doch sie ist nicht dein größtes Problem. Was dich wirklich aufhält und deinem inneren Bambi diese unglaubliche Macht über dich verleiht, ist die Angst vor deiner wahren Größe.

Um diese Angst und Bambi zu überwinden, musst du vieles hinterfragen, woran du bisher geglaubt hast. Nur eines musst du endlich aufhören zu hinterfragen: deine Größe. Das Ausmaß deiner Kraft. Das Potenzial dieser unglaublichen Energie. Dein Denken kannst, sollst und musst du hinterfragen. Denn dein Denken ist meistens das, was dich aufhält. Aber dich – deinen Kern, deine Essenz, dein Wesen – darfst du nie wieder hinterfragen. Nicht du bist falsch; nicht du hältst dich klein; nicht du hast dir bisher im Weg gestanden. Du bist groß geboren, und dann wurdest du klein trainiert. Es ist dein Denken, das deinen Weg versperrt. Dein Denken, das du von anderen erworben und übernommen hast.

Du bist nicht klein – du *denkst* dich klein!

Und was bedeutet das für deinen zukünftigen Weg? Ganz einfach: Wenn du dich bisher klein denken konntest, dann kannst du dich ab sofort auch groß denken.

Warum solltest du das tun? Warum solltest du dich auf diesen herausfordernden, kraftraubenden Weg machen, der nicht frei von Risiken ist? Nicht, weil ich es von dir erwarte. Nicht, weil du irgendjemandem etwas beweisen müsstest – fuck die Erwartungshaltung! Sie ist es, die dich in den Käfig gesperrt hat, in dem du bisher lebst. Du hast viel zu lange auf das gehört, was andere sagen, und viel zu viel von dem getan, was andere von dir verlangen. Du musst das für dich tun, weil du es dir schuldest. Weil die richtigen Menschen am richtigen Ort genau jetzt darauf warten, dass du aufstehst, deine Größe annimmst und dich ihnen anschließt. Und weil die falschen Menschen mit den falschen Gedanken das schon viel zu lange verhindert haben. Denn wenn du es nicht tust, dann kannst du deine Rolle und deinen Platz in der Welt nicht ausfüllen.

Und wenn du es trotzdem nicht wagst? Wenn du dich der Angst geschlagen gibst und liegen bleibst? Dann wirst du ewig in deiner eigenen Schuld stehen. Irgendwann wirst du zurückblicken und dir eingestehen müssen, dass du deine Chancen nicht genutzt und der Welt deinen Beitrag vorenthalten hast. Und mit dieser Last auf deiner Seele wirst du gehen. Ist diese Vorstellung nicht unendlich tragisch? Dass du dein Leben verwirken könntest, nur weil du Angst vor deiner wahren Größe hattest?

Ich kann gar nicht ausdrücken, wie unfassbar traurig es mich macht, wenn Menschen ihre Größe verleugnen – nur aus Angst. Wenn meine kleine Tochter Maya Angst im Dunkeln hat, kann ich ihr das nachsehen. Es ist in Ordnung, wenn ich sie an die Hand nehme und ihr ein Licht leuchte, um ihr zu zeigen: Schau, du brauchst keine Angst zu haben, mein Schatz. Sie kann noch nicht wissen, wie man mit Angst umgeht und dass man sie beherrschen kann. Aber wenn Erwachsene Angst vor dem eigenen Licht haben, dann ist das eine Tragödie. Denn die Folge sind Geschichten, die nie geschrieben werden; Abenteuer, die nie erlebt werden; Revolutionen, die nie geschehen. Wenn du Angst vor deiner eigenen Größe hast, dann ist das zum Weinen, weil die Auslöser für diese Angst nicht real sind, ihre Auswirkungen aber sehr wohl.

Um offen zu sein für alles, was in diesem Buch und in deinem Leben ab hier folgen wird, musst du eines uneingeschränkt verstehen und bis in die tiefste Tiefe deiner Seele verinnerlichen: Angst ist fast immer eine Illusion. Angst ist in den allermeisten Fällen etwas, was dein Gehirn dir vorspielt. Solange dir keine unmittelbare Gefahr droht und Leib und Leben auf dem Spiel stehen, musst und kannst du diesen Ur-Instinkt kontrollieren lernen. Unsere Vorfahren brauchten ihn, um zu überleben. Heute sind es vor allem jene, die dir schaden wollen, die ihn triggern. Sie nutzen die berechenbaren und steuerbaren Muster der Angst, um dich zu manipulieren. Geh ihnen nicht auf den Leim. Lass dich von anerzogenem Denken nicht blenden. Hinterfrage jede Befürchtung und jede Anfechtung, die sich in dir und um dich herum regt. Frage dich immer wieder: Bin ich wirklich in Gefahr? Riskiere ich wirklich mein Leben? Wenn nicht, gibt es keinen Grund, Angst zu haben.

Stell dich deiner Schöpferkraft. Richte dich auf. Füll deine Statur aus. Nimm endlich deine wahre Größe an!

Spiritual Bypassing

Bist du ein spiritueller Mensch? Die Wahrscheinlichkeit ist groß, dass du diese Frage mit Ja beantwortest. »Spiritualität« gehört heute schon fast selbstverständlich zu unserem Alltag: Meditationsgruppen, Atemkurse, Achtsamkeitsseminare, buddhistische Bestseller und Yoga on demand gibt es an jeder Ecke, bestimmt auch in deiner Nachbarschaft. Viele Menschen, die solche Angebote nutzen, schwören schon nach den ersten paar Sitzungen Stein und Bein, dass die Spiritualität ein unverzichtbarer Bestandteil ihres Lebens geworden sei.

Ich selbst bin ein großer Fan der Meditation. Ich ziehe jedes Jahr mindestens ein großes Retreat durch, um mich physisch und mental wieder einzunorden. Ich habe in Thailand und auf Bali mit einigen der verehrtesten und weisesten Großmeister des Planeten meditiert und dabei tiefer ins Universum und mich selbst hineingeschaut, als ich mir je hätte träumen lassen.

Spiritualität kann eine unglaubliche Kraft in deinem Leben entfalten, kann dich auf eine neue Daseinsstufe heben und alles, was du tust, mit einer ungeahnten Tiefe erfüllen. Warum? Weil Spiritualität ein Weg ist, dich mit dem Universum und allem zu verbinden, was darin ist – einschließlich aller anderen Menschen auf dieser Welt.

Es ist nur so: Die meisten Menschen in der westlichen Welt haben das mit der Spiritualität falsch verstanden. Vielleicht gehörst du nicht dazu; vielleicht bist du auf deinem Weg der Erleuchtung schon gut unterwegs. Aber wenn du dich in irgendetwas von dem, was ich dir jetzt mitgeben möchte, wiedererkennst, dann bitte ich dich: Nimm dir zu Herzen, was ich dir zu sagen habe. Denn falsche Spiritualität ist nicht nur nutzlos für deine persönliche Entwicklung, sie führt dich auch auf eine falsche Fährte. Mal abgesehen davon, dass sie lästig ist für dein Umfeld.

Viele Menschen betrachten spirituelle Praktiken wie Meditation und Yoga als vorübergehende Exit-Strategie in ihrem vermeintlich stressigen, überfordernden, hektischen Alltag. Spiritualität ist für sie eine Art Fluchtweg in eine alternative Realität. Da gibt es keine Sorgen und keine schlechten Gefühle, sondern nur balsamische Stille, rosa Glückswölkchen und Zitronengras-Duft. Für eine halbe Stunde oder zwei Wochen im Retreat ist alles gut, die Welt in Ordnung und das Leben einfach.

Weißt du, was das ist? Selbstbetrug ist das! Und weißt du auch, was das ganz bestimmt nicht ist? Spiritualität!

Für die Fake-Spiritualität aus der Dose hat die Wissenschaft sogar einen Namen: Spiritual Bypassing. »Bypassing« heißt so viel wie »umgehen«. Den Begriff hat der Psychologe John Welwood in den Achtzigerjahren geprägt. Er beschrieb damit den verbreiteten Trend, Versatzstücke spiritueller Lehren zu missbrauchen, um sich schmerzhaften Gefühlen und tiefen inneren Verletzungen nicht stellen zu müssen. Wer Spiritual Bypassing betreibt, versucht damit aber nicht nur, Leid zu vermeiden. In der Regel wird die Strategie außerdem dazu genutzt, zu erklären, warum man seinen eigentlichen Problemen aus dem Weg geht: Alles nicht so schlimm, einfach positiv denken, good vibes only.

Real Talk, okay? Wer die Welt in einen Schleier aus Glückseligkeit hüllen will und überall nur flauschige, pinkfarbene Bambis über grüne Wiesen hüpfen sieht, der ist nicht erleuchtet – der hat den Schuss nicht gehört! Duisburg ist nicht Disney, okay? Sich von der Realität abzukoppeln, macht die Welt nicht besser – es macht sie ärmer! Wenn du mental auscheckst, dann müssen wir hier ohne dich klarkommen, während du in deiner Fantasiewelt Bambi das Bürzelchen kraulst. So geht hier gar nichts voran – und in deinem Leben schon dreimal nicht! Vermeidung löst keine Probleme, sie schafft nur neue. Es geht nicht darum, schlechte Gefühle wie Trauer, Wut und Enttäuschung zu unterdrücken und zu ignorieren. Es geht gerade darum, sie wahrzunehmen, zuzulassen, auszuhalten. Erst wenn man die Reife dafür erreicht hat, ist man nämlich überhaupt in der Lage, sie tatsächlich und dauerhaft loszulassen. Spiritualität ist nicht Vermeidung, sondern im Gegenteil Konfrontation mit dem, was dich vom wirklichen inneren Frieden trennt.

Echte Spiritualität, die Praxis der Meister, ist so ziemlich genau das Gegenteil von den hippen, gemütlichen Jahresabos, die unter diesem Etikett verkauft werden. Echte Spiritualität ist keine Wellness-Dröhnung für Alltagsmüde. Echte Spiritualität ist Hardcore! Sie ist anstrengend, bevor sie überhaupt anfängt zu helfen. Denn es geht dabei erst einmal nicht um Entspannung, sondern darum, die eigene Beziehung zum Leid zu transformieren. Das ist kein Spaziergang, das ist eine Herausforderung.

Ernsthafte Meditation zum Beispiel, wie sie als Alltag in den buddhistischen Klostern Thailands und anderen spirituellen Zentren praktiziert wird, ist harte Arbeit. Ich spreche aus eigener, schmerzhafter Erfahrung, wenn ich dir sage: Meditation tut echt weh! Ich habe Wochen auf dem harten Steinboden der Klosterrealität verbracht, zwölf Stunden täglich und länger mit überkreuzten Beinen. Unter Schmerzen saß ich da, wie ich noch nie welche hatte. Mein Hintern, meine Füße, die Beine entlang, den ganzen Rücken hoch über den Nacken und bis unter die Schädeldecke. Tief, tief bis in die Fasern meiner Muskeln und die Millionen Nervenstränge in allen Verästelungen meines Körpers hinein hat es scheißweh getan. Tagelang. Wochenlang.

Und nach Zitronengras, das kann ich dir sagen, hat dort im Kloster gar nichts gerochen. Weißt du, wonach Meditation riecht? Nach altem Holz, kaltem Rauch und furzenden Mönchen. Ja, Mönche furzen beim Meditieren! Körperlich loszulassen hilft, mental loszulassen.

Und danach? Danach war meine Welt eine andere, ja. Danach wusste ich mehr über das Leben als jemals zuvor. Aber erst dann, und auch dann nur ein kleines bisschen – ein Retreat, eine Sitzung, eine kleine Veränderung nach der anderen. Deshalb tue ich mir diese kleinen und großen Qualen regelmäßig an. Jedes Mal tut es ein bisschen weniger weh. Jedes Mal wird mein Leben ein bisschen heller und besser, und jedes Mal werde ich innerlich ein bisschen größer und weiser und gleichmütiger. Nach und nach. Schritt für Schritt. Am Anfang, nach den ersten Sitzungen, ist der Gewinn am größten, weil sich nach den ersten Qualen gleichzeitig auch eine gewisse Euphorie breitmacht. Danach geht es langsam, aber stetig voran, und genau deshalb funktioniert es auch. Das ist der Grund, warum Spiritualität das Leben nachhaltig verändern kann: nachhaltige Praxis, nachhaltige Wirkung. Genau wie bei der Ernährung, genau wie beim Sport, genau wie bei allen Gewohnheiten, die wirklich etwas bringen: dranbleiben, weitermachen, durchbeißen. Auch an den schlechten Tagen, wo die Erleuchtung auf Raten sich nach allem anfühlt, nur nicht nach rosa Glückwölkchen mit Seelchensoße.

Das ist Spiritualität: Brutal auf dich und deine Schmerzen, innere wie äußere, zurückgeworfen sein. Bis du auf die harte

Tour gelernt hast, damit umzugehen. Nicht die Instant-Dröhnung vom selbst ernannten Yogi mit Rastalocken und Brusthaar-Toupet aus dem völlig überteuerten Eso-Studio von nebenan.

Bitte versteh mich richtig: Ich bin für jedes spirituelle Experiment, für jeden ernst gemeinten Versuch der tiefen, inneren Einkehr zu haben. Aber was ich einfach nicht mit ansehen kann, sind Menschen, die sich mit irgendeiner selbst gestrickten Spiri-Masche von dem ablenken, woran sie eigentlich arbeiten müssten. Was ich nicht aushalte, sind Menschen, die selbst auf der Stelle treten und sich mit einem selbstgefälligen, entrückten Lächeln über andere hinwegsetzen, die sich den Arsch aufreißen, um voranzukommen.

Ja, das Universum weiß, was du brauchst. Ja, die Energie des Universums wird in deine Richtung fließen. Aber nur, wenn du deine Energie ins Universum einspeist. An den Möchtegern-Erleuchteten fließt sie einfach vorbei. Von nix kommt kein Nirwana. Die *Reh*bellion muss in dir wachsen, bevor sie aus dir heraus die Welt erobern kann.

Dein Gehirn: Guter Diener, schlechter Meister

Ich sterbe hier – nicht!

Wann hattest du zum letzten Mal das Gefühl, dass deine mentalen Fähigkeiten nicht ausreichen, um deine Ziele zu erreichen?

Ein gemeine Frage, ich weiß; als wollte ich deine Intelligenz testen. Doch genau das will ich nicht. Ich möchte gerade das Gegenteil: dir zeigen, wie viel mentale Stärke tatsächlich in dir steckt. Du kannst Unglaubliches leisten. Der menschliche Körper und der menschliche Geist sind zu verblüffenden Leistungen fähig.

Das Problem ist nur: Es fühlt sich ganz oft nicht so an, oder? Der Körper sagt: Ich bin heute müde. Das Gehirn sagt: Das ist mir zu anstrengend. Heute nicht. Lieber an einem anderen Tag. Übernimm dich nicht. Geh kein Risiko ein. Warum einen Schritt weitergehen, wenn es hier so angenehm ist?

Das Problem mit unseren Wohlstandshirnen ist: Sie haben sich an den angenehmen Zustand gewöhnt, in dem der Durchschnittsdeutsche in seinem Alltag so vor sich hin vegetiert. Aus dem warmen Bett ins warme Auto und ins warme Büro und abends wieder zurück, unterbrochen höchstens von noch angenehmeren Abstechern ins Restaurant oder ins Kino oder bestenfalls noch ins Fitnessstudio. Aber nur an den guten Tagen.

Diese bequeme Lebensgestaltung ist in gewisser Weise der Grund, warum du deine Ziele nicht erreichst. Denn dafür muss man raus aus der Komfortzone der Beständigkeit. Wir haben uns ein Leben lang an Muster gewöhnt, die sich vertraut und sicher anfühlen. Kein Grund für Risiken: Die Wohnung ist warm, Essen steht auf dem Tisch, und das Geld dafür fließt online. Für ein bisschen Urlaub und Konsum reicht es bei den meisten auch noch. Warum rausgehen, gefährliche Abenteuer anzetteln und die Welt erobern? Das haben doch schon unsere Vorfahren für uns erledigt. Die Fähigkeiten unseres Gehirns im Umgang mit extremen Situationen und neuen Erfahrungen, die in uns allen schlummern – wir brauchen sie nicht mehr. Deshalb sind unsere Gehirne wohlstandsfaul und entwöhnt von allem, was sie ernsthaft herausfordern würde.

Deshalb kriegst du deinen Arsch nicht hoch. Deshalb geht es nicht vorwärts. Deshalb trittst du auf der Stelle: Du musst ja nicht. Und wenn du es doch mal versuchst, hält dein abenteuerentwöhntes Gehirn mit allem, was es hat, dagegen: Spinnst du jetzt? Wozu Veränderung? Läuft doch!

»Du hast gut reden, Tobi«, höre ich an dieser Stelle oft als Einwand. »Dir fällt das alles leicht. Du weißt gar nicht, wie das ist, wenn jede Faser deines Körpers und deines Willens protestiert.«

O doch, das weiß ich. Mein Gehirn ist genauso risikoscheu wie deines. Es hat viele Situationen in meinem Leben gegeben, die mich große Überwindung gekostet haben. Auch ich habe viele Momente erlebt, in denen ich beinahe alles hingeschmissen hätte.

Eine davon war meine Fahrt in das thailändische Kloster, in dem ich eine Woche lang mit buddhistischen Mönchen gelebt habe. Diese Woche hat vieles infrage gestellt, was ich bis dahin gelernt hatte – und mich genau deshalb so viel weiter gebracht. Sie hat mich in einer Weise herausgefordert, die mir zuvor unvorstellbar erschien. Und das ging damit los, dass ich beinahe gar nicht erst dort angekommen wäre.

Bis in mein bequemes Hotelzimmer in Bangkok ließ mein Gehirn mich noch fast ohne Widerstände, von den üblichen Zweifeln mal abgesehen: »Eine Woche schweigen, Tobi? Normalerweise schaffst du das keine fünf Minuten.« – »Eine Woche stillsitzen, Tobi? Im Alltag gelingt dir das keine Stunde.« Solche kleinen Einwand-Attacken meines Unterbewusstseins in ruhigen Momenten einmal nicht mitgezählt, kam ich relativ entspannt in Thailand an. Denn bis dahin war ja alles wie im Urlaub, wie auf irgendeiner Reise: ein angenehmer Flug in die Sonne, ein gemütliches Kingsize-Bett, ein riesiges Frühstücksbüffet.

Doch dann kam der Morgen, an dem ich ins Kloster abfahren sollte. Schon beim Anblick des klapprigen Pick-up-Trucks, der mich und einige andere Verrückte dorthin transportieren sollte, machte mein Gehirn einen Salto rückwärts: »Das kannst du dir ganz schnell aus dem Kopf schlagen, dass wir da einsteigen, Tobi. Das kann doch nicht dein Ernst sein!« Die Karre war nicht nur älter als ich, sie verfügte auch über keinerlei Sitzgelegenheiten für mich und die anderen, die sich mit uns auf den Weg machten. Als ich auf die harte, schmutzige Ladefläche kletterte, musste ich mein Gehirn gewaltsam zum Mitkommen überreden. Und das würde sich noch rächen.

Unterwegs ging der Spaß dann richtig los. Obwohl ich mich freiwillig für den Aufenthalt im Kloster entschieden hatte, rebellierte meine sogenannte Vernunft mit jedem Meter, den wir uns unserem Ziel näherten, lauter: »Halt sofort an! Steig jetzt aus! Auf der Stelle zurück ins Hotel! Das hier ist nichts für uns. Das schaffen wir nicht!«

Leider entschied sich spätestens hinter der Stadtgrenze von Bangkok dann auch mein Körper, lieber meinem Gehirn zu folgen als meiner Überzeugung. Plötzlich fühlte ich mich krank. Nicht ein bisschen, sondern so richtig, richtig krank. Mir wurde speiübel; mit jedem Schlagloch, durch das der Fahrer uns prügelte, noch mehr. Ich bekam rasende Kopfschmerzen. Mein Kreislauf schlug Purzelbäume.

Irgendwann auf halbem Weg, nach einer gefühlten Ewigkeit, war meine Schmerzgrenze erreicht – glaubte ich. Mit scheinbar letzter Kraft klopfte ich an die kleine Scheibe, die die Ladefläche vom Fahrerhäuschen trennte. »Stop the car!«, rief ich unserem Fahrer zu. »Ich sterbe hier!«

Und das dachte ich wirklich. Ich dachte, so wird das nichts. Lieber werde ich hier, irgendwo auf einem Acker zwischen Bangkok und nirgendwo, meinem Ende entgegensehen, als mich auch nur einen Meter weiter auf das Kloster zuzubewegen. Fuck das Kloster. Fuck die Woche mit den Mönchen. Fuck die Meditation. Fuck die Gelegenheit, meinen Horizont zu erweitern. Fuck Erleuchtung. Lieber sitze ich hier am Straßenrand und warte, bis mein Licht ausgeht. Mein ganzer Organismus signalisierte mir: »Bis hierher und nicht weiter. Das war's für uns. Setz dich, halt die Klappe und warte, bis es vorbei ist.«

Doch dazu kam es nicht. Denn der Fahrer kannte sich mit westlichen Weicheiern wie mir bestens aus. Wir waren ja nicht die erste Ladung Bekloppte, die er ins Kloster transportierte. Statt mich am Straßenrand meinem Schicksal zu überlassen, hielt er nach einer gefühlten Ewigkeit an einem kleinen Straßenmarkt an, direkt vor der Bude einer alten Frau. Sie sah aus wie eine von diesen mythischen Figuren, mit deren Prophezeiungen in Horrorfilmen das Ende seinen Anfang nimmt. Nach Aussage unseres Fahrers war sie offenbar so etwas wie eine Apothekerin, nur ohne Apotheke – und ganz bestimmt ohne Lizenz für irgendetwas, was auch nur im Entferntesten mit Medizin zu tun hatte.

»Was fehlt dir denn?«, fragte sie mich.

»Ich sterbe hier!«, wiederholte ich wahrscheinlich zum zehnten Mal denselben Satz. Seltsamerweise fiel mir dabei selbst nicht auf, dass ich entgegen meiner wiederholten Ankündigung immer noch am Leben war.

Daraufhin öffnete sie eine Schublade voller Pillen. Nicht Pillen in Schachteln oder Blister-Verpackungen, nein: lose Pillen. Hunderte davon, in allen Formen und in allen Farben des Regenbogens, viele kaum voneinander zu unterscheiden. Scheinbar wahllos griff sie mit beiden Händen in die Schublade und hielt im nächsten Moment zwei Pillen hoch. »Rote Pille oder grüne Pille?«, fragte sie mich.

»Scheiß drauf«, sagte mein Gehirn, »mir jetzt auch egal. Wir sterben hier sowieso.«

»Rote Pille«, sagte ich zu der alten Frau, warf die Kapsel ein und ließ mich wieder auf die Ladefläche fallen. Der Mann am Lenkrad gab Gas, die alte Frau blickte uns mit einem unergründlichen Blick hinterher. Das ist also das letzte Gesicht, das ich sehen werde, dachte ich noch, und schloss die Augen.

Wie lange die Fahrt danach noch gedauert hat, weiß ich nicht, denn ich war ausgeknockt. War's die rote Pille? War mein Gehirn einfach mit seinem Latein am Ende? Keine Ahnung, jedenfalls kriegte ich vom Rest des Weges nichts mehr mit. Als ich wieder zu mir kam, hatte der Transporter angehalten. Zu meiner Überraschung erblickte ich weder die Himmelspforte noch das Tor zur Unterwelt, sondern das Kloster, das ich von den Fotos im Internet kannte. Wir waren angekommen, und die Mönche warteten bereits auf uns.

Und weißt du, wer unterwegs nicht gestorben war? Ich. »Fuck you!«, ranzte ich mein Gehirn innerlich an. »Da hast du mich ja mal wieder schön verarscht!«

Nicht nur war ich nicht gestorben, auch meine Übelkeit war verflogen. Keine Kopfschmerzen, kein holpriger Puls, keine Sterne vor den Augen mehr. Und das alles sollte die rote Pille bewirkt haben? Nein, da kannte ich mich und meinen

Körper besser: Das hatte mein Gehirn mir eingebrockt. Mein Gehirn, das mit allen Mitteln verhindern wollte, dass ich mich auf diese Reise ins Ungewisse begebe, die mein Leben auf alle erdenklichen Arten verändern konnte.

Doch jetzt, wo wir da waren? Alles halb so wild. Jetzt, wo der rote Drops gelutscht und das Schicksal nicht mehr zu ändern war, da ging es plötzlich. Von einem Moment zum anderen hatte mein Gehirn beschlossen, auf Sicht zu fahren. Jetzt, da ihm nichts anderes mehr übrig blieb, war die Herausforderung plötzlich nicht mehr indiskutabel, sondern machbar. Nun, da unsere Gastgeber vor uns standen, vor mir und meinem Gehirn und den anderen Erleuchtungswilligen, und freundlich lächelten. Jetzt, da der neue Ort und das neue Kapitel in meinem Leben sich als nicht unmittelbar lebensbedrohlich erwiesen hatten.

»Danke für nichts, Blödmann!«, teilte ich meinem Gehirn noch mit, bekam aber keine Antwort mehr. Damit konnte ich ganz gut leben. Denn ab diesem Moment hatte ich eine Woche lang andere Prioritäten als die Kapriolen meines integrierten Einwandspeichers.

Warum erzähle ich dir diese peinliche Geschichte? Du musst nicht ins Kloster nach Thailand fahren, um eine solche Erfahrung zu machen. Bestimmt hast du das schon erlebt: Du nimmst dir irgendetwas vor, stellst dich einer neuen Aufgabe oder beginnst einen neuen Abschnitt auf deiner Lebensreise. Aber noch bevor es überhaupt losgeht, findet dein Gehirn alle möglichen Ausreden, warum das auf keinen Fall geht: zu unsicher, zu gewagt, zu exotisch … Alles Mögliche fällt deinem Gehirn ein, um die evolutionär tief eingeprägten Muster von Angst und Risikovermeidung anzuwenden, auch wenn dein Leben nicht im Geringsten gefährdet ist.

Und wenn du die Unverschämtheit besitzt, dich über diese unbewiesenen Befürchtungen hinwegzusetzen, schaltet dein

Gehirn einen Gang höher und bezieht deinen Körper ein. Plötzlich ist dir übel, wie aus dem Nichts hast du auf einmal Kopfschmerzen, vielleicht zitterst du sogar oder übergibst dich vor Nervosität.

Doch wenn du dich gegen dein befürchtungsgesteuertes Gehirn durchsetzt und über das vermeintliche Risiko hinweggehst, tja, dann geht es plötzlich. Natürlich geht es. Schließlich haben Menschen schon ganz andere Sachen geschafft, Mondlandung und Einkaufen bei Ikea eingeschlossen. An den meisten Herausforderungen, die du dir stellst, wirst du wahrscheinlich nicht scheitern; schließlich hast du sie dir selbst ausgesucht. Und was der Mensch nur genug will, das schafft er in der Regel auch. Viel größer als das Risiko zu scheitern ist die Wahrscheinlichkeit, dass du es gar nicht erst bis vors Tor des Klosters schaffst, weil du unterwegs nachgibst und aufgibst.

Vielleicht wirst auch du krank werden oder dich zumindest krank fühlen, wenn es in deinem Leben, auf dem Weg zu deinem großen Ziel ernst wird: Kopfschmerzen, Brechreiz, Fluchtgedanken, Angst. In diesen Momenten musst du stark sein und darfst dich nicht täuschen lassen: Das ist nicht das Ende. Nicht, wenn du es nicht erlaubst. Das ist erst der Anfang, und aller Anfang ist schwer.

In den Stunden und Tagen nach dieser Irrfahrt, während ich mich im Kloster einlebte, hat mich eines ganz besonders überrascht: Es ging nicht nur mir so, nicht nur Tobi und den anderen Anfängern. Auch für die Mönche ist der Weg zur Erleuchtung manchmal eine Quälerei. Auch sie haben fiese Schmerzen, wenn sie zwölf Stunden am Tag meditierend auf dem harten Steinboden sitzen. Auch sie können vor Müdigkeit manchmal kaum die Augen offen halten. So ein Tag im Kloster beginnt für sie um 2:30 Uhr und endet um 22 Uhr – mit nichts als einer einzigen Mahlzeit zwischendurch. Auch sie haben Hunger, Durst und Zweifel. Doch sie hören nicht auf ihr Gehirn, sie hören auf ihr Herz. Sie haben sich und der Gemeinschaft etwas geschworen, und das hält sie aufrecht. Sie wissen, wofür sie kämpfen, und das bringt sie da durch.

Die Gnade, die Dankbarkeit, die Demut dieser Mönche hat mich unendlich ermutigt und inspiriert. Veränderung, Wachstum, Entwicklung: All das gibt es nicht ohne Widerstände. Du musst sie überwinden, du musst *dich* überwinden, damit du über dich hinauswachsen kannst.

Lass dich nicht von deinen Befürchtungen bremsen. Dein Gehirn spielt dir Bescheidenheit vor, weil es nicht weiß, dass Veränderung in unserer Welt etwas Gutes ist. Es ist fast jeder Herausforderung gewachsen, das weiß es nur noch nicht! Es fehlt dir nicht an mentalen Fähigkeiten. Es fehlt dir nur an positiven Erfahrungen, die dein Gehirn vom Gegenteil überzeugen. Lerne dein Neandertaler-Gehirn zu kontrollieren, oder es wird dich kontrollieren.

Fuck your brain, or your brain will fuck you!

Die Füße des Mönchs

An Herausforderungen gemangelt hat es im Kloster in Thailand auch nach meiner Ankunft nicht. Jeder, das wurde mir schon in den ersten Stunden klar, hat dort seine Aufgaben, zusätzlich zu den vielen, beschwerlichen Stunden der täglichen Meditation, natürlich. Zum Beispiel wurden dort Wasserbüffel und andere, teils vom Aussterben bedrohte heimische Tierarten gezüchtet. Auch die ganz alten unter den Mönchen zu pflegen – manche hatten bereits die 90 überschritten – gehörte ganz selbstverständlich zu den Aufgaben der Gemeinschaft.

Lumpur, der leitende Mönch des Klosters und inzwischen einer meiner wichtigsten Lehrmeister überhaupt, trug besonders viele Verpflichtungen auf seinen schmalen Schultern. Man merkte es ihm nur nicht an, weil er ständig von einem Ohr zum anderen grinste. Diese Einstellung zum Leben beeindruckte mich tief: Derjenige, der von allen die größten Mühen auf sich nahm und die meisten Pflichten zu erfüllen hatte, wirkte von allen am unbeschwertesten.

Kennst du jemanden, der eine solche Leichtigkeit ausstrahlt?

Mir selbst wurde eine große Ehre zuteil, als mir meine Aufgaben zugeteilt wurden. Ich, der »farang« (Ausländer), war neben dem Straßenkehren unter anderem dafür zuständig, Lumpur die Füße zu waschen und zu massieren, wenn er abends völlig erschöpft von der Arbeit mit den Wasserbüffeln oder dem Bau eines Krankenhauses in der Umgebung zurückkehrte.

Habe ich gerade »Ehre« und »Füße massieren« im selben Absatz geschrieben? Ja, habe ich. Aus Sicht der Mönche wurde mir damit eine große Gnade zuteil, denn ich konnte auf diese Weise Zeit mit dem weisen Lumpur verbringen und ihm meine Ehrerbietung erweisen. Viel Zeit sogar: Nix mit fünf Minuten Fußmassage abends auf dem Sofa, nein: Stundenlang massierte ich Lumpurs Füße. Und so seltsam es klingen mag, ich empfand dabei große Dankbarkeit und Demut. Es brauchte nicht viel Beobachtungsgabe, um zu erkennen, welche Bedeutung dieser Mönch für die anderen im Kloster und noch weit darüber hinaus hatte. Lumpur ist in ganz Thailand als buddhistischer Lehrmeister und Wohltäter bekannt; er ist eine kulturelle Institution. Menschen aus aller Welt, thailändischen Brüdern und Schwestern genauso wie ahnungslosen Weißen wie mir, hat er die buddhistische Lehre und die Geheimnisse eines zufriedenen Lebens in Demut vermittelt. Zigtausende verdanken ihm ihren Seelenfrieden und nicht wenige ihr Leben, denn in den Krankenhäusern der buddhistischen Mönche wird jede und jeder, unabhängig von Stand und Ansehen, versorgt.

Nein, ich habe mich nicht klein gefühlt, weil ich diesem Mann die Füße massieren *musste*. Ich habe Dankbarkeit empfunden, weil ich diesem großen Menschen die Füße massieren *durfte*. Ich habe es gern getan, und es hat mich glücklich gemacht. Auch das ist einer dieser Trugschlüsse, in die unser Gehirn uns aus Gewohnheit hineinmanövriert: Nur, weil wir einen Gedanken gewöhnungsbedürftig finden, ist er noch längst nicht falsch. Wer sagt denn, einem anderen die Füße zu massieren sei eine niedrige Tätigkeit? Wer sagt denn, ein Mensch mit schmutzigen Füßen und abgewetzten Schuhen muss ein Taugenichts sein? Wer sagt denn, anständige Arbeit kann nur mit Schlips und Kragen in einem durchgestylten Büro stattfinden?

Unser Gehirn sagt das, weil es mit bestimmten Regeln und Glaubenssätzen sozialisiert wurde, an die es sich gewöhnt hat. Und in dieser Schiene des Bekannten und Gewohnten versucht es uns zu halten. Nicht, weil es so richtig wäre, sondern weil es nichts anderes kennt. Ich habe Jahre meines Lebens in einer Uniform mit Schlips und Kragen verbracht und unzählige stylische Büros von innen gesehen. Doch niemand, dem ich dort begegnet bin, hat so erfüllt, gelöst und dankbar gewirkt wie Lumpur.

Die Zeit im Kloster hat mich an etwas erinnert: Mir ist es wichtig, geerdet zu bleiben – für meine Kinder, für meine Familie und auch für dich! Denn wie kann ich dir dienen, wenn ich mich selbst zu wichtig nehme? Der Stolz, den wir in den westlichen Ländern auf unseren Status in bestimmten Rollen empfinden, macht uns nicht etwa glücklicher oder erfolgreicher, ganz im Gegenteil: Er entfremdet uns von anderen und unserer Rolle in der Gemeinschaft. Es ist das Ego, das da aus uns spricht, nicht irgendein natürlicher Anspruch. Das Ego, das wir im Gegensatz zu den Buddhisten nicht zu kontrollieren gelernt haben, ganz im Gegenteil: Bei uns wird es noch kultiviert. Zum Beispiel schlägt unser Gehirn Alarm, wenn eine Aufgabe nicht unseren Ansprüchen genügt. All die jüngeren Mönche im Kloster würden Lumpur gern die Füße massieren, weil es eine Ehre ist und gutes Karma bringt.

Die Füße des Mönchs haben mich gelehrt, dass es überhaupt keine Rolle spielt, in welchen funkelnden Sneakers deine Zehen stecken und über welchen roten Teppich du darin stolzierst. Das Einzige, was zählt, ist, welche Last sie zu tragen vermögen, ohne schlapp zu machen. Lumpurs Füße steckten in nichts als abgelatschten Zehentrennern. So gut wie barfuß, war er fast zwanzig Stunden am Tag auf den Beinen. Es sind nicht die Schuhe, die dich glücklich machen, diesen Quatsch glaubt nur dein komfort- und konsumdressiertes Gewohnheitshirn. Es sind einzig und allein die Meilen, die dich mit Sinn und Genugtuung erfüllen. Nur wenn du den ganzen Weg auf einen eigenen Füßen gehst, bringt dich das auch mental wirklich ans Ziel.

Also glaub deinem Gehirn nicht, wenn es dir eine bequeme Abkürzung zeigt: Es gibt keine schnelle Erfüllung im Leben. Der Weg des Mönchs ist lang, beschwerlich und schmutzig. Und dennoch geht er ihn gern – weil er mit jedem Schritt dazulernen und an jeder Aufgabe wachsen darf.

Wenn dir das nächste Mal die Füße wehtun, frag dich einmal: Welche Last tragen sie wirklich? Kennst du jemanden, der dir demütig die Füße wäscht und dafür auch noch dankbar ist? Nein? Ich auch nicht. Wie es scheint, gibt es noch einiges für dich und für mich zu erreichen.

Emotion hoch, Intelligenz runter

Du merkst schon: Unser Gehirn ist oft genau dann ein ziemlich schlechter Meister, wenn wir gerade einen guten bräuchten. Unser Gehirn kann so viel, wenn wir ihm eine sinnvolle Aufgabe geben: merken, erinnern, verstehen, strukturieren und kreativ sein. Wenn du dein Gehirn zu deinem Diener machst und seine unglaublichen Fähigkeiten für deine Zwecke zu nutzen verstehst, kannst du Unvorstellbares damit erreichen. Doch wenn du dich umgekehrt von den gewohnheitsmäßigen Mustern lenken lässt, die du im Laufe deiner Sozialisierung erworben hast, darfst du dich nicht wundern, wenn du dich ständig in einer Sackgasse wiederfindest. Sobald du passiv den Impulsen folgst, die du von deinem Gehirn bekommst, lässt du dich von der Summe deiner Erfahrungen und Erinnerungen steuern. Mit anderen Worten: Du machst die Gewohnheit zu deinem Meister. Denn so funktioniert das Gehirn nun einmal: Es gleicht ständig aktuelle Situationen mit früheren Erfahrungen ab und leitet daraus her, welche Reaktion ihm an sichersten erscheint. Das ist gut und hilfreich, wenn potenziell hinter jedem Gebüsch ein Fressfeind lauert.

Weil die Gefahren früher wirklich ernst waren (und theoretisch immer noch sein könnten), fackelt das Gehirn leider auch nicht lange, wenn es sich Sicherheit verschaffen will. Fühlt es sich bedroht, schießt es irgendeinen verdammt effektiven Hormoncocktail ab, um uns gefügig zu machen. Und Bambi steht auf das Zeug. Bambi ist ein Emotionsjunkie. Ein Schuss Hormone ins Blut, und schon liegt es bedröhnt auf der Wiese und streckt die Hufe in die Luft. Wut, Angst, Ekel, Trauer, Verachtung, aber auch Überraschung oder unbändige Freude: Plötzlich übernimmt irgendeine Emotion die Kontrolle über dein Denken und Handeln, und alles Wissen dieser Welt ist plötzlich nutzlos. All deine Fachkompetenz, sogar ein Doktortitel, für die Tonne, wenn eine starke Emotion das Zepter übernimmt. Emotion hoch, Intelligenz runter! Kennst du das?

Mir ging es zum Beispiel so, als der ehrwürdige Lumpur mir plötzlich seine Aufmerksamkeit schenkte. Nicht minutenlang, nichts stundenlang, tagelang hatte ich ihm zu diesem Zeitpunkt schon die Füße massiert, ohne dass ich mit ihm sprechen durfte. Mit jeder durchschwiegenen Stunde stieg meine Ehrfurcht vor dem Meister nur noch weiter, vor dessen Weisheit sich alle anderen Mönche im Kloster verneigten. Ich wusste genau: Dieser Mensch kann mich in meinem Leben so viel weiter bringen, wenn er mir nur einen Moment seiner Aufmerksamkeit schenkt. Wenn ich ihm nur eine Frage stellen könnte, nur eine!

Irgendwann war es dann so weit. Nach Tagen der Übung hatte ich raus, auf welchen »Knopf« ich an Lumpurs Fußsohle drücken musste, um ihn zu beglücken. Nachdem er bereits eine halbe Stunde lang geschnurrt hatte wie ein Kätzchen, wurde es plötzlich still. Ohne die Augen zu öffnen, sagte er zu mir: »Du bekommst eine Frage. Los.«

Ich war so überrascht, dass ich vor Schreck den Mund nicht aufbekam: Emotion hoch, Intelligenz runter. Nicht eine Frage schoss mir durch den Kopf, sondern tausend – nur bekam ich plötzlich keine einzige davon zu fassen! Tagelang hatte ich auf diesen Moment gewartet. Und jetzt, wo es so weit war, spielte mein Gehirn mir einen Streich. All die schlauen Fragen, die ich mir überlegt hatte, versteckten sich in irgendeiner Falte meines Gehirns, auf die ich gerade keinen Zugriff hatte. Stattdessen setzte der Fluchtreflex ein. Es war, als wollte Bambi mich gezielt von jeder Chance auf Erleuchtung fernhalten: »Bloß nichts Wichtiges fragen! Du müsstest ja mit der Antwort leben!«

Nur einer von vielen Momenten in meinem Leben, in denen ich mir eingestehen musste, wie groß die Macht unserer

Emotionen über uns ist – oder sollte ich sagen: die Macht der Hormone?

In unserer heutigen Lebenswelt sind die rigiden Muster, mit denen unser Gehirn uns zu beschützen versucht, leider eher hinderlich. Denn es ist ja so: Wenn du diesem unflexiblen Meister folgst, wirst du niemals neue Erfahrungen machen, weil du sie wegen mangelnder Vergleichswerte lieber meidest. Für neue Situationen im Leben gibt es nun mal keine Blaupause. Dein Gehirn wird vor allem aus Schaden klug. Deshalb ist es auch auf negative Erfahrungen und deren Vermeidung fokussiert und reagiert auf Ungewissheiten erst einmal mit Ängsten und Befürchtungen. Das nützt dir beim Überleben – aber nicht, wenn du neue Herausforderungen anpackst. Du musst neue Erfahrungen erst machen, damit dein Gehirn dazulernen und beim nächsten Mal Entwarnung geben kann.

Das bedeutet: Du brauchst erst ein Erfolgserlebnis, damit dein Gehirn eine neue Challenge positiv verknüpft. Du musst erst kündigen, um dich davon zu überzeugen, dass du danach nicht verhungerst. Du musst dich erst auf die Bühne stellen, um zu wissen, ob das dein Ding ist. Du musst deinen Stolz erst überwinden und einem Mönch die Füße massieren, um zu erleben, dass man sich dadurch nicht kleinmacht, sondern wächst.

Überwindung kommt vor dem Wachstum. Bevor du irgendetwas meistern kannst, musst du zum Herrn über deine Entscheidungen werden, indem du dein Gehirn zu deinem Diener machst – nicht umgekehrt.

Hör nicht auf dein Gehirn, sondern lerne es zu nutzen.

Gewohnheitsrehe

Nach alldem ahnst du vielleicht schon, auf welcher Basis dein inneres Bambi seine Entscheidungen trifft: Es beruft sich immer und bei allem auf deine schlechten Erfahrungen, deine negativen Erinnerungen und deine schmerzhaften Fehltritte. Und es würde alles tun, um zu vermeiden, dass sich so etwas wiederholt!

Das ist auch der Grund, warum du deinem inneren Bambi nichts übelnehmen kannst: Es beschützt dich ja nur. Es meint es nur gut mit dir. Wenn es dich mit seinen braunen Rehäuglein anklimpert, will es doch nur getätschelt werden, weil es all deinen gespeicherten Schmerz und dein Leid mit sich herumträgt. Am liebsten möchte es einfach da stehen bleiben, wo es gerade steht, und für den Rest seines Lebens dasselbe Gras fressen.

Bambis sind Gewohnheitsrehe: Je sicherer und eintöniger euer gemeinsames Leben in gewohnten Bahnen verläuft, desto wohler fühlt es sich. Und je länger das so geht, desto tiefer schleifen sich die Gewohnheiten ein und umso geringer wird die Bereitschaft, je wieder irgendein Risiko einzugehen und etwas zu verändern.

Kommt dir das bekannt vor? Ganz genau: Du bist von Gewohnheitsrehen nur so umzingelt. Unser ganzes Gesellschaftsmodell, das ganze System von Politik und Wirtschaft hat sich auf den Bambiismus eingestellt. Denn 99 Prozent der Menschen sind Sklaven ihres inneren Bambis. Jeden Tag, an dem sie frischen Mutes aus großen Träumen erwachen, blicken sie in seine süßen Rehaugen und sagen: »Heute nicht. Heute bleibt alles, wie es ist. Vielleicht wage ich morgen den ersten Schritt, aber heute nicht.« Doch auch morgen wagen sie ihn nicht, denn auch morgen schaut ihr Gewohnheitsreh sie mit großen Augen flehentlich an. Übermorgen genauso. Und täglich grüßt das Bambi …

Was kannst du erreichen, wenn du auf einen solchen Meister hörst? Genau so viel wie ohne Risiko, ohne Fehler und ohne die Gefahr, verletzt zu werden, im Leben eben möglich ist. Mit anderen Worten: genauso viel, wie du jetzt hast – wenn du Glück hast. Denn auch was du hast, kannst du verlieren. Das Leben schreibt seine eigenen Regeln. Das Schicksal schert sich nicht darum, dir Schmerzen zu ersparen. Das Schicksal lässt sich von Bambis Rehaugen nicht beeindrucken. Wenn du nicht gelernt hast, mit Verlusten und Rückschlägen umzugehen, stehst du in schlimmen Momenten ohne Erfahrung und ohne Werkzeug da, während Bambi sich flinken Hufes in den Wald verabschiedet und erst wieder rauskommt, wenn die Luft rein ist. Und dann?

Mit deinem inneren Bambi als Meister kannst du für den Rest deines Lebens bestenfalls genauso weitermachen wie bisher und hoffen, dass unterwegs nichts schiefgeht. Und das war's dann. Mehr geht nicht, bis der Sensenmann dir und deinem Gewohnheitsreh eines Tages eine Falle stellt und du blindlings hineintappst, weil die Gewohnheit sagt: Hier ist es sicher, hier stand noch nie eine Falle. Nicht umsonst passieren die meisten Unfälle im Haushalt: da, wo wir uns am sichersten fühlen. Und dann ist es vorbei, und deine Träume sterben mit dir.

Wenn du also noch etwas vorhast im Leben, wenn du Ziele und Wünsche hast, dann musst du dich dem Einfluss von Bambis Rehaugen entziehen, die es angeblich nur gut mit dir meinen. Wie vielen Chancen im Leben hast du schon entsagt, um Bambi ruhigzustellen?

Sorry, not sorry

Woran merkst du eigentlich, dass du von Bambi gesteuert wirst? Woran merkst du, dass du noch nicht zu deiner Größe gefunden hast und die Unsicherheit dich an ihrem unsichtbaren Faden führt?

Ganz einfach: Du merkst es daran, dass du dich ständig dafür entschuldigst, wer du bist, was du tust und was du hast.

Wenn du zu den Menschen gehörst, in deren Wortschatz »sorry« das häufigste Wort ist, dann fühlst du dich vielleicht gerade ertappt. Vielleicht sagst du: Aber ich will doch nur höflich sein, Tobi. Aber ich will doch nur niemandem auf die Füße treten, Tobi. Aber ich will doch nur richtig verstanden werden, Tobi.

Lass mich dir viel Kummer und vergeudete Tränen ersparen, indem ich dir ein Geheimnis über die menschliche Wahrnehmung verrate. Weißt du, wie du steuern kannst, wie andere Menschen dich wahrnehmen?

GAR NICHT!

Jedes Mal, wenn du dich für etwas entschuldigst, was nicht deine Schuld ist, vergeudest du deinen Atem. Warum willst du niemandem auf die Füße treten? Wer Anstoß an deinen ehrlichen Worten nimmt, ist nicht der richtige Umgang für dich. Warum willst du dich für jemanden verbiegen, um gemocht zu werden? Wer dich nur dafür mag, mag dich nicht wirklich. Warum musst du dafür sorgen, dass man dich richtig versteht? Wer dich nicht versteht, wird dir nicht folgen.

Es ist gut, dass dir nicht egal ist, wie sich andere Menschen in deiner Umgebung fühlen und wie du auf andere wirkst. Empathie ist eine Tugend und Selbstreflexion eine wertvolle Kompetenz. Aber wenn du es dir zur Lebensaufgabe machst, Deckungsgleichheit zwischen deinem Selbstbild und deinem Fremdbild herzustellen, dann kann ich dir hier und heute eines verraten: An dieser Aufgabe wirst du ein Leben lang scheitern. Denn diese Aufgabe ist nicht lösbar. Sie ist unmöglich. Du kannst nicht kontrollieren, wie andere dich sehen und was sie von dir halten.

Und selbst wenn du es könntest – was wäre die Konsequenz? Dass du für jeden der Mensch bist, den der andere gern hätte? Was würde dann aus dir werden? Wo bleibst du? Was ist mit deinem Leben?

Du bist, wer du bist, und du wurdest geboren, um in diesem Ich zu deiner wahren Größe zu finden. Nicht als irgendeine Version von dir, die anderen vielleicht ein bisschen besser gefällt, vielleicht auch nicht. Also hör auf, dich dafür zu entschuldigen, wer du bist, was du tust und wie du redest. Denn es gibt nun mal keine andere Version von dir. Wer dich liebt, liebt dich dafür; wer dich respektiert, respektiert dich dafür; wer dich fürchtet, fürchtet dich dafür. Und das sollte er dann auch.

Du bist nicht dazu da, von jedem gemocht zu werden. Du bist dazu da, mit denen zu schwingen, die auf deiner Wellenlänge sind. Lass die anderen dahin ziehen, wo sie hingehören. Ihr Weg liegt nicht in deiner Verantwortung.

Übernimm lieber Verantwortung für dich. Denn solange du das nicht tust, kannst du dich nicht weiterentwickeln. Keinen Zentimeter. Solange du dich dafür entschuldigst, wenn du mal irgendetwas anders machst und mal auf irgendetwas keinen Bock hast; solange du jedes deutliche Wort zurücknimmst, dass dir in berechtigter Emotion herausrutscht – solange wirst du dich nicht nach vorn bewegen, sondern immer nur zur Seite.

Hör auf, sorry zu sagen, wenn du nichts falsch gemacht hast. Hör auf, dich für dein Wachstum und für dein Sein zu entschuldigen.

Damit wir uns richtig verstehen: Ich habe überhaupt nichts gegen Höflichkeit. Ich lege großen Wert darauf, dass die Menschen in meinem Umfeld höflich miteinander umgehen. Ich bemühe mich jeden Tag darum, das auch zu tun. Und ich entschuldige mich, wenn es mir einmal nicht gelingt. Natürlich sagst du höflich Entschuldigung, wenn du dich verspätest oder jemanden angerempelt hast. Das meine ich nicht! Worum es mir geht, ist etwas anderes: nicht das höfliche »Sorry«, sondern das Fake-»Sorry«. Zum Beispiel:

»Sorry, dass ich heute nicht so gut drauf bin.«

»Sorry, dass ich dir nicht die Antwort geben kann, die du hören wolltest.«

»Sorry, dass ich dir diesen Gefallen nicht tun kann.«

»Sorry, dass ich da nicht deiner Meinung bin.«

»Sorry, dass ich dir widersprechen muss.«

»Sorry, dass ich es dir nicht einfach machen kann.«

»Sorry, dass dir mein Stil nicht gefällt.«

»Sorry, dass ich den Zuschlag bekommen habe und nicht du.«

»Sorry, dass ich mich gegen dich durchgesetzt habe.«

»Sorry, dass ich es besser habe als du.«

Mit dieser Art von Entschuldigung machst du dich klein. Sei ehrlich: Du sagst diese Dinge nicht, weil du sie meinst. Du sagst sie aus Harmoniesucht. Du sagst sie, weil du geliebt werden willst. Aber was nützt dir die Liebe von jemandem, bei dem du dich dafür entschuldigen musst, wer du bist, wie du fühlst und wie du lebst? Entschuldigen kannst du dich für falsches Verhalten, aber nicht für falsches Sein. Denn das gibt es nicht. So, wie du bist, bist du richtig. Und das Letzte, was du tun solltest, ist, dich dafür zu entschuldigen.

Ich habe selbst lange gebraucht, um mich über dieses Muster hinwegzusetzen: diesen anerzogenen Zwang, anderen gefallen und gerecht werden zu müssen. Wir werden ja dazu erzogen, uns unterzuordnen – nicht etwa zur Augenhöhe. Wenn wir alle ehrlich und auf Augenhöhe miteinander reden würden, gäbe es nämlich keinen Grund für Entschuldigungen – weil wir alle so leben und reden würden, wie es zu uns passt. Doch das tun wir nicht. Wir ordnen uns ein, also: über oder unter. Wer sich überordnet, erwartet, dass andere sich unterordnen, und umgekehrt.

Sorry – das Fake-Sorry, nicht das Höflichkeits-Sorry – ist das Wort der Unterordnung. Jedes Mal, wenn du es aussprichst, machst du dich damit wieder ein Stück kleiner. Deine Freunde und deine Familie werden dich deshalb vielleicht nicht geringer schätzen. Aber Menschen, die es nicht gut mit dir meinen, werden daraus ihre Schlüsse ziehen. Im schlimmsten Fall werden sie dich gnadenlos ausnutzen, weil sie deine Entschuldigungen als Zeichen der Schwäche interpretieren.

Besonders gefährlich sind für dich die Menschen, die von dir erwarten, dass du dich für alles entschuldigst, was ihnen nicht gefällt. Manche sagen zu mir: »Tobi, für dich war das so einfach mit den Büchern. Für dich war das so einfach, diesen Lifestyle zu führen.« Als schuldete ich ihnen eine Entschuldigung dafür, wie ich lebe, was ich erreicht und was ich dafür getan habe. Nein, es war überhaupt nicht einfach! Nein, mir wurde nichts geschenkt! Ich sehe es nicht mehr ein, mich für meinen Erfolg zu entschuldigen. Deshalb tue ich es auch nicht mehr. Nicht, weil ich es »nicht nötig« hätte, sondern weil es nicht aufrichtig wäre. Wer sich für etwas entschuldigt, was er aus Überzeugung getan und aus eigener Kraft erreicht hat, der meint diese Entschuldigung doch nicht ernst! Er will nur nicht anecken und nicht ausgegrenzt werden. Mit anderen Worten: Er hat Angst vor seiner eigenen Größe. Und das ist verwerflich.

Übrigens: Auch für deine Fehler oder Versäumnisse musst du dich in den wenigsten Fällen bei irgendjemandem entschuldigen, solange du demjenigen kein Leid zugefügt hast. Auch bei mir nicht! Wenn sich eine Teilnehmerin in einem meiner Seminare entschuldigt, weil sie bei einer Übung nicht 100 Prozent gegeben hat, dann nützt das zum Beispiel weder mir noch ihr irgendwas. Was soll das? Dafür muss sie sich nicht bei mir entschuldigen, sondern – wenn überhaupt – bei sich selbst. Es geht nicht darum, was du heute nicht oder falsch gemacht hast. Es geht darum, welche Wahl du triffst, wenn du wieder vor derselben Situation stehst. Die Entschuldigung ändert nichts, sondern dass du es beim nächsten Mal anders machst.

Sag »sorry« ab heute nur noch aus Höflichkeit, nie mehr aus falscher Bescheidenheit und vor allem nicht unaufrichtig. Du schuldest niemandem eine Entschuldigung dafür, wer du bist.

Der Bambi-Faktor

Alle lieben Bambi

Bist du beliebt in deiner Umgebung? Mögen die Leute dich? Sind sie froh, dass du für sie da bist? Ja? Das ist schön. Vor allem für die Leute in deiner Umgebung.

Und du so?

Damit wir uns richtig verstehen: Natürlich ist nichts gegen gute Beziehungen, tiefe Freundschaften, eine intakte Familie und funktionierendes Teamwork einzuwenden. Auch mir sind diese Dinge sehr wichtig, und ich investiere viel Zeit, Arbeit und Herzblut in sie. Aber gut und gesund für dich ist all das nur, wenn auch dein Umfeld gesund ist.

Sind deine Beziehungen in Balance? Bekommst du etwas zurück, oder gibst du nur? Bekommst du Kraft und Inspiration von den Menschen um dich herum, oder saugen sie nur an deiner Energie wie an einer Powerbank? Laden deine Leute dich auf, oder stöpseln sie sich alle nur bei dir ein, um auf deine Kosten aufzutanken? Und falls Letzteres der Fall ist: Woran merkst du das?

Du merkst es daran, ob du zu den Menschen in deinem Umfeld auch mal Nein sagen darfst oder ob sie dich nur lieben, solange du zu allem Ja sagst und den Mund hältst, wenn dir etwas nicht passt. Menschen, die von allen immer nur geliebt werden, sind meistens nicht sehr gut zu sich selbst. Menschen mit dem Bambi-Faktor sind Opfer einer äußeren Erwartungshaltung, die für alle anderen vorteilhaft ist, ihre eigenen Bedürfnisse aber ausblendet. Und unsere Welt begünstigt diese Erwartungshaltung.

Nimm nur Bambi, das Original-Bambi aus dem Disney-Film von 1943, das auf einem Buch von Felix Salten aus dem Jahr 1923 beruht. In den ersten 13 Minuten des Films spricht Bambi nicht einziges Mal. Stattdessen ergötzen wir uns an seiner unendlichen Niedlichkeit. Und dieses Bild vom süßen, stummen Tierchen mit den großen Kulleraugen prägt bis heute die Wahrnehmung dieser Figur – so sehr, dass ich sie sogar als Metapher für den Titel dieses Buches herangezogen habe. Ein Bambi ist ein kuscheliges, niedliches, braves Wesen, dessen Image keine Worte braucht: Stumm funktioniert es am besten.

Deshalb wissen viele gar nicht, dass Bambi im Laufe des Films traumatische Dinge erlebt, mutig um das Leben seiner großen Liebe kämpft und am Ende zum stolzen Fürsten des Waldes aufsteigt. Die meisten wissen noch nicht mal, dass Bambi gar kein Reh ist, sondern ein Hirsch! Sein Image hängt fest in dieser Niedlichkeit, die sich uns allen eingeprägt hat und irgendwie ein Teil unseres kulturellen Gedächtnisses geworden ist – ein fehlerhafter, aber so ist es nun mal.

Vielen Menschen, die von allen geliebt werden, geht es genauso: In ihnen steckt viel mehr als das anschmiegsame, niedliche Image, an dem die Leute sich festhalten. Doch niemand kann das sehen, weil sie stumm bleiben und ihr wahres Ich nicht zeigen, aus Angst, anzuecken und die Erwartungshaltung ihres Umfelds zu enttäuschen.

Wenn du in einem solchen Umfeld feststeckst, wo alle dich immer nur lieben und sich bei dir ankuscheln wollen, dann kann ich dir eines mit Sicherheit sagen: Du bist zu leise. Du hast dich in dein Bambi-Image gefügt und dein Leben darauf ausgerichtet, anderen zu gefallen. Deshalb sind sie gern in deiner Nähe: Bei dir bekommen sie alles, was sie wollen.

Die Frage ist nur: Was bekommst du im Gegenzug zurück? Bambi ist deine Paraderolle – aber welchen Preis bekommst du dafür? Wo ist deine goldene Trophäe, deine Monstergage und dein Stern auf dem Walk of Fame? Wo bleibst du?

Ich kann dir verraten, wo du bleibst: In deiner Komfortzone bleibst du. Das ist nämlich der Ort, in dem dein Image konserviert ist wie die alte Filmrolle mit der Originalkopie von Bambi, die irgendwo in einem Archiv in einer Blechdose vor sich hingammelt. Je weniger Licht und Sauerstoff an so eine alte Filmrolle kommt, desto länger hält sie sich. Genauso ergeht es dir in deiner Komfortzone: Je konsequenter du dein Bambi-Image in diesem risiko- und spaßfreien Umfeld konservierst, desto länger hält es sich, damit andere sich daran erfreuen können. Je strenger du es bewachst, desto größer die Erwartungshaltung der anderen und desto heftiger die Irritation, wenn sich plötzlich doch mal etwas verändert. Je länger du in der Blechdose deiner Komfortzone bleibst, desto weniger Licht bekommt deine Seele. Wer dich braucht, holt dich aus dem Regal, spannt dich für eine Vorführung in seinen Projektor ein und stellt dich anschließend wieder ins Regal zurück, hübsch sauber aufgerollt und luftdicht verstaut in deiner Dose.

Die Komfortzone ist der Ort, wo deine Träume zu Grabe getragen werden.

Du drehst hier nicht deinen eigenen Film. Nicht du postest auf Instagram Videos von großartigen Abenteuern, für die es Tausende Likes gibt. Nein, du bist die Person, die brav die Rolle spielt, die ihr zugewiesen wurde. Die immer brav auf den Like-Button drückt, wenn andere Spaß haben.

Schön, dass du anderen ihr gutes Leben gönnst. Aber gönnen sie es im Gegenzug auch dir? Wahrscheinlich weißt du das gar nicht. Weil du dich und dein Leben und deine Träume gar nicht zeigst, nicht wahr? Du hast deine Bambi-Rolle so lange gespielt, dass du gar nicht mehr weißt, was echt ist und was nicht. Deshalb bleibst du passiv, statt deine eigene, filmreife Geschichte zu schreiben. Statt dein Leben zu leben, konsumierst du das Leben der anderen, als würde dir kein eigenes zustehen. Jedes Mal, wenn du zu deinem Smartphone greifst und anderen bei ihrem Leben zuschaust, stirbt in deinem Leben ein Abenteuer.

Weißt du, welche Rolle das ist, die solche Menschen in ihrem Umfeld spielen? Everybody's Darling ist everybody's Depp. Und damit muss Schluss sein!

In dir steckt so viel mehr als das niedliche Bambi, hinter dem du dich versteckst. Tief in dir ist etwas verborgen, das dich aus allem rausholen kann, was du insgeheim verfluchst – an den Tagen, wo dir alles zu viel wird und das Theaterspiel dich anwidert. Etwas in dir ist stark genug, um deine Komfortzone und die Rolle zu sprengen, auf die du dich viel zu lange hast festlegen lassen. Check mal deine Realität – willst du das etwa so? Lässt du dir deinen Text weiter vorschreiben? Machst du dich weiterhin zum Sklaven der Erwartungshaltung anderer Menschen, die nichts mit dir und deinen Träumen zu tun hat?

Genug ist genug!

Sieh dir nur mal an, was du in deinem Leben schon alles auf die Reihe gekriegt hast, obwohl du die ganze Zeit brav in deinem Käfig geblieben bist, an der Leine der Erwartungshaltung anderer Menschen! Und nun stell dir mal vor, wozu du in der Lage bist, wenn du die Leine abstreifst und den Käfig deiner Komfortzone verlässt. Stell es dir endlich vor! Wage es endlich, zu träumen! Zieh dir endlich mal deinen eigenen Film rein, statt immer nur brav für die anderen zu klatschen!

Eines musst du verstehen: Du kannst viel mehr für andere tun, wenn du deine eigentliche Rolle im Leben annimmst und ausfüllst. Du kannst mehr für andere tun, indem du etwas für dich tust. Nur tust du es dann für Menschen, die dich dafür lieben, wer du wirklich bist – und nicht mehr dafür, dass du nach ihrer Pfeife tanzt.

Du bist zu weit gekommen, um dich wie ein Zirkuspferd trainieren zu lassen. Du musst nicht lieb stillsitzen und brav deine Zeilen aufsagen, um ein Stück Schokolade oder ein Fleißkärtchen zu bekommen. Von nichts und niemandem musst du dich herumschubsen lassen – von deinen Eltern nicht, von deinem Chef nicht, von der Politik nicht, von niemandem! Du allein schreibst das Drehbuch für deinen eigenen Film, du sitzt im Regiestuhl, du spielst die Hauptrolle. Du bekommst nicht einen Oscar, du bekommst sie alle! Aber nur, wenn du der Welt dein eigenes Meisterwerk zeigst.

No more Bambi!

Irgendwann wird in deinem Leben der Punkt kommen, an dem der Schmerz, dich klein zu spielen, für dich zu groß wird. Es wird einen Zeitpunkt geben, wenn plötzlich nicht mehr geht, was du bisher unter Aufbietung all deiner Kräfte aufrechterhalten hast, obwohl sich tief in dir alles dagegen sträubt: Sich in einem Meeting zurückzuhalten, wenn alle um dich herum nur Bullshit labern. Deinem Chef nicht die Meinung zu sagen, obwohl er dich seit Jahren unterdrückt und ausnutzt. Dich immer brav hinzusetzen und dir vorschreiben zu lassen, wann du den Mund aufmachen darfst und wann nicht. Deine besten Ideen jemandem zu schenken, der sie als seine eigenen ausgibt. Dich an Vorschriften und Regeln zu halten, die nur anderen nützen. Irgendwann wird der Punkt erreicht sein, an dem etwas in dir aufbegehrt und du das alles nicht mehr aushalten kannst. Was bringt es dir, anderen zu gefallen, wenn du selbst dabei auf der Strecke bleibst und *dir* nicht mehr gefällst?

Und was dann? Dann werden dich auf einmal nicht mehr alle lieben, und das wird gut so sein. Das muss so sein. Du kannst nicht zu dir stehen und radikal du selbst sein und gleichzeitig erwarten, dass alle dir zustimmen. Das geht nicht. Und das ist auch richtig so, denn du wurdest nicht geboren, um es allen recht zu machen. Du bist hier, weil du eine Rolle ausfüllen kannst – für dich und die Menschen, die dich wirklich brauchen. Nicht für die, die sich nur an dir aufladen. Wenn der Schmerz groß genug geworden ist, um aufzustehen und die Ketten zu sprengen, die dich aufgehalten haben, wirst du die Liebe dieser Menschen nicht mehr brauchen. Denn du wirst verstehen, dass ihre Liebe keine Liebe ist, sondern nichts als Gier.

Ich weiß nicht, wann dieser Moment bei dir gekommen sein wird. Vielleicht erlebst du ihn, während du diese Zeilen liest. Vielleicht wird es noch passieren, bevor du dieses Buch fertiggelesen hast, weil irgendetwas auf diesen Seiten auf dich überspringt wie ein Funke auf ein Pulverfass. Falls nicht, dann hol es aus dem Regal und lies es noch einmal, wenn es so weit ist, denn eines kann ich dir versprechen: Wenn dieser Knoten bei dir aufgegangen ist, wird alles, was du hier liest, noch viel mehr Sinn ergeben. All diese Worte, mit denen ich dich zu überzeugen versuche, werden noch ganz andere Saiten in dir zum Klingen bringen, wenn du deine Größe erst einmal erkannt hast.

Vielleicht fragst du dich: Wie wird das sein, wenn dieser »point of no return« in meinem Leben gekommen ist? Was wird mit mir passieren? Was werde ich erleben?

Das weiß ich nicht – weil ich nicht weiß, was in deinem Leben möglich ist. Aber du kannst dir eine Vorstellung davon machen, was geht, wenn du dir Menschen anschaust, die diesen Punkt in ihrem Leben überschritten haben. Und dabei ist es ganz egal, wer diese Menschen sind, woher sie kommen und wie alt sie sind. Mutter Teresa war bereits über achtzig Jahre alt, als sie angefangen hat, ihre berühmten Reden zu halten. Also rede dir nicht ein, dass du zu alt oder zu jung wärst, um *dich* zu ändern und um *etwas* zu ändern!

Wie du leise geworden bist

Wer in dieser Welt etwas verändern will, muss laut sein, oder mindestens hörbar. Das ist dir sicher schon aufgefallen: All die Menschen, die dich mit ihrem Wirken faszinieren, können sich Gehör verschaffen. Und die meisten anderen Menschen … nicht. Das ist einer der großen Unterschiede zwischen Menschen, die zu ihrer Größe gefunden haben, und der großen Masse. Entwickelte Persönlichkeiten machen den Mund auf.

Aber warum sind die anderen alle so leise und du vielleicht im Moment auch noch? Höchstwahrscheinlich kannst du gar nichts dafür. Denn das wird uns von Kindheit an beigebracht: hinsetzen, Fresse halten, Anweisungen folgen. Nicht auffallen und vor allem nicht reden, wenn niemand gefragt hat. Besonders das Bildungssystem in seiner jetzigen Form ist darauf ausgerichtet, dieses Verhalten zu fördern. Mit anderen Worten: Die Schule erzieht Bambis.

Bis zu einem gewissen Grad ist das auch nachvollziehbar: Wir brauchen gewisse Normen und Regeln, damit die Gesellschaft funktioniert und wir darin zurechtkommen. Das Problem ist nur: Vögel, die in Gefangenschaft großgeworden sind, empfinden das Fliegen als Krankheit. Wenn die Schule vorbei ist, kommen wir aus diesem System heraus und sind vollkommen überfordert. Wir stellen nämlich schnell fest, dass nicht die bodengehaltenen Hühner in dieser Welt den Schnabel vorn haben, sondern die komischen, bunten, wilden Vögel, die irgendwie das Fliegen gelernt haben. Sie haben gelernt, sich über das System zu erheben und es aus der Vogelperspektive betrachtet.

Wenn dir das erst einmal aufgefallen ist, kannst du es nicht mehr ignorieren. Unweigerlich wirst du dir die Frage stellen: Sind wir heute wirklich noch mit einem Bildungssystem gut beraten, das die Fehler von Kindern mit dem Rotstift korrigiert, statt ihnen Flügel zu verleihen? Unsere DIN-genormte Bildung ist darauf ausgerichtet, Schwächen zu übertünchen, statt Stärken zu fördern. Ist das noch zeitgemäß?

Die Antwort gibt seit Jahren konstant die PISA-Studie: Da liegen regelmäßig die Finnen vorn, und bei denen läuft manches anders. Zum Beispiel lernen die Schüler dort nicht nur von Menschen, die viel älter sind und wenig mit ihnen gemeinsam haben, sondern auch voneinander. Da unterrichten Neuntklässler Siebtklässler, weil beide etwas davon haben: Die einen lernen von jemandem, der ihnen ähnlich ist. Und die anderen können vertiefen, was sie schon draufhaben. Gleichzeitig trainieren sie, vor anderen zu sprechen und Content lebendig zu machen – eine Kernkompetenz in unserer Zeit, wie du später noch lesen wirst.

Lernen beginnt, wenn ich anderen etwas beibringe. In Finnland hat man das verstanden. Bei uns dagegen heißt Lernen immer noch: stillhalten, zuhören, unterordnen. Ich glaube, dass unser Bildungssystem vor allem drei große Fehler macht, um uns in der Summe zu stummen Rehlein zu erziehen, die immer brav in der Deckung bleiben. Diese drei Faktoren tragen am meisten dazu bei, dass wir still werden in einer Welt, in der nur die Hörbaren gewinnen:

1. Kinder werden darauf trainiert, allein Probleme zu lösen. Sie müssen vorgefertigte Antworten zu Aufgaben in ihr Kurzzeitgedächtnis prügeln, um sie aufs Papier zu kotzen und danach gleich wieder zu vergessen. Im Berufsleben ist das vollkommen nutzlos, denn in aller Regel arbeiten wir in irgendeiner Art von Gruppe mit verteilten Aufgaben. In einer Welt, in der man ab einem bestimmten Punkt mit der Lebensaufgabe nur noch weiterkommt, indem man für- und miteinander arbeitet, wachsen wir also mit den falschen Problemlösungsstrategien auf. Fang an,

dich mit anderen auszutauschen und Aufgaben gemeinsam zu lösen, und du machst den ersten Schritt raus aus der Stille.

2. Die Form der Wissensvermittlung stammt aus einer Zeit, in der das Wissen noch nicht per Mausklick abrufbar war. Damals profitierte man noch davon, Informationen im Kopf zu speichern. Heute kommt es aber eher darauf an, kreative Darstellungs- und Vermittlungsformen für das Wissen zu finden, das allen gleichermaßen zur Verfügung steht. In den teuren Privatschulen, auf die die Kinder der Überflieger gehen, wird das längst umgesetzt: Dort haben die Kinder ein iPad auf dem Tisch liegen, um Zugang zu Informationen zu haben. Beigebracht wird ihnen dann, wie man Menschen für Ideen und Aufgaben begeistert. Auffallen, um anzuzünden, statt einebnen, um sich einzuordnen: Das macht später den Unterschied.
3. Die Interaktion im Bildungssystem ist darauf ausgerichtet, den Mund zu halten und zuzuhören – statt den Mund aufzumachen und etwas zu sagen zu haben. Introvertierte und Extrovertierte, Schnelllerner und Langsamlerner, Kreativdenker und Systematiker, alle sollen Herausforderungen nach denselben Mustern bewältigen – egal, ob sie zu ihnen passen oder nicht. Mit anderen Worten: Individuelle Unterschiede werden eingeebnet statt gefördert, auch wenn sie später hilfreiche Stärken sein könnten. Kinder lernen, nach einer Richtschnur von eins bis sechs zu funktionieren. Was sie als Menschen auszeichnet und von anderen unterscheidet, kommt in diesem System nicht vor. Den Mund aufmachen, um sich zu zeigen und mit seiner Einzigartigkeit einzubringen, ist unerwünscht. Aber so sind Menschen nicht. Und schon gar nicht werden sie so erfolgreich und ziehen andere mit.

gebenen Parametern. Da rauszukommen ist sehr schwierig, wenn es sich niemand zur Aufgabe macht, dich da rauszuholen und dir alternative Möglichkeiten aufzuzeigen.

Wofür ist das Bildungssystem denn da, wenn nicht dafür, an diesem Punkt für ausgeglichene Verhältnisse zu sorgen?

Wir sollten Kinder befähigen, die beste Version ihrer selbst zu werden, anstatt geklonte Versionen irgendeiner Idealvorstellung, die längst nicht mehr zeitgemäß ist und vor allem: schon bald durch künstliche Intelligenz ersetzbar. In der Zukunft unersetzlich machen kann sich nur, wer sich als Mensch zeigen und positiv abgrenzen kann. Doch genau das bekommen wir nicht beigebracht. Wir lernen, uns zu integrieren und möglichst wenig aufzufallen. Und genau das, das Auffallen, muss ich den Menschen, die zu mir kommen, wieder angewöhnen, damit sie ihre Stimme finden. Im Grunde gilt es nach der Schule das Gegenteil dessen zu sein und zu tun, was wir in der Schule beigebracht bekommen.

Darum, und weil all die Menschen um dich herum genauso aufgewachsen sind, bist du leise geworden. Darum bewirbst du dich auf Stellen, die dich unterfordern und an deinem wahren Potenzial nicht einmal kratzen. Und dann machst du einen Job, der dich langweilt, und strebst nichts Größeres an. Deshalb fährst du an denselben Urlaubsort wie deine Nachbarn und kaufst dieselben Dinge wie deine Kollegen. Du wurdest von klein auf gleichgemacht und hast gelernt, dass es damit angeblich am meisten zu gewinnen gibt.

Es ist Zeit, dass du den Mund aufmachst und lernst, laut zu sein – für dich und für alle, die wissen wollen, was wirklich in dir steckt. Denn wie schade wäre es, wenn du an deinem Todestag feststellen würdest, dass du dein Leben lang nur an der Oberfläche dessen gekratzt hast, was du tatsächlich hättest erreichen können? Wenn du dir eingestehen müsstest, dass du nur die Dinge getan hast, die man dir aufgetragen hat, ohne dich selbst wirklich zu fordern und auszuprobieren? Wenn du deinen Job nur gemacht hast, weil du dich erfolgreich darauf beworben hast – um Dinge zu kaufen, die du nicht brauchst und die nur dazu dienen, andere zu beeindrucken? Welche unglaubliche Verschwendung wäre ein Leben im Gleichschritt, nur, weil du als Kind einmal gelernt hast, nicht aus der Reihe zu tanzen?

Du bist kein Kind mehr. Du hast die Schule hinter dir gelassen. Jetzt ist es an der Zeit, dass du lernst, zu deinen Bedingungen zu leben. Ich möchte, dass du fliegst – auch wenn die anderen am Boden bleiben. Im Leben geht es nicht um Bewertungen von eins bis sechs, so wie das in der Schule noch der Fall war. Sobald du verstehst, dass hinter den Bewertungen anderer Menschen die Freiheit liegt, wirst du frei sein.

Das Minenfeld der Meinungen

Was ist der größte Motivationskiller, den es gibt?

Meinungen.

Besonders die der anderen. Meistens die von Fremden. Und manchmal ganz besonders die Meinungen der Menschen, die dir am nächsten sind.

Bestimmt hast du in deinem Leben schon Gelegenheiten ausgelassen, weil eine Meinung dich davon abgehalten hat. Ein ganz typischer Fall ist die Berufswahl. Wer mit achtzehn seinen Eltern verkündet, dass er seine Zukunft in einem Startup auf Bora-Bora sieht, das biologisch abbaubare Kondome auf Algenbasis herstellt, der darf mit Meinungen rechnen, egal, wie solide der Businessplan sein mag. Wer Lehrer werden will, um endlich das Bildungssystem von innen umzukrempeln, der wird es mit den Meinungen anderer Lehrer zu tun bekommen, der eigenen Lehrer ganz besonders. Wer dem normsturen Mitarbeiter von der Arbeitsagentur das Geschäftsmodell eines YouTubers zu verklickern versucht, bekommt als Feedback höchstwahrscheinlich Meinung im Überfluss – obwohl die in diesem Gespräch mal so gar nichts zu suchen hätte, denn Beratung ist kein Meinungsbusiness.

Im Grunde sind alle diese Meinungen natürlich überhaupt kein Problem. Sie sind ja nichts anderes als einzelne Stimmen mehr oder weniger Unbeteiligter. Wer mit voller Überzeugung hinter seiner Sache steht, lässt sich von so etwas doch nicht von seinem Berufswunsch abbringen, oder?

Doch, sagt Bambi. Bambi findet Meinungen super. Meinungen haben nämlich ab Werk ein total cooles Feature eingebaut: Wenn man ihnen folgt, bekommt man dafür das Bürzelchen gestreichelt. Und darauf steht Bambi. Bambi ist nämlich harmoniesüchtig. Darum passt Bambi sich gern Meinungen an. Und deshalb hast auch du irgendwann in deinem Leben garantiert schon mal auf die Meinung von Menschen gehört, die mit der Entscheidung eigentlich nichts zu tun und auch keine besondere Kompetenz hatten, dabei mitzumischen. Denn wessen Entscheidung ist deine Berufswahl denn, wenn nicht deine?

Bei genauer Betrachtung sind so ziemlich alle Entscheidungen, die du im Leben triffst, deine eigenen. Und doch machst du dich dabei immer wieder von anderen Menschen abhängig, oder?

Vielleicht war diese Meinung, die dich gebremst hat, eine Einzelmeinung von jemandem, der dir wichtig war: Mama oder Papa zum Beispiel, oder die beste Freundin, oder deine Lieblingslehrerin. Wahrscheinlicher ist, dass es die Meinung vieler war, eine sogenannte »Mehrheitsmeinung«. Da geht der Ärger mit den Meinungen nämlich weiter: Wir haben die Neigung, bei Meinungen Quantität über Qualität zu stellen. Was viele denken, kann doch nicht falsch sein, oder?

Doch, kann es. Für jede euphorische Theorie zur Schwarmintelligenz aus der Frühzeit des Internets gibt es heute eine warnende Stimme, die davon abrät, sich blind auf die Masse der User zu verlassen. Und doch gibt es unzählige Lebensthemen, bei denen wir uns regelrecht von der Mehrheitsmeinung abhängig machen. Das eigene Aussehen, zum Beispiel: Inzwischen gibt es nicht nur Mode- und Frisuren-Trends, sondern auch einen Trend zu bestimmten Schönheits-OPs mit bestimmten Ergebnissen. Das führt dann schon mal dazu, dass bei manchen Glamour-Galas alle Gäste ab einer bestimmten Altersgruppe gleich aussehen. Ich bin auch schon in Klubs gewesen, da sahen alle anwesenden Herren aus, als wären sie vom selben Hairstylisten überredet worden, sich doch mal was Freches zu trauen – alle dasselbe, natürlich. Und was in den sozialen Medien tagtäglich und millionenfach über Menschen gemeint wird, deren Schönheit von der Mehrheitsschablone abweicht, kotzt mich so sehr an, dass ich all den Hatern gern mal meine Meinung sagen würde. Wollen sie aber nicht hören, weil sie nur ihre eigene gelten lassen. Komisch, oder?

Aber nicht nur von Mehrheitsmeinungen, auch von Einzelmeinungen aus einer bestimmten Richtung lassen wir uns viel zu leicht beeinflussen. Obwohl Meinungen rein physikalisch betrachtet kein Gewicht haben, wiegt die Meinung von gewissen Menschen irgendwie immer schwerer, könnte man meinen. Wie eine tonnenschwere Last manchmal, die uns mit ihrer schieren Masse in eine Richtung schiebt. Wem die Kraft fehlt, dagegenzuhalten, der gibt eben nach. Ein paar Beispiele: Elternmeinungen haben oft ein hohes Gewicht bei der Partnerwahl. Absurd, oder? Als müssten deine Eltern jeden Morgen neben dem Lieblingsmenschen aufwachen, den du dir aussuchst. Chefmeinungen sind schwer gefragt, wenn es um die Einschätzung der eigenen Talente geht. Als hätten Vorgesetzte kein Eigeninteresse bei diesem Thema. Und Partnermeinungen wiegen tonnenschwer bei der Frage, ob du »in unserem Alter« noch mal eine neue Karriere starten solltest oder nicht. Hat natürlich nichts mit der Haushaltskasse zu tun, und mit der eigenen Trägheit schon gar nicht ...

Was haben alle diese Menschen gemeinsam, wenn sie in alle diese Entscheidungen hineinreden? Genau: Sie sind nicht neutral. Meinungen sind von Natur aus nicht neutral, darum heißen sie ja so. Und deshalb sind Meinungen bei den wirklich wichtigen Entscheidungen im Leben oft extrem hinderlich, wenn man sie nicht mit der nötigen Distanz betrachtet und sehr sorgfältig reflektiert. Was nützt mir eine klare Mehrheitsmeinung, wenn ich in dieser Sache zufällig zur Minderheit gehöre? Was nützt mir elterlicher Zuspruch, wenn die Eltern keinen Schimmer von der Materie haben? Was hat die Meinung eines Fremden, die auf seinen Erfahrungen in der Vergangenheit gründet, mit meinen Zukunftsplänen zu tun?

Nix, sagt der Tobi. Alles, sagt Bambi.

Vielleicht weißt du das alles schon und hast trotzdem manchmal Schwierigkeiten, dich mit unpopulären Ideen und Zielen von deinem Umfeld abzugrenzen. Vielleicht fragst du dich manchmal sogar: Liegt es womöglich doch an mir, bin ich falsch und alle anderen richtig? Und da sind wir auch schon beim Kern des Problems: Das Denken in Kategorien wie »falsch« und »richtig«. Diese Art zu denken ist der Grund, warum wir in einer gnadenlosen Meinungsgesellschaft leben, in der jeder sich in die eine oder andere Schublade einzuordnen hat. Entweder ist man für unbegrenzte Einwanderung oder Nazi. Entweder ist man Veganer oder Tierquäler. Entweder steht man politisch links oder rechts. Entweder ist man fürs Gendern oder dagegen. Entweder findet man Tobi Beck großartig oder zum Kotzen.

Als ob irgendetwas im Leben jemals schwarz oder weiß wäre, außer deinen Socken.

Warum treffen uns Gegenmeinungen eigentlich so hart, dass wir entweder daran verzweifeln oder ihnen gegen jedes Bauchgefühl folgen? Weil sie auf unser Allerheiligstes zielen: unsere Werte. Meinungen beruhen auf Werten. Meistens werden aber nicht Werte kommuniziert, sondern Be-Wertungen. In der Regel teilt der Absender einer Meinungsäußerung dem Empfänger nicht etwa seine Werte mit, sondern greift die Gegenmeinung an. Die meisten sagen nicht: »Weil mir Nachhaltigkeit wichtig ist, fahre ich mit der Bahn in den Urlaub«, sondern: »Wer in ein Flugzeug steigt, ist eine Umweltsau!«

Zum Schwarz-Weiß-Denken kommt noch erschwerend hinzu, dass sich aus der Meinungsgesellschaft längst eine knochenharte Bewertungskultur entwickelt hat. Findest du nicht auch, dass wir vor allem online unglaublich brutal miteinander umgehen, nur weil wir es können? Wir bewerten alles und jeden: die Videoleuchte im Online-Shop, die Ayurveda-Behandlung, den Gesichtsausdruck des Uber-Fahrers. Obwohl wir vorher noch nie eine Videoleuchte besessen und deshalb keine Vergleichsmöglichkeit haben. Obwohl wir noch nie in Indien waren und keine Ahnung haben, wie Ayurveda eigentlich funktioniert. Obwohl wir nicht wissen, dass der Uber-Fahrer gerade um seine Frau trauert, die an Krebs gestorben ist, und wir kein Wort mit ihm gewechselt haben. Scheißegal, wird trotzdem bewertet, denn mich verschont ja auch keiner mit seiner Meinung.

Wir ergeben uns in die Bewertungskultur, als hätten wir keine Wahl. Und warum? Nur weil das Scheiß-Bambi den Hintern gekrault haben will. Nur weil wir lieber an Meinungen glauben als an uns selbst. Nur weil wir lieber in Harmonie mit unserem Umfeld leben als nach den eigenen Werten und dann von allen anderen im Gegenzug erwarten, dass sie es auch tun. Und wer nicht mitmacht, der wird bewertet. Und wie!

Es gibt Menschen, die richten ihr ganzes Leben danach aus, was andere für richtig und falsch halten. Es gibt Menschen, die existieren nur für und in Social Media! Es gibt Menschen, die lassen ihre Follower darüber entscheiden, was sie anziehen, was sie essen und was sie vor der Kamera veranstalten. Und warum leben diese Menschen so? Weil es andere Menschen gibt, die darauf stehen, andere zu kontrollieren.

Mach dir eins klar: Wenn du dein Leben an deiner Harmoniesucht ausrichtest, dann schenkst du anderen die Kontrolle darüber, wie du leben darfst. Und wenn du anderen die Kontrolle über dein Leben gibst, dann ziehst du damit Leute an, die andere lieber manipulieren, als sie zu fördern und zu lieben. Mach dich abhängig vom Wohlwollen anderer, und du wirst früher oder später emotional am Liebesentzug krepieren.

Bevor du also das nächste Mal eine Entscheidung an die Meinung Ahnungsloser bindest, stell dir folgende Frage: Wenn du es allen recht machen willst – wie willst du es jemals irgendjemandem recht machen? Solange du statt deiner Überzeugung den Urteilen anderer folgst, wirst du niemals deinen Traum leben können. Stattdessen wirst du ein Stellvertreterleben führen, das keinen stört, aber auch niemanden glücklich macht. Am allerwenigsten dich selbst. Und sicher ist außerdem: Von all den Meinungen, die dich so sehr stören, ist der Großteil eingebildet.

Hier ist die einzige Frage, zu der du dir dringend eine Meinung bilden solltest: Lohnt es sich, als jemand anderer zu sterben, nur um im Leben niemandem auf die Füße getreten zu sein?

Entwickeln, aber wohin?

Was du mit deinem Leben anstellst und wohin du dich als Menschen entwickelst, sollte deine Entscheidung sein, und deine Entscheidung allein. Darauf können wir uns an diesem Punkt bestimmt einigen.

Bleibt die Frage: Warum eigentlich entwickeln, und vor allem ... wohin?

Diese Frage ist gleichbedeutend mit einer anderen Frage, die mir als Persönlichkeitsentwickler natürlich immer wieder gestellt wird: Was genau ist eigentlich Persönlichkeitsentwicklung, und wofür ist sie gut?

Als Antwort auf diese Frage haben viele schlaue Menschen viele schlaue Bücher geschrieben. Das meiste, was darin steht, stimmt höchstwahrscheinlich. Und trotzdem stellen Menschen sich und mir immer wieder diese Frage. Obwohl sie lesen können, da bin ich mir bei den meisten ziemlich sicher. Die Frage, wozu Persönlichkeitsentwicklung eigentlich gut ist und warum wir uns dieser Herausforderung stellen sollten, scheint also viele Menschen zu beschäftigen.

Ich habe so eine Ahnung, warum diese Frage immer wieder hochkommt, ganz gleich, wie oft sie schon beantwortet wurde. Genauer gesagt habe ich eine Vermutung, was dahintersteckt. Jedes Mal, wenn du über eine Veränderung nachdenkst, eine Chance wahrnehmen willst oder eine Marschrichtung ins Unbekannte einschlägst, springt Bambi dir vor die Füße, schaut dich mit wässrigem Kullerblick an und will wissen: »Muss das jetzt wirklich sein?« Daher kommt die Frage. Und deshalb stellt sie sich immer wieder aufs Neue.

Bambi ist die Quelle des Zweifels, ganz besonders des Zweifels am Sinn und Zweck von Veränderung. Warum den Schritt ins Ungewisse tun, wo das Risiko lauert und die nächste Streicheleinheit nicht garantiert ist? Also schicken wir Bambi mal eine Runde auf die stille Treppe und überlegen in Ruhe, was Persönlichkeitsentwicklung bedeutet.

Die klassische Persönlichkeitsentwicklung hat drei Stufen:

- Selbsterkenntnis
- Selbstakzeptanz
- Selbstveränderung

Die *Selbsterkenntnis* ist ziemlich selbsterklärend: Hier geht es darum, herauszufinden, wer man ist. Welche Eigenschaften zeichnen mich aus? Was sind meine wichtigsten Persönlichkeitsmerkmale? Wie verhalte ich mich in bestimmten Situationen? Wie reagiere ich zum Beispiel auf Veränderung? Wie gehe ich mit bestimmten Reizen aus meiner Umwelt um? Was sind meine Talente, Stärken und Schwächen? Ganz wichtig ist dabei, dass man diese Selbsterkenntnis ohne jede Bewertung vornimmt. Du bist eher der überdrehte Typ? Dann bist du das eben, wichtig ist, dass du das weißt. Du lernst nicht so schnell, hast aber eine starke Intuition? Das eine ist so gut wie das andere; entscheidend ist, dass du dir dessen bewusst bist.

Wenn du dir über deine Persönlichkeitsmerkmale klargeworden bist, ist es im nächsten Schritt entscheidend, dass du dich damit aussöhnst. Das ist die Phase der *Selbstakzeptanz*. Im Prinzip ist sie ganz einfach und doch für manche Menschen eine Lebensaufgabe: Das Ziel ist, dich selbst zu lieben und anzunehmen, wie du bist. Warum ist das wichtig, wenn du dich sowieso noch entwickeln wirst? Ganz einfach: Wenn du dich nicht so akzeptieren und lieben kannst, wie du jetzt bist, wirst du bei deiner weiteren Entwicklung immer wieder über deine eigenen Widerstände stolpern. Wenn du zum Beispiel nicht einsehen willst, dass du ein ungeduldiger Typ bist, wirst du immer wieder in eine Abwehrhaltung gehen, wenn jemand dir raten will, an deiner Geduld zu arbeiten. Solange du den Status quo deiner Persönlichkeit im Hier und Jetzt nicht annehmen kannst, wirst du dir bei deiner Entwicklung nur selbst im Weg stehen. Und mit »du« meine ich: dein inneres Bambi. Denn Bambi findet alles genau so perfekt, wie es ist.

In der dritten Phase der Persönlichkeitsentwicklung steht der eigentliche Entwicklungsprozess an: die *Selbstveränderung*. Hier kommt das große »Wohin« ins Spiel, das ich oben erwähnt habe: Persönlichkeitsentwicklung braucht immer ein konkretes Ziel, damit sie funktioniert. Dieses Ziel muss nicht unbedingt rasiermesserscharf definiert und unveränderlich in Stein gemeißelt sein. Es geht darum, dass die Entwicklungsrichtung klar ist. Zum Beispiel kannst du dir als Entwicklungsziel setzen, geduldiger zu werden, souveräner mit Problemen umzugehen, stressresistenter zu werden, dich von der Meinung anderer unabhängig zu machen, der beste Scuba Diver diesseits des Atlantiks zu werden – oder in einem bestimmten Zeitraum deinen Umsatz zu verdoppeln und dich finanziell unabhängig zu machen. Das alles können Ziele der Persönlichkeitsentwicklung sein: Jahres- oder Lebensaufgabe, subjektiv oder objektiv oder messbar, groß oder klein.

Diese Stufen durchläufst du bei jedem Entwicklungsprozess, mal mehr, mal weniger offensichtlich und voneinander abgegrenzt. Statt sie als chronologische Abfolge zu betrachten, ist es sinnvoller, sie als Bausteine zu betrachten, die für eine erfolgreiche Entwicklung notwendig sind. Wenn du erkannt hast, wer du bist, weißt du auch, was dir fehlt. Und wenn du weißt, was dir fehlt, weißt du, wonach du streben möchtest. Bei der Persönlichkeitsentwicklung geht es darum, der Mensch zu werden, der das Leben führen kann, das dir vorschwebt. Und wenn du dir das vorstellen kannst, dann kannst du es auch umsetzen.

Allerdings, und hier weiche ich mit meinem Verständnis ein Stück weit von manchen Kolleginnen und Kollegen ab, ist Persönlichkeitsentwicklung in meinen Augen kein Selbstzweck. Das wirst du in den weiteren Kapiteln dieses Buches immer wieder spüren. Die Frage, wohin du dich im Leben entwickeln willst, folgt in meinen Augen nämlich einer Frage, die noch viel tiefer geht und gleichzeitig viel weiter ausholt: *Warum mache ich das hier alles?* Diese Frage lässt sich nicht allein auf der Ego-Ebene beantworten, sondern hat auch eine kollektive Ebene. Wenn du Kinder hast, wenn du schon mal wirklich verliebt warst oder wenn du Teil einer wirklichen Familie bist, sei es deine biologische oder eine Wahlfamilie, ahnst du vielleicht, worauf ich hinauswill: Der Sinn des Lebens erschöpft sich nicht in der Erfüllung eigener Bedürfnisse. Die Frage nach dem Warum bezieht das Umfeld mit ein, das von der Strahlkraft deiner Liebe erfasst wird. Wir sind nicht abhängig voneinander, aber wir können und müssen einander nähren. Was du selbst als Ergebnis deiner persönlichen Entwicklung empfängst, das willst du an die Gemeinschaft zurückgeben, die dich stützt, wer auch immer diese Menschen sein mögen und was auch immer du zu geben hast.

Und alle anderen? All die Menschen, die in eine andere Richtung streben? Was ist mit den Menschen, die eine andere Meinung haben? Was ist mit den Menschen, die du vielleicht zurücklassen musst, weil sie die Veränderung nicht mittragen wollen, die dir bevorsteht? Das sind die Fragen, die Bambi an diesem Punkt natürlich stellen muss. Du kennst die Antwort darauf, weil sie alternativlos ist: Entweder entwickelst du dich weiter oder du bleibst stehen. Wer dich aufhalten will und deinen Weg nicht akzeptieren kann, der hat nicht vor, mit dir durch dick und dünn zu gehen. Du musst ihn dafür nicht verurteilen, du musst ihm dafür auch nicht böse sein. Stattdessen kannst du das tun, was du dir von diesem Menschen vielleicht gewünscht hättest: Du kannst es einfach nur akzeptieren. Wenn jemandem deine Richtung missfällt, ist das vollkommen in Ordnung. Ihr seid einfach keine Weggefährten. Lass dich nicht aufhalten. Geh deines Weges – und lass ihn ziehen.

Wenn du dich für den Weg der Veränderung entscheidest und dich weiterentwickeln möchtest, ist mir an dieser Stelle etwas sehr wichtig. Ich erwähne es jetzt, weil es mit meinem Verständnis von Persönlichkeitsentwicklung zusammenhängt, das ich dir gerade erläutert habe. Bevor wir weitergehen, möchte ich einen Pakt mit dir schließen, der auf dieses Verständnis einzahlt. Ich schließe ihn mit allen Menschen, die in meine Seminare kommen, meine Vorträge besuchen und meine Online-Trainings absolvieren. Und wenn du möchtest, schließe ich ihn heute mit dir: Versprich mir, dass du alles, was du hier bei mir lernst, weitergeben wirst. Versprich mir, dass du den Erfolg, den du durch deine Entwicklung erringst, nutzen wirst, um andere in ihrer Entwicklung zu fördern. Versprich mir, dass du an deine Community zurückgibst, was du von mir und von all den anderen Menschen bekommst, die dich auf deinem Weg stützen. Versprich mir, dass du all das, was du erreichst, nicht nur für dich erreichst, sondern für alle, die zu dir aufschauen, sich ein Beispiel an dir nehmen und mit dir nach Größerem streben. Behalte deine Kraft nicht für dich – teile sie. Behüte dein Wissen nicht, gib es weiter. Versteck dich nicht hinter deinen Erfahrungen; lass andere davon profitieren. Diesen Pakt möchte ich mit dir schließen. Bist du dabei? Wenn ja, schreib mir eine E-Mail, lass mir ein Like da, verschenke dieses Buch weiter oder schick mir einfach nur eine positive Schwingung. Sie kommt an, glaub mir. Karma findet immer seinen Weg.

Ich selbst habe vor vielen Jahren die Entscheidung getroffen, mein Leben genau diesem Ziel zu widmen: Ich möchte all die Erfüllung, all den Erfolg und all die Freude, die ich in den letzten zwanzig Jahren als Persönlichkeitstrainer erfahren habe, zurückgeben. Ich möchte, dass andere von meinem Wissen, meinen Erfahrungen und der Energie profitieren können, die ich unterwegs aufgesogen habe. Je mehr Menschen ich auf dem Weg der Entwicklung mitnehmen kann, desto mehr Menschen können sie ihrerseits wieder inspirieren. Das ist mein Ziel, meine Bestimmung, meine Aufgabe in dieser Welt. Darum bin ich hier.

Fassen wir noch einmal zusammen: Was ist Persönlichkeitsentwicklung, und wohin führt diese Reise? Persönlichkeitsentwicklung bedeutet, auf die Fragen des Lebens zu schauen, die normalerweise einen Dreiklang bilden: »Wer bin ich? Wer sind die anderen, die neben mir gehen? Und warum mache ich das hier alles?«

Mein Ziel ist es, möglichst viel an möglichst viele Menschen zurückzugeben. Und du? Warum bist du hier? Wohin gehst du? Worum geht es bei deiner ganz persönlichen *Reh*bellion?

Fuck Your Why!

Mir egal, ob du mich magst

Für die Zeilen, die du gleich lesen wirst, wirst du mich vielleicht nicht mögen. Es kann auch sein, dass du mich für vieles nicht magst, was du in diesem Buch noch lesen wirst oder schon gelesen hast.

Weißt du was? Das ist mir egal. Es ist mir scheißegal, ob du mich gerade magst. Denn es geht hier nicht um mich, es geht um dich. Wenn du mich erst einmal ein bisschen hassen musst, um die Energie zu entwickeln, die du brauchst, um dich mit meinen Worten auseinanderzusetzen, dann kann ich damit leben. Dann ist es in Ordnung, wenn dich hier etwas triggert. Wenn du mich anschreien, mir widersprechen und mir das Gegenteil beweisen willst. Wenn es das braucht, damit du deinen Arsch hochkriegst und ins Handeln kommst, dann richte all deinen Frust und all deinen Zorn gern auf mich. Ich kann das für dich aushalten, denn es geht nicht um mich.

Ich werde dir sogar dabei helfen, jetzt und hier. Ich werde dir eine Vorlage liefern, indem ich dir glasklar mitteile, wo du stehst. Du bekommst jetzt radikalen Real Talk. Und ich werde in Kauf nehmen, dass ich dich damit zum Weinen bringe und du dieses Buch erst einmal mit Schwung in die Ecke wirfst. Lass dich nicht aufhalten! Bereit? Dann los.

Du allein bist der Grund dafür, dass du kein besseres Leben führst – du ganz allein.

Wenn du bisher noch nicht das erreicht hast, was du dir vorgenommen hast, dann ist das ausschließlich deine Verantwortung. Niemand, absolut niemand außer dir kann etwas dafür. Du hast zugelassen, dass es so kommt. Du wusstest es nicht zu verhindern. Du hast dich hierher gebracht, hierher und nicht weiter. Und du kannst nichts und niemandem die Schuld dafür in die Schuhe schieben, dass es so ist.

»Aber Tobi, meine Eltern …« Bullshit. Wie viele Fehler deine Eltern auch immer gemacht haben, sie haben es nicht getan, um dir zu schaden. Sie haben es getan, weil sie es nicht besser wussten. Sie tragen keine Schuld. Du bist alt genug, um dich über ihre Fehlbarkeit hinwegzusetzen und es besser zu machen. Du magst ihr Kind sein, aber du bist kein Kind mehr!

»Aber Tobi, meine Lehrer …« Bullshit im Quadrat. Ja, das deutsche Bildungssystem hat mehr Löcher als ein Schweizer Käse. Es ist veraltet, es erzieht Kinder zu Ja-Sagern, es setzt auf die falsche Art von Kompetenzen. Aber wie lange weißt du das schon? Wie lange bist du schon raus aus der Schule? Wie lange haben deine Lehrer schon keinen Zugriff mehr auf dich? Heute bist du ein Schüler des Lebens und kannst dir deine Mentoren selbst aussuchen. Fang endlich an zu lernen, was wirklich zählt.

»Aber Tobi, meine Vergangenheit …« Bullshit hoch drei. Lebst du in der Vergangenheit oder lebst du in der Gegenwart? Wenn du deine Erfahrungen als Ausrede missbrauchen willst, missachtest du das größte Vermögen, das dir als Mensch geschenkt werden kann. Deine Vergangenheit ist kein Klotz am Bein, deine Vergangenheit ist ein Schatz! Wir kommen später noch darauf zurück. Je mehr dir geschehen ist, je mehr Mist du erlebt hast, desto mehr Chancen zu lernen hast du offensichtlich verschwendet. Anstatt über dein Unglück zu jammern und es als Ausrede vor dir herzutragen, hättest du lieber das Beste daraus machen sollen.

All das ist Bullshit, den du mir auf die Windschutzscheibe wirfst, damit ich die Wahrheit über dich nicht sehen kann. Also machen wir mal den Scheibenwischer an: Nichts davon ist der wahre Grund, warum du feststeckst in einem Leben, mit dem du nicht zufrieden bist. Keine dieser Begründungen ist auch nur annähernd stark genug, um zu erklären, warum du deine Ziele nicht erreichst. Andere Menschen haben tödliche Krankheiten überwunden, sich mit der ganzen Welt angelegt und geschafft, was alle für unmöglich hielten.

Und du glaubst, du hast es schwer gehabt? Du glaubst, deine Vergangenheit macht dich zu etwas Besonderem? Du glaubst, was dir passiert ist, enthebt dich deiner Verantwortung für dich selbst und deine Aufgabe in dieser Welt?

Nein, so einfach kommst du nicht davon. Und tief in dir drin weißt du das auch ganz genau. Lass endlich die Wahrheit zu, vor der du die Augen verschließt: Du hast es nicht wirklich versucht. Du hast so viel Angst zu scheitern, dass du den Versuch erst gar nicht gewagt hast. Du hast nicht hart genug gekämpft. Du hast nicht das getan, was nötig war, um zu gewinnen. Anstatt es richtig zu machen, bist du abgehauen und hast etwas anderes probiert. Du hast aufgegeben, bevor du richtig angefangen hast. Du hast hingeschmissen, bevor du überhaupt eine Chance hattest, zu scheitern.

Und warum? Weil nur eines noch größer ist als deine Angst zu scheitern: deine Angst vor dem Erfolg.

Du allein bist der Grund, warum dein Leben so ist, wie es ist. Sieh es ein: Du hast dir den Erfolg nicht verdient, von dem du glaubst, dass er dir zusteht.

Noch nicht.

So, und jetzt darfst du mich gern hassen. Na los, lass es raus! Hate me, baby, one more time! Jetzt ist ein guter Moment, um erst mal deinen Frust abzureagieren und dieses Buch in die Ecke zu schmeißen. Das hast du dir verdient. Ich helfe dir sogar dabei, indem ich bis drei zähle. 1, 2, 3 – los!

Na, zurück im Spiel? Schön, dass du weiterliest. Du wirst es nicht bereuen. Ich bin froh, dass du wieder bei mir bist. Denn eines kann ich dir versprechen: Mir macht es auch keinen Spaß, Menschen mit Real Talk zum Weinen zu bringen, auch wenn manche das von mir behaupten. Noch einmal: Ich tue das alles nicht für mich. Ich tue es für dich, damit du es irgendwann für andere tun kannst. Indem ich deine Wut auf mich ziehe, bündele ich deine Energien, damit du sie endlich auf das lenken kannst, was dich weiterbringt.

Wachstumsmomente

Was waren die Wachstumsmomente in deinem Leben? Welche großen, wichtigen, monumentalen Augenblicke haben dein Leben verändert und dich zu dem Menschen gemacht, der du heute bist?

Vielleicht macht die Frage dich erst einmal sprachlos, weil du glaubst, in deinem Leben sei gar nichts Wichtiges passiert. Vielleicht zögerst du aber auch keine Sekunde mit der Antwort, weil du diese Momente aus dem Stand aufzählen kannst. Vielleicht war es die Geburt deines Kindes. Vielleicht war es der Moment, in dem du deine Partnerin oder deinen Partner kennengelernt hast – oder der Moment der Trennung. Vielleicht war es ein Abschluss. Vielleicht war es ein Abschied. Vielleicht war es ein großer Sieg, vielleicht aber auch ein großer Verlust. Vielleicht musstest du jemanden gehen lassen. Vielleicht musstest du etwas aufgeben, was dir die Welt bedeutet hat. Vielleicht hast du etwas geschafft, das dich selbst überrascht hat. Vielleicht hat ein anderer alles auf dich gesetzt. Vielleicht hat jemand etwas zu dir gesagt, was dir eine neue Perspektive eröffnet hat, und plötzlich konntest du alles in deinem Leben in einem anderen Licht sehen. Vielleicht hat jemand dir gezeigt, was Liebe ist.

Einmal oder mehrmals ist irgendetwas in deinem Leben passiert, was deiner Persönlichkeit eine zusätzliche Dimension gegeben hat, und danach warst du ein anderer Mensch. Möglicherweise hast du dir danach plötzlich selbst mehr zugetraut, hattest mehr Mut zu neuen Erfahrungen oder konntest leichter auf fremde Menschen und Situationen zugehen. Weil etwas passiert ist, was diese Qualität in dir ans Licht gebracht hat.

Ich gebe dir ein Beispiel für einen Wachstumsmoment, den ich aus eigener Erfahrung kenne und den ich schon bei vielen Menschen miterleben durfte. Das erste Mal auf einer Bühne zu stehen, ist ein solcher Moment. Dabei ist es ganz egal, wie klein oder groß diese Bühne ist. Es spielt keine Rolle, ob dir zehn oder zehntausend Leute zuhören. Die Erfahrung ist immer dieselbe, und sie ist wie ein positiver Schock: Da stehst du, das Licht ist auf dich gerichtet, und vor dir sitzen Menschen und schauen zu dir auf. Diese Menschen sind da, um dir zuzuhören. Weil du redest, sind sie still. Sie wollen hören oder sehen oder erleben, was du zu geben hast. Sie sind dort wegen dir. Dieses Gefühl, von Wildfremden gehört und gesehen und beachtet zu werden, ist für viele Menschen einer der größten Wachstumsmomente in ihrem Leben.

Solche Momente verändern alles. Deshalb ist es wichtig, dass du sie dir im Rückblick noch einmal vor Augen führst. Es ist für dein Leben von großer Bedeutung, dass du dir bewusst machst, was deine Wachstumsmomente bis hierher waren und wie sie dich verändert haben. Diese Posten auf deinem Erfahrungskonto, dieser Schatz ist unendlich viel wertvoller als jeder Euro, den du gespart oder investiert hast. Diese Erfahrungen sind dein Kapital. Niemand kann sie dir nehmen, nicht einmal die Inflation. Deine Wachstumsmomente sind deine Assets im Leben, und keine Kursschwankung und kein Politikwechsel kann sie entwerten.

Das Beste an den Wachstumsmomenten ist aber, dass sie sich gegenseitig vervielfachen. Irgendwann kommt im Leben der Punkt, an dem du feststellst: Das, was ich bin und worauf ich heute zurückblicke, das habe *ich* geschafft. Kein anderer, nicht Mutti, nicht meine Lehrer, nicht mein Chef – *ich* habe das geschafft. Jetzt habe ich bewiesen, was ich draufhabe. Ich habe so viel erlebt und so viel geleistet, dass ich mich nicht mehr von oben herab behandeln und herumschubsen lassen muss. Jetzt lasse ich mir nichts mehr vormachen. Jetzt höre ich auf, alles mit mir machen zu lassen. Jetzt höre ich auf zu schweigen, wenn ich schreien möchte.

Mir hat – unter anderen Wachstumsmomenten – auch eine Begegnung dabei geholfen, die ich vor vielen Jahren hatte. Damals habe ich noch als Flugbegleiter gearbeitet. Ich war sogar noch ziemlich frisch in diesem Job und bisher nur in der Economy Class tätig gewesen. Da war ich auch auf einem Flug von Frankfurt nach Atlanta gerade wieder beschäftigt. Irgendwo über dem Nordatlantik räumte ich gerade dreihundert Essentabletts ein, als plötzlich das Telefon neben einer der Türen klingelte. Am anderen Ende war eine vorgesetzte Kollegin. Mit dringlicher Stimme sagte sie: »Wir haben ein Problem in der First Class. Einer Kollegin ging es plötzlich schlecht, und sie musste sich hinlegen. Da ist ein Gast, der gerade schläft. Aber der muss betreut werden, sobald er aufwacht, und ich hab jetzt Pause. Du musst einspringen.«

Also ging ich durch die gesamte Economy Class hindurch, vorbei an der Business Class bis ganz nach vorn, stieg die Treppe hinauf, die im alten Jumbo-Jet nach oben in die First Class führte, und betrat zum ersten Mal während eines Fluges die geheiligte Kabine der Schönen und Reichen. Vor lauter Platz wusste ich gar nicht, wohin: Hier gab es vier Sitze auf dem Raum, den unten in der Economy hundert Plätze beanspruchten. Besetzt war aber nur einer davon. In dem bequemen Sessel saß ein Mann um die sechzig: nach hinten gegelte weiße Haare, Maßanzug. Wie ich später erfuhr, handelte es sich um einen Manager von PepsiCo. Er schlief gerade, und doch schaffte er es irgendwie, dabei Status und Macht auszustrahlen.

Die Kollegin, die angerufen hatte, nahm mich in Empfang und gab mir Instruktionen: »Sobald er aufwacht, servierst du ihm Rosé-Champagner. Der Kaviar ist vorn im Schrank, hier ist der Schlüssel.« Tatsächlich war der Kaviar so teuer, dass er sicherheitshalber weggesperrt wurde. »Dazu gibst du ihm leicht angetoastetes Brot, das liegt schon hier im Ofen.«

Da stand ich nun mit meinem Economy Class-Mindset in der First Class und fühlte mich unglaublich unwohl. Natürlich wachte der Gast auf, sobald meine Kollegin sich in die Pause verabschiedet hatte. »Einen 1992 Rosé-Champagner, gekühlt auf 18 Grad, 40 Gramm Kaviar und dazu zwei Scheiben Toast«, gab er sogleich seine Bestellung auf, die mir glücklicherweise bekannt vorkam und bestens vorbereitet war.

Als ich neben ihm in die Knie ging, um ihm all die Kostbarkeiten zu servieren, geschah allerdings etwas, womit ich ganz und gar nicht gerechnet hatte. Nachdem er mich eine Weile beobachtet hatte, sah der Manager mich plötzlich direkt an und sagte: »Darf ich dir eine Frage stellen?«

»Natürlich«, erwiderte ich und überlegte schon fieberhaft, ob ich mangels Erfahrung hier oben irgendetwas falsch gemacht hatte.

»Hast du schon einmal darüber nachgedacht«, fragte der Manager in ernstem Ton, »warum ich hier sitze und von dir bedient werde, statt dass du hier selbst sitzt als jemand, der von anderen bedient wird?«

»I'm sorry, Sir«, stotterte ich irritiert. »Ich komme aus einem Problemviertel in Wuppertal. Ich war auf einer Gesamtschule und bin froh, diesen Job hier zu haben. Übrigens komme ich gerade aus der Economy Class und bin zum ersten Mal hier oben. Ich verdiene 1500 Mark netto im Monat. Wie in Gottes Namen sollte ich mir jemals ein First-Class-Ticket leisten können? Das würde mich ein Jahresgehalt kosten!« Damit sollte die Frage geklärt sein, dachte ich.

Aber der Manager bliebt davon vollkommen unbeeindruckt. Statt sich seinem Kaviar zu widmen, gab er mir eine Antwort, die ich nie vergessen habe: »Du musst die richtigen Bücher lesen. Du musst dich mit den richtigen Menschen beschäftigen. Und du musst anfangen, von Menschen zu lernen, die da sind, wo du hinwillst. Dann ist alles möglich. Das sagt mir dieses Funkeln in deinen Augen.«

Und das habe ich getan. Kurz darauf begann ich, Bücher zu lesen und Seminare zu belegen. Aber zuerst einmal fing ich an zu heulen, als ich nach diesem Flug in meinem Hotelzimmer in Atlanta angekommen war und die Tür hinter mir zugemacht hatte. Nicht aus Traurigkeit, weil ich der Diener gewesen war und er der Bediente. Sondern weil dieser Mann mich trotz meiner Uniform und meiner Vorgeschichte größer gesehen hatte, als ich war. Mit ein paar ernsthaften Sätzen hatte er mein Economy-Mindset gelöscht und mich auf First Class programmiert.

Das war einer der Momente in meinem Leben, als es bei mir Klick gemacht hat. Damals habe ich erkannt: Ich bin mehr als das, was ich selbst von mir halte. Wenn ein Wildfremder dieses Funkeln in meinem Augen sehen kann, warum nehme ich es selbst nicht wahr? In mir steckt anscheinend viel mehr, und das darf ich nicht länger verstecken. Wenn ein Mensch, der alles erreicht hat, das in mir sieht, warum halte ich es zurück? Warum nutze ich es nicht, um mich endlich groß zu machen? Genug ist genug!

Wachstumsmomente sind Augenblicke im Leben, in denen uns etwas klar wird, das alles verändert. Ob du gerade an einem solchen Punkt auf deinem Weg der Erkenntnis bist, weiß ich nicht. Aber ich bin sicher, du weißt, was ich meine.

Schau einmal mit mir in die Zukunft. Stell dir vor, dass du achtzig Jahre alt bist. Jemand fragt dich: »Sag mal, wann bist du denn so radikal ehrlich geworden? Was waren die Weggabelungen in deinem Leben, wo du entschieden hast, nicht mehr allen gefallen zu wollen? Wann warst du plötzlich stark genug, dich nicht mehr anzupassen oder verbiegen zu lassen? Wann hast du dein Rückgrat bekommen?«

Vielleicht schaust du mal auf dein Leben, ob du diese Erlebnisse womöglich schon hattest, obwohl du noch jung bist. Fühlst du dich schon groß genug, um diese Fragen beantworten zu können? Hast du genügend Wachstumsmomente erlebt? Gab es hinreichend Ereignisse und Begegnungen, Siege und Verluste in deinem Leben, dass du dir eine Antwort zutraust? Fühlst du dich der Erkenntnis gewachsen, die aus diesen Gedanken kommt?

Falls nicht, möchte ich dich dazu motivieren, dich gerade aufzurichten und mit Stolz auf das zu blicken, was du geworden bist. Hier und jetzt, nicht irgendwann in der Zukunft. Du musst dafür nicht achtzig Jahre alt werden. Du kannst diese Frage auf der Stelle beantworten. Du bist der Herr oder die Herrin deines Lebens. Du hältst die Zügel in der Hand.

Hier ist ein Wachstumsmoment von mir für dich: Du bist groß und schön und wundervoll. Du hast genug erlebt, genug gelitten und genug erfahren. Du bist bereit zu wissen, wer du bist, was du brauchst und was du erreichen willst.

Mit der Erfahrung ist es wie mit dem Geld: Es macht keinen Sinn zu warten, bis man Punkt X erreicht hat. Wer garantiert dir, dass du bereit sein wirst, wenn du erst zu Meilenstein Y gekrochen bist? Ausreden sind das! Dein persönliches Wachstum gestaltest du selbst! Schau zurück auf die Momente, an die du dich eben erinnert hast: Woran bist du gewachsen? War es das Ereignis an sich, oder war es dein Umgang damit? Wer hat dich da hindurch geführt? Wer hat dir gezeigt, was du erreichen und überstehen kannst? Wer hat sich mit letzter Kraft ins Ziel geschleppt? Du warst das! Und so wird es auch in Zukunft sein: Du bist die Summe all deiner Wachstumsmomente. Nicht das Schicksal, nicht der Zufall, nicht dein Umfeld; du bist das.

Deshalb möchte ich dich ermutigen: Warte nicht auf Zeitpunkt X und Gelegenheit Y. Lauf jetzt los! Mach jetzt den nächsten Schritt. Wage jetzt den großen Sprung. Du brauchst keinen Anlauf mehr, du bist bereit. Inszeniere deine eigenen Wachstumsmomente, arbeite darauf hin und zelebriere sie.

Falls du noch zögerst, frage dich doch einmal Folgendes: Was ist in zehn Jahren? Ich kann dir sagen, was in zehn Jahren ist: Dann bist du zehn Jahre älter. That's it. Mehr nicht. Wenn du deinen Arsch nicht hochkriegst, deine Entwicklung nicht selbst in die Hand nimmst, nichts änderst und nicht für deine eigenen großen Momente sorgst, dann wird es niemand tun. Dann wird es kein Wachstum geben. Dann wirst du in zehn Jahren einfach nur zehn Jahre älter sein, ohne dass es einen Unterschied ausmacht. Und die einzige Person, die dafür vor dem eigenen Spiegelbild geradestehen muss, wirst du sein.

Deine Wachstumsmomente sind wertvoller als Geld und alle Statussymbole, die es auf der Welt gibt. Sie sind dein wahres Lebenskapital, und du allein zahlst auf dieses Konto ein. Get rich or die trying!

»Warum« ist kein Denkmal

Wofür bist du dankbar? Gar keine so einfache Frage, ich weiß.

Die meisten Menschen sind gut darin, aufzuzählen, was sie alles nicht haben. Was ihnen fehlt. Was andere vorweisen können an Dingen, die sie zu etwas Besserem machen. Kurz: Wir sind Meister darin, uns negativ zu vergleichen. Doch wenn wir mal unsere Assets aufzählen und uns positiv vergleichen dürfen, dann bleibt uns auf einmal die Spucke weg. Und warum? Weil wir das nicht gelernt haben. Niemand hat uns beigebracht, uns groß zu denken.

Das ist eine der größten Hürden der Persönlichkeitsentwicklung. Du musst sie unbedingt überwinden. Wenn dein inneres Bambi vor dieser Hürde eine Vollbremsung hinlegt, weil es sich lieber kleinmacht und niedlich daherkommt statt groß und mutig, dann musst du es zur Seite schieben und springen. »Klein und niedlich« hat schließlich nicht funktioniert, oder? Nicht, wenn es um deine Träume geht. Du musst das Kleine und Niedliche in dir zurücklassen, um herauszufinden, was sonst noch so alles in dir steckt.

Das fällt uns schwer. Und ich weiß das, weil es mir früher selbst einmal schwergefallen ist.

Auch ich kann ganz gut aufzählen, was ich alles nicht habe. Zum Beispiel komme ich nicht aus einer reichen Familie. Das Geld auf meinem Konto ist ein Ergebnis meiner eigenen Arbeit. Ich musste selbst dafür sorgen, dass meine Familie reich wird. Ich bin der erste Millionär in meiner Familie. Warum sollte dir das nicht gelingen, wenn es mir gelungen ist?

Zum Beispiel habe ich keine eindrucksvollen Titel vorzuweisen. Manche Experten haben MBAs von renommierten Hochschulen, sogar Doktortitel und Lehrstühle. Ich habe keinen Titel außer meinem Namen. Ich bin Tobias Beck, ohne Doktor und ohne MBA. Ich bin ein Studienabbrecher aus Wuppertal. Und weißt du was? Es hat mich nicht aufgehalten. Genauso wenig muss es dich aufhalten, wenn ein solcher Titel nicht unmittelbar zu deinen Zielen oder deiner Wunschkarriere gehört.

Auch viel Geduld habe ich nicht. Ich sitze nicht gern auf meinem Hintern und warte ab. Manchmal wünschte ich mir, dass das anders wäre. Denn manchmal ist Geduld ganz hilfreich, wenn das persönliche Wachstum mal wieder länger dauert und kein Snickers im Haus ist. Manche Menschen haben es leichter im Leben, weil sie aussitzen können, was ich ausfechten muss. Aber ich bin nun mal kein geduldiger Mensch. Das weiß ich, weil ich es ausprobiert habe. Und wenn du auch zu denen gehörst, die nicht stillsitzen können, dann kannst du mir das nachempfinden.

Diese und viele weitere angebliche Defizite habe ich damals schmerzlich erkannt, als ich mich auf meinen persönlichen Entwicklungsweg gemacht habe. Manche davon haben mir wehgetan, weil es um mich herum Menschen gab, die in Fülle hatten, was mir fehlte. Doch dann ist mir etwas klargeworden. Ich habe verstanden, dass ich einen Vorteil mitbrachte, der den meisten dieser wohlhabenden, hochgebildeten, tugendhaften Menschen abhandengekommen war, wenn sie ihn überhaupt je gekannt hatten.

Ich hatte Hunger. Und dieser Hunger hat ausgeglichen, was die anderen mir vermeintlich voraushatten. Erst rückblickend habe ich das erkannt. Deshalb möchte ich, dass du das verstehst, *bevor* du auf die Straße des Erfolgs einbiegst. Denn diese Erkenntnis kann dir manchen Selbstzweifel ersparen und auch manchen Umweg, weil ich ihn schon für dich gegangen bin: Dein Hunger ist kein Mangel. Dein Hunger ist ein Antrieb. Und dieser Motor ist stärker als all die scheinbaren Vorteile, die andere dir gegenüber haben.

Und weißt du, was ich auch nicht hatte? Ich hatte kein Warum. Jedenfalls hatte ich es noch nicht, als ich mit meiner Entwicklung begonnen habe – der Entwicklung, die mich dahin gebracht hat, wo ich heute bin.

Sehr oft ist das große »Warum« nur ein Etikett, das im Nachhinein konstruiert wird. Das heißt nicht, dass es nicht sinnvoll wäre, sich Gedanken darüber zu machen, wenn der Zeitpunkt gekommen ist. Denn wenn dein Einfluss wächst und deine persönliche Mission zu etwas Größerem wird als einer One-Man-Show, kann es sehr hilfreich sein, das Warum in klare Worte fassen zu können. Dann geht es nicht nur um deinen persönlichen Antrieb, sondern auch darum, andere ins Boot zu holen und von deinen Zielen zu überzeugen. Das Warum kann hilfreich sein, um herauszufinden, mit wem du deine Überzeugungen und deine Mission teilst. Es ist ein Hafen, den andere ansteuern können, die dieselben Sehnsüchte teilen. Das große »Why« kann eine Klammer sein, ein Bindeglied für eine Gemeinschaft Gleichgesinnter.

Doch dieses Warum ist letztlich nichts als ein Etikett: ein strategisches Instrument, um aus einem persönlichen Antrieb eine wachstumsfähige Unternehmung zu machen. Das große Warum ist nur eine Ausformulierung von etwas, was schon lange vorher in dir gesteckt hat. Etwas, was dich antreibt, lange bevor du es in Worte fassen kannst. Das Warum ist nur eine salonfähige Verpackung für den Hunger, der tief in dir wohnt und der dich aufstehen lässt, um die Welt zu verändern.

Du stehst noch am Anfang und weißt nicht, warum du tust, was du tun musst? Du hast noch nicht verstanden, warum dein Herz in eine ganz bestimmte Richtung ausschlägt? Du kannst den großen Zweck und das ferne Ziel noch nicht in kluge Worte kleiden, die deiner Mission einen schicken Anstrich verleihen? Dann vergiss die Frage nach dem »Warum«, jedenfalls vorerst. Es ist jetzt nicht dran. Jetzt geht es darum, auf die Suche zu gehen und deinem Hunger zu folgen. Alles andere kommt später. Was nützt dir dein »Warum«, solange du nicht erkannt und besiegt hast, was dich zurückhält?

Du brauchst kein Warum, keine Fülle an Worten und keine besondere Weisheit, um Großes zu leisten und über dich hinauszuwachsen. Dein Warum ist kein Denkmal! Mach den zweiten Schritt nicht vor dem ersten, sonst wirst du stolpern. Gerade das, was dir fehlt, kann dich dahin bringen, wo du hinwillst. Dein Hunger ist kein Zeichen von Armut, er ist der

Schlüssel zum Reichtum. Überwinde die Sucht nach dem, woran es dir angeblich mangelt. Erkenne, was dich zurückhält, und lerne es loszulassen.

Fuck your why – know your Bambi.

Vom Mangel in die Fülle

Dich vom Mangel in die Fülle zu denken ist eine Fähigkeit, die dir an vielen Weggabelungen in deiner Entwicklung helfen wird. Denn es wird immer wieder Menschen geben, die dir gegenüber scheinbar im Vorteil sind und dich das vielleicht auch wissen lassen. Das sind die Momente, in denen dein inneres Bambi dir ins Ohr flüstern wird: »Gib auf! Du kannst nicht gewinnen!« Auch wird es immer materielle und immaterielle Dinge geben, die dir scheinbar zum Erfolg fehlen.

»Das steht dir nicht zu«, flüstert Bambi.

Dir gehört die Welt, sage ich.

Ich kann dir garantieren: Fast immer ist dieser vermeintliche Mangel, der dir das Gefühl gibt, du wärst im Nachteil, nur in deiner Vorstellung. Beinahe jeder Vorteil lässt sich ausgleichen. Denn was andere an dir als Schwäche missachten, kannst du in eine Stärke verwandeln. Hör auf, dich negativ zu vergleichen. Erhebe dich in die Stärke, die in deinen scheinbaren Nachteilen liegen kann. Kein Sieg ist größer als der des Außenseiters.

Ein prominentes Beispiel dafür ist einer der Stars der digitalen Ära: der Internet-Marketer und Bestsellerautor Seth Godin. Er hat von sich selbst einmal gesagt, dass er in der Schule immer ausgegrenzt wurde, weil er sich nicht anpassen wollte. Dann kam das Internet, in dem er mit seinen speziellen Interessen und Fähigkeiten aufging wie ein Wüstenblume. In einem Fachgebiet, das normalerweise Kontaktfreude und Beliebtheit belohnt, konnte der Nerd sich online auch ohne diese Eigenschaften hocharbeiten. Binnen kürzester Zeit avancierte er zum Superstar einer neuen Nische, die nach und nach zum neuen Mainstream wurde. Der Außenseiter wurde erst zum Pionier und dann zum Helden – eine Erfolgsgeschichte, wie die frühe Internetära viele geschrieben hat. Für Seth Godin haben sich die vermeintlichen Defizite als Tugenden erwiesen. Aber genützt hat ihm das nur, weil er das erkannt und gezielt für sich genutzt hat.

Wie kannst du pragmatisch mit deinen sogenannten Defiziten umgehen? Drei Schritte werden dir dabei helfen.

1. *Erkenne, was dir fehlt.*
   Der erste Schritt ist besonders wichtig, denn er bringt dich ins Tun und hilft dir, Enttäuschungen zu vermeiden. Solange du deine Schwächen nicht kennst, kannst du nicht mit ihnen arbeiten. Unabsichtlich wirst du immer wieder in Situationen landen, in denen du nicht weiterweißt: Sackgassen deiner persönlichen Entwicklung. Dann besteht die Gefahr, dass du frustriert bist und vorschnell aufgibst. Warum? Da du dich negativ vergleichst, bist du automatisch versucht, denen nachzueifern, die du im Vorteil glaubst. Du wirst also wahrscheinlich versuchen, die gleichen Dinge auf die gleiche Weise zu erreichen wie sie. Da du aber nicht dasselbe Rüstzeug mitbringst, wirst du auf ihre Weise nicht vorankommen. Wenn du diese Falle nicht erkennen lernst, wirst du immer wieder hineintappen und immer wieder enttäuscht werden. Du musst deinen eigenen Weg gehen, der zu deinem Charakter und deinem Skillset passt. Versuche nie, andere zu imitieren, die du beneidest. Suche von Anfang an deinen eigenen Weg, der deinen Stärken Rechnung trägt.
2. *Verabschiede dich vom Verlangen danach.*
   Man kann leicht resignieren, wenn man sich ständig im Nachteil gegenüber anderen glaubt. Vielleicht denkst du,

andere haben es leichter im Leben, weil sie über die richtigen Kontakte oder ein dickes Startkapital oder das hübschere Gesicht verfügen. Du hast insofern recht, als ihnen diese Vorteile helfen mögen. Dir können sie aber nicht helfen, denn du bist nicht diese Menschen. Du bist eine eigene Persönlichkeit mit ganz eigenen Werten und einer ganz eigenen Vergangenheit. In ihrer Welt magst du im Nachteil sein, in deiner Welt ziehen sie den Kürzeren. Deshalb hat es überhaupt keinen Sinn, dir einzureden, dass du erst dasselbe Startguthaben ansparen oder dasselbe Netzwerk aufbauen musst, damit du konkurrenzfähig wirst. Für dich gibt es keine Konkurrenz, denn du bist einzigartig. Wenn du neidisch auf das schielst, was andere haben, ist wieder Bambi am Werk: der Teil von dir, der geliebt und beachtet werden will und dafür bereit ist, sich anzupassen. Gönne anderen, was sie haben. Hör auf, danach zu verlangen. Du hast keinen Grund, neidisch zu sein. Denn du hast etwas, was ihnen fehlt – garantiert.

3. *Mach eine Stärke daraus.*
   Woran erkennt man einen starken Menschen? Was zeichnet jemanden aus, der jede Herausforderung bewältigen kann? Dass er sich Lösungen für seine Probleme kaufen kann? Das ist nicht Stärke, das ist Bequemlichkeit. Ist jemand stark, weil er jemanden kennt, der das Problem für ihn löst? Das ist Verantwortungslosigkeit, nicht Stärke. Macht eine hohe Position oder ein eindrucksvoller Titel jemanden stark? Hier ist es der Status, der mit Stärke verwechselt wird. Starke Menschen brauchen nichts von alldem, um im Leben klarzukommen und ihre Ziele zu erreichen. Starke Menschen erkennt man daran, dass sie das Beste aus dem machen, was ihnen zu Verfügung steht. Sie nutzen ihre Stärken, anstatt sich auf ihre Schwächen zu fokussieren. Lerne, deine scheinbare Schwäche in Stärke

zu verkehren, indem du dein Leben auf das ausrichtest, was du hast, beherrschst und einbringen kannst. Alles, was du brauchst, liegt in dir. Es gibt keinen Grund, zu warten. Es hat keinen Sinn, sich zu vergleichen. Wenn dir dieser Paradigmenwechsel gelingt, werden die angeblichen »Stärken« der anderen dir später ganz von selbst zufallen: das Geld, die Kontakte, der Status.

Weißt du, was das bedeutet? Was Stärke wirklich heißt? Wenn man den anderen, die du heute noch beneidest, morgen ihre Vorteile wegnimmt (das Geld, den Status, die Kontakte), was bleibt ihnen dann? Dann haben sie nichts mehr. Sie stehen nackt da, weil sie ohne ihre Privilegien nichts mehr sind. Dir aber bleibt dann immer noch die Fähigkeit, mit dem zu arbeiten, was du hast. Wenn du einmal Pech hast und alles verlierst, bist du im Vorteil, denn du kannst aus eigener Kraft wieder aufstehen.

In der Fülle zu leben ist kein Geschenk – es ist eine Entscheidung.

Wer auf ein Zeichen wartet, ist keines Wunders würdig

Wenn du also alles schon in dir trägst, was du brauchst, und sogar deine vermeintlichen Schwächen in Wahrheit Stärken sind, worauf wartest du dann eigentlich noch? Wenn du weder viel Geld noch einflussreiche Kontakte noch einen dicken Titel auf der Visitenkarte brauchst, was hält dich dann eigentlich noch davon ab, dein bestes Leben zu leben?

Bambi hält dich ab. Denn Bambi spielt auf Sicherheit. Bambi möchte immer erst Gas geben, wenn der Förster genügend Wildwechsel-Warnschilder aufgestellt hat, alle Signale auf

Grün stehen und nichts, aber auch gar nichts mehr schiefgehen kann. Bambi wartet immer noch auf irgendein Zeichen.

Und das ist ein Problem. Das ist *dein* Problem. Denn dieses Zeichen wird niemals kommen. Auf jeder Straße fahren Autos. Wenn Bambi auf Gewissheit wartet, wird es die Straße nie überqueren können.

Was fällt uns nicht alles ein, was wir noch brauchen würden? Was glauben wir nicht alles zu benötigen, um endlich mal einen Fuß vor den anderen zu setzen?

Ausrede Nummer eins und gerade ganz hoch im Kurs als Erfolgsverhinderer, selbst unter den Erfolgreichen, ist die Wirtschaftslage. Erst lag es an der Konjunktur: Weil China schwächelt, schwächelt die Weltwirtschaft – da darf man keine Experimente wagen. Dann war es der Zwang zur Nachhaltigkeit: Weil alle ihre Geschäftsmodelle umstellen müssen, ist ungewiss, womit man in Zukunft noch Geld verdienen kann. Dann war es Corona: Solange wir mit neuen Wellen rechnen müssen, muss man an dem festhalten, was man hat. Als Nächstes kam der Krieg in der Ukraine: Bis die Lieferketten neu aufgestellt sind, fehlt es an allen Ecken und Enden an Ressourcen. Und dann lag es mal wieder an der Konjunktur: Weil China schwächelte, und zwar wegen Corona und seiner Unterstützung des Ukraine-Kriegs … Verstehst du, worauf ich hinauswill?

Ich will all diese Probleme ja gar nicht leugnen. Dass die Weltlage gerade nicht rosig ist, ist kaum zu bestreiten. Nur Tatsache ist auch: All diese Faktoren werden nicht kurzfristig zu beheben sein. Die Folgen von Corona werden uns noch jahrelang beschäftigen. Die Konjunktur wird immer Schwankungen unterliegen. Wenn es nicht an China liegt, dann liegt es eben an etwas anderem. Auf den Ukraine-Krieg folgt der Wiederaufbau in der Ukraine. Und bis dahin ist bestimmt längst der nächste Krisenherd aufgetaucht, der die Solidarität der

Weltgemeinschaft fordert. Der Klimawandel ist eine Herausforderung, die absolut alles verändern wird, ganz besonders die Wirtschaft. Nachhaltigkeit ist ein Thema, das uns für den Rest unseres Lebens beschäftigen wird, und ganz bestimmt auch unsere Kinder und Kindeskinder.

Das ist die Welt, in der wir leben. Das sind die Umstände, mit denen du dich arrangieren musst. Damit musst du klarkommen, wenn du zu denen gehören willst, die etwas verändern und die Welt zu einem besseren Ort machen wollen.

Und nun lass mich noch einmal fragen: Auf welches Zeichen wartest du? Dass die Wirtschaft wieder auf die Beine kommt? Träum weiter, wie soll das denn in absehbarer Zeit funktionieren? Wie sollen zwischen all diesen Krisen auf wundersame Weise die Konjunktur nach oben schießen und die Märkte sich erholen? Ausgerechnet in Deutschland, wo man Digitalisierung heute immer noch für Neuland hält?

Oder wartest du darauf, dass die Wissenschaft so große Fortschritte macht, dass wir nie wieder mit einer Pandemie rechnen müssen? Das wäre verdammt naiv, denn die Natur sitzt immer am längeren Hebel.

Willst du sichergehen, dass ein Frieden von Dauer ist und es nie wieder einen neuen Krieg gibt, der alles auf den Kopf stellen kann? Dann musst du auf das Ende der Menschheit warten.

Ich würde dir gern sagen, dass morgen alles besser sein wird, aber das wäre eine Lüge. Und auf einer Lüge darfst du deine Zukunft nicht aufbauen. Wenn du auf den Rat von Menschen hörst, die dir die Sterne vom Himmel versprechen, damit du sie wählst oder ihnen folgst oder dein Geld in sie investierst, anstatt dein eigenes Ding zu machen, dann sitzt du genauso einer Lüge auf. Höre nicht auf Vorgesetzte und Volksvertreter, die sagen, was du hören willst, damit du dein Leben so einrichtest, wie es ihnen genehm ist. Sieh dir die

Welt an, zähle eins und eins zusammen und mach dir deine eigenen Gedanken. Und dann überlege, was das für dich und deine Ziele bedeutet.

Vergiss dabei aber nie: Träume sind stark. Träume können so ziemlich alles überstehen. Träume sind verdammt umweltresistent.

Zu welchem Schluss auch immer du bei deiner Bestandsaufnahme kommst, Fakt ist: Es macht keinen Sinn, zu warten, bis die äußeren Bedingungen sich bessern. Egal, wie lange du wartest – du kannst dabei nur verlieren, nämlich Zeit. Am Ende wirst du sowieso mit den Umständen klarkommen müssen, die du vorfindest, wenn dir die Zeit ausgeht. Warum also nicht einfach jetzt und hier den Anfang machen und Boden gewinnen, anstatt Zeit zu verlieren?

Im vorigen Abschnitt haben wir festgestellt: Am besten kommst du voran, indem du auf deine vorhandenen Ressourcen setzt, anstatt dich von einem eingebildeten Mangel bremsen zu lassen. Wenn du jetzt etwas wagst, während alle anderen zögern, setzt du auf dasselbe Prinzip: Du entscheidest dich für die Fülle, anstatt auf ein Geschenk des Himmels zu warten, das nie kommen wird.

Also noch einmal: Was muss passieren, damit du erkennst, dass sich von selbst gar nichts verändert? Wenn du auf bessere Zeiten warten willst, kannst du inzwischen schon mal anfangen, die Bretter für deinen Sarg zusammenzunageln.

Nein, du musst schon selbst für das Wunder sorgen, auf das du wartest. Jede *Reh*bellion braucht einen Anführer. Und der bist du. Die Welt braucht dich. Wer auf ein Zeichen wartet, ist keines Wunders würdig.

TEIL II
Kill Your Bambi

Größer als deine Umstände

Die Opferrolle ist was für Statisten

Du bist kein Opfer.

Du bist kein Opfer.

Du bist kein Opfer.

Aber es kann durchaus sein, dass du wie eines lebst.

Ich will dich nicht provozieren, nur wachrütteln. Die Teile unserer Gesellschaft, die unsere Lebensgestaltung und unseren Tagesablauf weitgehend bestimmen, sind zum größten Teil auf Mitläufertum ausgelegt. Das heißt nicht, dass alle, die so leben wie der Großteil der Menschen, stumpfe Mitläufer sind. Denn viele wollen es ja gar nicht anders, viele fühlen sich wohl in diesem engen Anzug aus Vorgaben und Regeln und Erwartungen. Du allerdings nicht, oder? Dir schwebt ein anderes Leben vor, in dem du selbstbestimmt und selbstorganisiert deine eigenen Regeln machst. Die Frage ist: Zahlen deine momentane Lebensgestaltung und die Art, wie du deine Tage verbringst, darauf ein, oder lebst du bis jetzt doch eher so, wie die Gesellschaft und dein engeres Umfeld es von dir erwarten?

Nehmen wir als Beispiel das Arbeitsleben: Die meisten Menschen gehen morgens in irgendein Büro und kommen erst nachmittags oder abends wieder raus, mit Ausnahme einer kurzen Mittagspause vielleicht, wenn es gut läuft. Was machen sie in den Stunden dazwischen?

- Sie folgen den Anweisungen von Menschen, die auf dem Papier mehr zu sagen haben als sie, aber deshalb nicht unbedingt mehr draufhaben.
- Sie führen Aufgaben aus, die irgendjemandem nützen, ihnen selbst aber meistens überhaupt nicht.
- Sie stellen etwas her oder erbringen eine Dienstleistung, die auch für die Gemeinschaft oft nicht viel Nutzen bringt, die aber zum »höheren Sinn« oder auch zum »Warum« des Unternehmens erklärt wird.
- Sie ordnen alle anderen Lebensbereiche diesem Teil ihres Lebens unter, zumal alle anderen Teile ihres Lebens finanziell und oft auch sozial davon abhängig sind.
- Sie müssen ständig mehr leisten als vereinbart und ihr kleines bisschen Freiheit gegen immer noch mehr Verantwortung und noch mehr Arbeit verteidigen, bekommen aber unabhängig von Aufwand und Leistung immer nur dasselbe Gehalt überwiesen.

Das ist der Alltag der meisten Menschen. Das hat die Gesellschaft so eingerichtet, und sie hat *sich* darauf eingerichtet. Die meisten Menschen spielen da mit, und nicht nur das: Sie machen sich freiwillig davon abhängig, indem sie sich jeden Tag in dieses System einfügen.

Nun sag mir bitte: Was ist das, wenn nicht ein System der Mitläufer? Und wie lebst du, wenn du dich mehr oder weniger ohne Gegenwehr in dieses System einfügst, wenn nicht in der Rolle des Befehlsempfängers?

Wie gesagt: Es gibt Menschen, die wollen es nicht anders. Vielleicht sind das sogar die meisten Menschen. Die Tatsache, dass dieses System seit Jahrzehnten, im Grunde seit Jahrtausenden so funktioniert, spricht dafür, dass die Mehrzahl der Menschen nicht sehr viel dagegen einzuwenden hat, sich ihr Leben von anderen vorschreiben zu lassen. Ihnen reicht es, sich in den kleinen Freiräumen zwischen den Pflichten und Regeln auszuleben und ansonsten dasselbe zu tun, was alle anderen auch tun. Ihnen reicht der Trost, dass sie dieses genormte, standardisierte Leben zusammen mit vielen, vielen anderen führen, die dasselbe Schicksal mehr oder weniger freiwillig teilen. In der Schicksalsgemeinschaft zu existieren, ist gut genug für sie.

Daran ist nichts Verkehrtes. Diesen Menschen ist kein Vorwurf zu machen. Es gibt gute Gründe, die man dafür nennen kann, warum diese Art zu leben für die meisten Menschen Sinn ergibt. Zum Beispiel ist ein solches Leben relativ stabil im Vergleich zu der Unsicherheit, auf die man sich freiwillig einlässt, wenn man sich selbstständig macht und damit wirtschaftlich unabhängig von Firmen und Festanstellungen. Es ist auch wesentlich einfacher, ein solches Leben zu planen und zu gestalten, denn die meisten Tage laufen gleich ab, und man weiß immer, was man zu erwarten hat. Nicht zuletzt ist diese Art von Alltag in gewisser Weise auch sozialer als ein Leben nach den eigenen Regeln: Schließlich leben ja die meisten anderen Menschen genauso. Also ist es einfacher, Gleichgesinnte zu finden, mit denen man sich austauschen und gegenseitig unterstützen kann. Menschen, die ihr eigenes Ding machen und entsprechend nach anderen Regeln leben, passen in solche Gemeinschaften oft nicht gut hinein. Sie haben andere Vorstellungen davon, wie man seine Zeit sinnvoll verbringt. Sie haben andere Prioritäten und auch andere Gesprächsthemen.

Für viele Menschen ist das mehr oder weniger konforme Leben in dieser Komfortzone also genau richtig. Relativ sicher, relativ planbar, relativ komfortabel reicht ihnen; wirklich schlecht geht es in einer Industrienation ja den wenigsten. Ein bisschen Jammern und mit dem Schicksal hadern tut der Selbstberuhigung Genüge, wenn der Freiheitsdrang in ihnen doch einmal zu groß wird. Nach dem nächsten Urlaub oder der nächsten Party geht es erst mal wieder.

Es ist nur so: Du gehörst nicht zu diesen Menschen. Du stehst nicht auf der Seite der Mehrheit. Du erwartest etwas anderes von deinem Leben. Richtig? Ja, das weiß ich. Denn wenn es nicht so wäre, hättest du dieses Buch nicht gekauft.

Du hast Schwierigkeiten damit, dir von Menschen Vorschriften machen zu lassen, die einfach nur in irgendeiner Hierarchie höher stehen als du. Dir reicht es nicht, die Erwartungen anderer zu erfüllen, die so leben – deine Eltern, deine Bekannten, deine Schulkameraden vielleicht. Sie haben für sich entschieden, dass dieses Leben »normal« ist. Deshalb erwarten sie auch von anderen, dass sie es »richtig« finden, so zu leben. Du fühlst dich nicht wohl bei dem Gedanken, dass der Rest deines Lebens eigentlich jetzt schon durchgeplant ist, weil von heute bis zu deinem letzten Tag alles genau so laufen wird, wie du es von Millionen anderen und deinem Umfeld kennst: alle Arbeitstage, alle Urlaube und alle Beziehungsverläufe.

Dir reicht das alles so nicht. Du willst wissen, was das Leben noch zu bieten hat. Du willst dich nicht in die vorgeschriebene Rolle fügen, die die Gesellschaft und dein Umfeld dir zugeteilt haben. Du willst dich nicht damit zufriedengeben, Nutzen für andere zu erbringen. Deine Vorstellung von Erfüllung besteht nicht darin, die Erwartungen zu erfüllen, die andere in dich setzen, weil sie selbst keine weitergehenden Ambitionen haben.

Dann musst du raus aus der Opferrolle, mit der du dich einlullst, statt loszulegen. Nichts ist verwerflich daran, ein Mitläufer zu sein, solange niemand zu Schaden kommt. Aber diese Entscheidung dem »Schicksal«, den Umständen oder anderen Menschen in die Schuhe zu schieben und sich selbst in der Opferrolle zu verkriechen – das ist verwerflich. So geringschätzig darfst du mit dir selbst und deinem Leben nicht umgehen.

Doch dieser Art zu denken zu widerstehen ist gar nicht so leicht, ich weiß. Das Komfortzonendenken, aka die Mitläufer-Mentalität großer Teile unserer Gesellschaft ist gleichzeitig natürlich auch die größte Hürde für jede Schöpferin und jeden Macher, die oder der sich entscheidet, anders zu leben. Das liegt nicht in erster Linie daran, dass ein selbstbestimmtes Leben so schwer zu erreichen wäre, sondern an den Hürden, die die Mitläufer-Gesellschaft dir dabei in den Weg legt. Viele dieser Hürden existieren zwar nur in deinem Kopf, aber das macht es nicht einfacher.

Zum Beispiel fällt es dir vielleicht nicht leicht, die Erwartungen deiner Eltern zu enttäuschen. Du kannst ja durchaus verstehen, warum sie dich lieber als Angestellten sehen wollen als in einer selbstständigen Unternehmerrolle, in der du für alles die volle Verantwortung trägst. Möglicherweise kommst du auch ins Zweifeln, weil alle deine Freunde typische Büro- oder Dienstleistungsjobs haben. Es kann auch sein, dass es dir schwerfällt, Menschen zu widersprechen, die du liebst. Vielleicht hast du Hemmungen, dich gegen Widerstände von Stimmen durchzusetzen, die du respektierst. Doch jedes Mal, wenn solche Gedanken dich zurückhalten, musst du dir klarmachen, wer oder was da aus dir spricht: Es ist die Versuchung der Konformität, die unsere Gesellschaft fördert. Es ist der brave Mitläufer, der sich einfach in seine vorgesehene Rolle fügen möchte. Es ist das Kind in dir, das nicht anders sein will, sondern genauso wie die anderen, damit es mitspielen darf und nicht ausgegrenzt wird.

Achtung, Reality Check: Du bist kein Kind mehr. Du bist ein erwachsener Mensch, der seine eigenen Entscheidungen trifft.

Natürlich kann diese Entscheidung auch darin bestehen, dass du lieber den einfacheren Weg gehen und dein Leben genauso gestalten willst wie die meisten Menschen. Bitte sei dir gewiss: Dafür kann ich dich genauso lieben und respektieren – und jeder Mensch in deinem Leben, der etwas zählt, sollte das auch tun. Nur eines darfst du dann nicht: Du darfst dich nicht in die Opferrolle begeben und jammern. Jeder, der sich für ein Leben als Mitläufer entscheidet, muss sich darüber im Klaren sein, dass er mit dieser Lebensweise bis zu seinem letzten Atemzug ein Statist bleiben und niemals ein Star sein wird. Wenn sich das für dich richtig anfühlt, dann steh dazu und leb dein bestes Leben in dieser selbst gewählten Rolle. Alles gut.

Aber wenn du dich selbst als Opfer fühlst, dann hör auf diese innere Stimme. Hör auf deine Bedürfnisse, damit du es später nicht bereuen musst. Wenn sich jede Faser in dir gegen die Vorstellung sträubt, ein Rädchen in einer großen Maschine zu sein, dann brich aus diesem System aus und suche nach einer Möglichkeit, selbstbestimmt zu leben. Finde den Hebel, der den Stein deiner *Reh*bellion ins Rollen bringt.

Nur eines ist mir wichtig: Bitte, bitte triff diese Entscheidung selbst. Lass sie dir nicht abnehmen. Hör nicht auf die Stimmen, die nur wollen, dass du alles genauso siehst und genauso machst wie sie, damit sie sich selbst besser fühlen. Fälle deine Entscheidungen nicht, um damit die Entscheidungen anderer zu bestätigen. Triff immer deine eigene Wahl. Und dann lebe sie mit allem, was du hast.

Dein Umfeld und seine Bewohner

Einer der wichtigsten äußeren Einflussfaktoren für die persönliche Entwicklung eines Menschen ist sein persönliches Umfeld. Das kann ein positiver Einfluss sein, wenn du von inspirierenden Menschen mit ähnlichen Zielen umgeben bist. Oder es kann ein hemmender Einfluss sein, wenn es um dich herum viele negative Menschen ohne persönlichen Antrieb gibt.

Die Wissenschaft hat vielfältige Beweise dafür erbracht, dass Menschen dazu neigen, ihr Umfeld zu spiegeln. Das gilt zum einen für das unmittelbare Verhalten. Dafür sorgen zum Beispiel die Spiegelneuronen: Nervenzellen, die bewirken, dass wir Bewegungen und Gesten anderer motorisch nachahmen. So spiegeln wir beispielsweise ein Lächeln oft unbewusst, indem wir zurücklächeln, oder legen ebenfalls die Stirn in Falten, wenn unser Gegenüber plötzlich skeptisch blickt.

Zum anderen haben Menschen aber auch die Eigenschaft, ihr Verhalten im größeren Zusammenhang dem ihres Umfelds anzupassen. Das ist der Grund, warum die Mitläufer-Gesellschaft, um die es im vorigen Abschnitt ging, so effektiv funktioniert. Sich gegen die Meinung und die Gewohnheiten der Gruppe zu verhalten, also vom Mainstream deines Umfelds abzuweichen, ist viel schwieriger und braucht viel mehr Überwindung, als dich einfach anzupassen und alles so zu machen wie die anderen. Früher hat unsere Spezies ja nun mal alles zusammen gemacht, weil wir nur zusammen überleben konnten: zusammen in Höhlen gehockt, zusammen jagen gegangen, zusammen Familien gegründet …

Bestimmt hast du schon den Begriff »Gruppenzwang« gehört: Manchmal tun wir Dinge, obwohl sich in uns Widerstand regt, einfach deshalb, weil alle anderen sie auch tun. Dafür gibt es zwei Gründe, die ebenfalls wissenschaftlich belegt sind: Erstens glauben wir eher, dass wir falsch liegen, wenn alle anderen sich anders entscheiden. Es kann also passieren, dass du eine richtige Entscheidung oder Lösung aufgibst, nur weil alle anderen sagen, dass du falsch liegst. Zweitens sind wir soziale Wesen, legen also großen Wert darauf, dass wir zu einer Gemeinschaft gehören. Daher ist unser Verlangen nach Harmonie grundsätzlich relativ groß (bei dem einen mehr, bei dem anderen weniger). Und deshalb sind wir oft bereit, uns der Meinung anderer anzuschließen, obwohl uns vielleicht auch Gegenargumente durch den Kopf gehen oder wir uns damit nicht ganz wohlfühlen.

Durch diese Hintergründe übt das Umfeld eine große Macht auf uns aus – mal mehr, mal weniger bewusst. Es verlangt einiges Selbstbewusstsein und immer wieder Überwindung, gegen diese Macht anzukämpfen, wenn sie deiner Persönlichkeit und deinen Zielen widerspricht. Denn wie du dir vorstellen kannst, ist diese Macht an allen Ecken und Enden in unserer Lebensgestaltung wirksam. Wenn in deiner näheren Umgebung alle Menschen Alkohol trinken, spielt das wahrscheinlich eine große Rolle bei der Freizeitgestaltung in deinem Freundes- und Kollegenkreis. Beim Ausgehen, bei Partys, beim gemeinsamen Essen, sogar bei Geschäftsterminen wird getrunken – vielleicht sogar sehr viel. Wenn du der Einzige bist, der nicht trinkt, kommst du sofort in Erklärungsnöte: »Warum kippst du keinen mit uns, du Spaßbremse?« So trinkst du vielleicht doch mit, nur um dazuzugehören. Und schon hast du dein Verhalten angepasst. Auf dieselbe Weise geraten Menschen aufgrund ihres Umfelds unter den Einfluss von Drogen und anderen schlechten Angewohnheiten. Der Drang, das Verhalten des Umfelds nachzuahmen, ist sehr oft die Eintrittstür für alle möglichen Arten von Abhängigkeit, auch finanzielle oder menschliche.

Deshalb ist es wichtig, dass du dir sehr genau anschaust, welche Menschen dein Umfeld bevölkern. Denn wie dein Familien-, Freundes- und Kollegenkreis zusammengesetzt ist, wird direkten Einfluss darauf haben, wie leicht oder wie schwer du es hast, wenn du etwas in deinem Leben verändern willst.

Die schlimmsten Menschen, mit denen du es dabei zu tun bekommen kannst, sind die »Bewohner«. Wenn du schon Veranstaltungen von mir besucht hast oder meinen Podcast »Bewohnerfrei« hörst, weißt du, was ich damit meine. Das sind diese Typen, die es besonders in Deutschland an jeder Ecke gibt: Menschen, die alles negativ sehen, immer etwas zu nörgeln und zu meckern haben und grundsätzlich passiv bleiben. Also Menschen, über die du an jeder Ecke stolperst.

Leider kann man ihnen auch im Urlaub nur sehr schwer ausweichen. Ich verbringe immer wieder längere Auszeiten im Ausland, um wertvolle Lebensmomente einzusammeln. Einmal war ich zum Beispiel in Mexiko, in einer wunderschönen Ferienanlage am Strand unter Palmen. Eines Morgens sitze ich beim Frühstück, und neben mir sitzt ein Pärchen aus Deutschland. Die Frau – mit schneeweißen Bikinistreifen auf den Schultern und Gewittermiene obendrüber – kommt vom Büffet zurück, knallt ein Brötchen mit Salami und Käse auf den Tisch und motzt im feinsten Ruhrpott-Slang röhrend durch die Anlage, dass der Pool Wellen schlägt: »An dem Büffet ist so viel Auswahl, dass man überhaupt keine Ahnung hat, was man essen soll!«

Du bist im Urlaub, Tobi, sage ich in Gedanken zu mir selbst. *Tu es nicht. Starte jetzt keinen Bewohner-Talk. Reiß dich zusammen.*

Leicht macht sie es mir nicht, die blonde Ruhrpott-Röhre. Denn im nächsten Moment wischt sie sich mit der ketchupverschmierten Serviette über die ohnehin schon gerötete Stirn und klagt lauthals: »Es ist so verdammt heiß hier in Mexiko!«

»Dann bleib doch mit deinem Arsch zu Hause!«, brülle ich nicht zurück, denke es aber.

So sind Bewohner: Wenn es etwas auszusetzen gibt, dann werden sie es finden. Sogar im Urlaub, am Strand, unter Palmen. Wenn es eine Möglichkeit gibt, alle anderen Menschen in unmittelbarer Nähe auf dasselbe frustrierte, übellaunige Energieniveau runterzuziehen wie sie selbst, dann werden sie Gebrauch davon machen. Und wenn irgendjemand in ihrem

Umfeld es wagt, den Kopf aus der Masse zu heben und sich einen Traum zu erfüllen, dann werden sie bereit sein, diesen Menschen und seinen Traum schlechtzureden und niederzumachen. Jede Ambition und jede Veränderung in ihrem Umfeld löst bei den Bewohnern denselben Reflex aus: draufhauen, einebnen, abschleifen. Denn sonst müssten sie sich selbst ja eingestehen, dass sie unglücklich sind, und dass etwas in ihrem Leben fehlt.

Und nun frage ich dich: Wie steht es um die Bewohnerdichte in deiner Umgebung? Kannst du in deinem Umfeld gedeihen? Oder haben diese Typen möglicherweise etwas damit zu tun, dass du auf der Stelle trittst, anstatt dir deine Träume zu verwirklichen?

Achtung, Falle: Es wäre natürlich leicht, deinem Umfeld die Schuld dafür in die Schuhe zu schieben, dass du bisher noch nicht mehr erreicht hast. »Aber Tobi, du kennst meinen Mann nicht, der bremst mich immer aus!« – »Aber Tobi, meine Familie, die lässt mir keine Luft zum Atmen!« – »Aber Tobi, in meinem Freundeskreis sagen alle, ich würde spinnen!« Bullshit! Dein Umfeld kann dich nicht aufhalten. Es kann lediglich dazu beitragen, dass du in deiner Komfortzone verharrst. Nachdem du nun weißt, welche Macht es auf dich ausübt, hast du keine Ausrede mehr. Du kannst dich darüber hinwegsetzen, wenn und wo es nötig ist. Du allein entscheidest, wie die Dinge in deinem Leben laufen. Diejenigen Menschen um dich herum, die dich wirklich lieben, werden dich trotzdem unterstützen. Und auf die anderen kannst du gut verzichten.

Um Missverständnissen vorzubeugen: Ich will dir nicht einreden, dass du dich von deinem Umfeld lösen sollst. Und ganz bestimmt erwarte ich nicht von dir, dass du beim nächsten Telefonat mit deinen Eltern oder Onkel Horst übermotiviert in die Leitung brüllst: »Ich will nix mehr mit dir zu tun haben!« Auch deine Beziehung zu beenden ist in den meisten Fällen sicher nicht notwendig; wenn die dich nervt, hast du wahrscheinlich nur schon längst nach einer Ausrede gesucht. Komm also nicht auf die Idee, bei deinem Scheidungsprozess zu sagen: »Der Beck hat gesagt, das geht nicht anders.« Es geht nicht darum, alle Verbindungen und Beziehungen in den Wind zu schlagen, weil du jetzt erleuchtet bist. Du magst eine Inselbegabung haben, aber eine Insel bist du deshalb noch lange nicht.

Mir geht es darum, dass du dich dem Einfluss der Bewohner entziehst. Nicht, indem du vor ihnen zu fliehen versuchst, denn das ist nutzlos: Bewohner gibt es immer und überall. Was du für dich tun kannst, ist Folgendes: Hör auf, dich von ihnen beeinflussen zu lassen. Hör ihnen nicht länger zu, wenn sie die Welt und dich und dein Potenzial kleinreden. Widersetze dich ihrem Einfluss und überzeuge sie vom Gegenteil.

Das musst du nicht mit Worten tun. Du musst nicht jede blöde Bemerkung kommentieren und in einen Streit ausarten lassen. Du musst an Weihnachten nicht gleich deine ganze Familie bekehren. Du bist nicht verpflichtet, all deine Freunde zu ihrem Glück zu zwingen. Stattdessen kannst du mit deinen Taten überzeugen. Du kannst anderen, ganz besonders den Bewohnern, mit Resultaten beweisen, dass es auch anders geht. Gerede ist und bleibt Gerede, ob es negativ oder positiv daherkommt. Die Zeit für Gelaber in deinem Leben ist vorbei! Jetzt ist die Zeit für Taten. Und Taten, die Ergebnisse bringen, bemerkt man auch in deiner Umgebung, da kannst du ganz sicher sein.

Und wenn du deinen Traum dann erst einmal auf den Weg gebracht hast? Wenn du in deine Größe gefunden hast und deine Rolle in der Welt ausfüllst? Dann kannst du das strahlende Beispiel in deinem Umfeld sein. Du kannst den Spieß umdrehen und all das Negative um dich herum in etwas

Leuchtendes, Positives verwandeln. Denn plötzlich wird es Menschen geben, die sich an dir orientieren und zu erkennen beginnen, dass die Bewohner Unrecht haben. Du kannst deinem Umfeld die Botschaft überbringen, dass es mehr im Leben gibt als das, worauf sich bisher alle einigen konnten – sogar die Bewohner.

Stell dir vor, du hast ein großes Feld und wirfst Samen auf den fruchtbaren Boden. Diese Samen sind die Menschen, denen du neue Möglichkeiten und Perspektiven aufzeigst. Wie Samen tragen sie alle wichtigen Voraussetzungen und sogar Nährstoffe für weiteres Wachstum bereits in sich. Fügt man Sonnenlicht und Regenwasser hinzu, kommt das Wachstum in Gang.

Doch einige der Samen werden von den Vögeln aufgepickt. Letztere stehen für die Bewohner: für das Negative in ihrem Umfeld, das weiteres Wachstum verhindert. Auch die Medien, die Bürokratie und andere hemmende Einflüsse gehören dazu. Denn sie nähren nicht das Wachstum, sondern nur die innere Stimme, die sagt: »Gib auf, das wird sowieso nicht funktionieren!«

Einige der Samen jedoch werden beginnen, kleine, zarte Wurzeln in die Erde zu schlagen – so wie du damals, als du die negativen Einflüsse in deinem Umfeld besiegt hast. Und damit wirst du zu einem Teil der positiven, nährenden Einflüsse in deinem Umfeld. Dein Licht hilft anderen zu wachsen! Nach und nach werden diese Wurzeln stärker und ziehen immer mehr Wasser und Nährstoffe. Irgendwann werden aus den Samen wunderbare Pflanzen, die aufblühen und Früchte tragen, so wie es dir einst gelungen ist.

Hilf anderen, nicht aufzugeben und sich nicht von all denen »einsammeln« zu lassen, die ihnen ihre Träume ausreden oder wegnehmen wollen. Sei in deinem Umfeld eine nährende Kraft, die für Güte und Wachstum steht. Sei jemand, der sich dem Einfluss der Bewohner durch Taten widersetzt und Resultate bringt. Sei die Sonne, die Wärme und die Zuversicht. Sei der Anfang einer bewohnerfreien Welt.

Falsche Vorbilder, falsche Ratgeber

Die Bewohner sind nicht die einzigen Menschen in deinem Umfeld, die dich mit ihrer negativen Energie hemmen können. Auch unter deinen vermeintlichen Unterstützern kann es Menschen geben, die eben nicht dein Bestes im Sinn haben, sondern eine ganz eigene Agenda verfolgen. Gerade diese Menschen sind oft gut darin, dir vorzuspielen, dass du ihnen wichtig bist und sie alles nur für dich tun. Vor allem aber sind sie sehr gut darin, sich selbst aufzuspielen als jemand, der dir etwas zu geben hat. Etwas Wertvolles. Etwas, was dir viel abverlangt. Geld zum Beispiel, oder Zeit, oder Hingabe. Ressourcen, die du investierst, obwohl du vielleicht selbst noch zu wenig davon hast, und die unwiederbringlich verloren sind, wenn die Gegenleistung sich als Luftnummer entpuppt.

Hier kommt eine Warnung: Wenn jemand in dein Leben eindringt und sich selbst ungefragt als Lehrer, Förderer oder gar Mentor inszeniert, schau ganz genau hin. Das ist die erste, rote Warnlampe! Denn woran erkennt man einen wirklichen Mentor? Einen berufenen Lehrer? Einen Guru sogar? Man erkennt ihn daran, dass die Leute zu ihm gehen, oder zu ihr – nicht umgekehrt.

Die Menschen, von denen du lernen willst, sind die Menschen, die du bewunderst. Du suchst sie dir aus. Du entscheidest, wem du dich anschließt und an wessen Energie du teilhaben willst. Du bemühst dich darum, in den Kreis dieses Menschen zu gelangen. Wenn es umgekehrt läuft, sei auf der

Hut: Da stimmt möglicherweise etwas nicht. Wenn jemand zu viel von dir verlangt, setze Grenzen, bevor es zu spät ist.

Die zweite rote Warnlampe sollte bei dir angehen, wenn der vermeintliche Lehrer viel behauptet, aber wenig beweisen kann. Wenn du jemanden entdeckt hast, der dein Interesse weckt: Schau dir genau an, mit wem du es da zu tun hast. Und mit »genau« meine ich: wirklich genau! Tappe dabei nicht in die Social-Media-Falle: Ein paar schicke Fotos vor irgendeinem Büroturm kann jeder schießen. Ein dickes Auto kann ich mieten. Ein Foto mit irgendeinem Promi hat auch jeder Autogrammjäger. Ich bin jahrelang als Flugbegleiter in der First Class durch die ganze Welt geflogen und habe mehr Promis getroffen, als ich zählen kann. Meine Geschäftspartner und Freunde waren diese Leute deshalb noch lange nicht. Jeden echten Premium-Kontakt in meiner Kontaktliste habe ich mir hart erarbeitet.

Entscheidend ist nicht, was jemand behauptet, sondern was er beweisen kann. Schau dir Referenzen an, lies Texte, hör dir Podcasts an: Hat derjenige wirklich etwas Greifbares vorzuweisen? Kennt man diesen Menschen dort, wo jemand mit seiner Kompetenz bekannt sein sollte? Und vor allem: Hat er etwas zu sagen oder verbreitet er nur heiße Luft?

Die dritte rote Warnlampe muss aufleuchten, wenn jemand Geld sehen will, bevor du weißt, was du dafür bekommst. Klar hat jeder das Recht, ordentlich bezahlt zu werden und von mir aus sogar reich zu werden, wenn seine Leistung viel wert ist. Aber genauso hast du auch das Recht zu wissen, wofür du deine schwer verdienten Scheine hinblätterst. Deshalb veranstalte ich immer wieder kostenlose Online-Seminare, verschenke bei meinen Vorträgen Hörbücher und zeige mich online und offline so oft wie möglich öffentlich: damit die Menschen wissen, wer ich bin und wofür ich stehe. Ich möchte von Menschen umgeben sein, die meine

Werte und Ziele teilen, und ich möchte meiner Community so viel wie möglich zurückgeben. Nicht weniger als das steht auch dir zu: Eine Schüler-Lehrer-Beziehung und noch viel mehr eine Mentee-Mentor-Beziehung ist immer ein Geben und Nehmen. Nicht, weil das in irgendeinem Vertrag steht, sondern weil beide Seiten dafür brennen. Sonst ist es keine Beziehung, sondern nur eine Transaktion.

Warum diese eindringliche Warnung? Weil es viele Menschen gibt, die dir etwas beibringen wollen. Besonders im Internet tummeln sich zu jedem Thema inzwischen Tausende Absender. Sendungsbewusst sind sie alle. Aber viele von ihnen haben im Grunde nicht viel zu senden. Schlimmer noch: Viele haben das, was sie predigen, selbst noch gar nicht gemacht oder wirklich erfolgreich umgesetzt. Wenn du dir einen solchen Mentor suchst, wäre das so, als würdest du mit einem Schwimmlehrer ins tiefe Becken gehen, der selbst nicht schwimmen kann. Das würdest du nicht tun, oder? Also, tu es nicht! Vielleicht ist ein schlechter Lehrer außerhalb des Schwimmbeckens nicht in derselben Weise eine direkte Lebensgefahr – aber um dein Leben geht es sehr wohl. Entsprechend hoch sollte dein Anspruch sein: Spuckt da jemand nur große Töne oder steht er mit Leib und Leben für seine Botschaft ein?

Aber wer sind die Menschen, die dir wirklich etwas zu geben haben? Wie findest du echte Lehrer, die dich mit ihrem Wissen und ihrer Erfahrung aufs nächste Level heben können? Wer sind die wirklich wertvollen Empowerer auf dem Weg zu deiner wahren Größe?

Du erkennst sie an drei Dingen:

- Sie führen das Leben, das du auch leben möchtest.
- Sie haben es aus eigener Kraft dahin geschafft, wo sie jetzt sind.
- Sie stehen für etwas, das eine tiefe Resonanz bei dir erzeugt.

Was bedeutet das alles im Einzelnen?

Mit einem Menschen, der sich als dein Lehrmeister oder deine Mentorin eignet, verbindet dich mehr als das Interesse an einem bestimmten Thema. Ihr seid auf einer Wellenlänge, was eure Motive und Ziele im Leben betrifft. Kurz: Ihr gehört in irgendeiner Weise zur selben Community, einer Gemeinschaft von Menschen, die ähnliche Vorstellungen vom Leben und von der Welt haben. So eine Community träumt nicht nur vor sich hin und tauscht sich über Luftschlösser aus, sondern setzt sich aktiv dafür ein, dass sich etwas verändert. Sie will in gewisser Weise die Welt zu einem besseren Ort machen – mit ihren Mitteln und im Rahmen ihrer Möglichkeiten. Dazu gehört natürlich auch, dass es der Community selbst gut geht. Eine erfolgreiche Gemeinschaft ist eine wohlhabende Gemeinschaft, auf die eine oder andere Weise. Jemand, der dir etwas beizubringen hat, ist auf irgendeine Art führend in deiner Community. Man schaut zu ihm auf, man orientiert sich an ihm, man ist ihm oder ihr dankbar, weil er oder sie es zu etwas gebracht hat und dieses Standing nutzt, um etwas zurückzugeben.

Damit geht einher, dass die- oder derjenige sich selbst dahin gebracht hat, wo sie oder er jetzt ist. Natürlich mit der Unterstützung anderer, von denen er gelernt hat, aber durch eigene Anstrengung. Erfolg gibt es nicht kampflos. Wer sich nie wirklich anstrengen musste, hat dir wenig über das Leben zu sagen. Du musst es ja auch aus eigener Kraft dahin schaffen. Was willst du von jemandem lernen, dem alles in den Schoß gefallen ist?

Nehmen wir als Beispiel einen Finanzberater. Mit einem Finanzberater, der selbst nicht wohlhabend ist, stimmt etwas nicht, oder? Du wirst dich nicht von ihm beraten lassen. Genauso wenig eignet sich aber ein Investor als Lehrer für dich, der das Geld nie nötig hatte, weil er schon reich war, bevor er überhaupt angefangen hat, Geld anzulegen. Vielleicht stammt er aus einer betuchten Familie und hat geerbt. Daran ist natürlich nichts Verkehrtes. Aber für ihn war das Investieren letztlich nie mehr als ein Hobby, keine Existenzgrundlage. Ein solcher Investor kann für Menschen mit begrenzten Reserven ein gefährlicher Ratgeber sein. Denn er kennt deine Lebenswelt und deine Umstände gar nicht. Wie soll er dich da angemessen beraten? Genauso verhält es sich mit einem Karriereberater, der selbst nie Karriere gemacht hat, zum Beispiel, weil er einfach das Familienunternehmen übernommen hat und nie angestellt war. Was weiß dieser Mensch über den beschwerlichen Weg an die Spitze?

Das alles ist natürlich kein Problem, wenn du bei jemandem nur einen Kurs in Tabellenkalkulation belegst, dir Kerzengießen aus Bienenwachs zeigen oder Filmen mit dem Smartphone beibringen lässt. Aber eine Mentorin oder ein Mentor, von dem du mehr lernen willst als nur ein klar umrissenes Skill, muss nachvollziehen können, woher du kommst. Menschen, die dich nicht verstehen, können dich auch nicht weiterbringen. Darum: Such dir Lehrmeister, die zu dir passen!

Ob jemand sich für diese unendlich wichtige Rolle eignet, erkennst du an ihrer oder seiner Essenz. Menschen, die wirklich etwas zu geben haben, strahlen ihre Botschaft aus, mit allem, was sie tun und sagen. Ihre Taten passen zu ihren Worten und umgekehrt. Sie wollen nicht nur für sich selbst etwas erreichen, sondern auch anderen dazu verhelfen. Sie verstecken ihr Wissen nicht, sondern teilen es. Ihr Erfolg ist für sie ein Mittel zum Zweck. Ihre gesamte Lebensgestaltung ist auf ein einziges großes Ziel ausgerichtet, auf eine Lebensaufgabe, die ihre Tage und ihr Herz erfüllt. Und diese Essenz, diese Energie, die von ihnen ausstrahlt, bringt tief in dir eine Saite zum Klingen. Wenn du ihnen zuhörst, fühlst du dich verstanden. Wenn du Zeit mit ihnen verbringst, fühlst du dich angekommen. Du kannst regelrecht spüren, wie die Energie zwischen euch fließt. Ihr Dasein steht mit deinem Dasein in Resonanz.

Das sind die Menschen, die dir wirklich etwas zu geben haben. Gib dich nicht mit weniger zufrieden. Doch betrachte sie auch nicht als selbstverständlich, wenn du sie findest. Suche ihre Nähe, ergreife die Initiative und arbeite an eurer Beziehung, denn solche Menschen sind rar. Darüber, wie du eine echte Beziehung zu deiner Mentorin oder deinem Mentor aufbaust, liest du mehr im Abschnitt *Dienen als Mindset* im dritten Teil dieses Buches.

Schau genau hin, von wem du leben lernst. Wenn du dich einer Gemeinschaft anschließt und einem Menschen folgst, wirst du nämlich immer auch ein Teil seiner Lehre und seines Kreises, Teil der Energie in diesem Umfeld, Teil des Seins dieser Person. Du kannst dir vorstellen, was ich meine, wenn du an einen Spaziergang denkst: Wenn du neben jemandem gehst, passiert etwas ohne Worte. Entweder du passt den Gang an oder der andere passt den Gang an. Wessen Gang passt du dich an?

Eine gute Lehrmeisterin kann dich auf eine neue Daseinsstufe heben. Doch umgekehrt kann ein schlechter Lehrmeister dich auch mit sich in den Abgrund ziehen. Darum frage dich immer: Wer werde ich durch diese Person?

Kleopatra, die Selfmade-Queen

Neben einer Lehrmeisterin oder einem Lehrmeister kannst du dir natürlich auch Vorbilder suchen, die du aus der Ferne bewunderst: in deinem Interessengebiet, aus deiner Branche, sogar aus der Vergangenheit. Wenn es darum geht, dein inneres Bambi in den Griff zu kriegen – von wem könntest du da besser lernen als von einer Person, die sich gegen alle Widerstände und Wahrscheinlichkeiten an die Spitze ihrer Zeit gesetzt und alles erreicht hat, was sie wollte?

Zum Beispiel bin ich fest davon überzeugt, dass in jeder Frau eine starke, machtvolle, leidenschaftliche Schöpferin wohnt. Historisch wird diese Schöpferinnen-Energie zum Beispiel von der ägyptischen Königin Kleopatra verkörpert. Sie steht eben nicht für die männliche Ego- und Kampfenergie, sondern für die weibliche, nährende und verbindende Form der Schöpfungskraft. Kleopatra gehört zu den bekanntesten Persönlichkeiten der Antike und ist bis heute ein Symbol für die weibliche Form der Führung und Machtausübung. Wenn es eine Frau in der Geschichte gibt, die ihr inneres Bambi am Nasenring durch jede Herausforderung gezerrt hat – und ein paar wesentlich gefährlichere Biester gleich noch dazu –, dann war es Kleopatra.

Was war wohl ihr Erfolgsgeheimnis? Wie schaffte sie es, ihre Herrschaft über das Land am Nil zu festigen und sich als mächtige Mitspielerin im römischen Reich zu etablieren? Ein Schlüssel zu Kleopatras Erfolg liegt in ihrer Persönlichkeit. Die Königin wurde als klug, gebildet und redegewandt beschrieben, mit einem scharfen Verstand und einer ausgeprägten Fähigkeit, Menschen von ihren Zielen zu überzeugen (und hier und da bestimmt auch zu beeinflussen, wenn nötig). Sie beherrschte mehrere Sprachen und war eine Meisterin der Rhetorik. Das half ihr, Bündnisse zu schmieden und politische Gegner zu besiegen.

Ein weiterer Faktor, der zu Kleopatras Erfolg beigetragen hat, war ihre Fähigkeit, Macht zu erlangen und zu behalten. Nach dem Tod ihres Vaters Ptolemäus XII. bestieg Kleopatra den Thron Ägyptens gemeinsam mit ihrem jüngeren Bruder Ptolemäus XIII. Doch bald entbrannte ein Machtkampf zwischen den Geschwistern, der dazu führte, dass Kleopatra ins Exil nach Syrien geschickt wurde. Dort knüpfte sie Kontakte zu römischen Politikern und nutzte ihre Beziehungen, um im Jahr 48 v. Chr. mit einer römischen Armee nach Ägypten zurückzukehren. In einer folgenreichen Entscheidung schloss sie eine Allianz mit dem römischen Feldherrn Julius Cäsar, der ihr half, Ptolemäus XIII. zu besiegen und als alleinige Herrscherin über Ägypten zu regieren. Auch nach Cäsars Ermordung im Jahr 44 v. Chr. blieb Kleopatra eine mächtige Figur in Rom.

Stets sorgte sie durch gezieltes Networking auch dafür, dass sie das Vertrauen und die Unterstützung wichtiger ägyptischer Beamter und Priester gewann, die ihr bei der Verwaltung des Landes halfen. Sie nutzte also ihre Talente und Beziehungen geschickt, um ihre Herrschaft zu festigen und ihre Ziele zu erreichen. Kleopatras Erfolg war das Ergebnis einer Kombination aus Persönlichkeit, Charisma und Machtfülle.

Kleopatra wusste außerdem, dass es wichtig ist, den Zusammenhalt einer Community zu fördern und die Gemeinschaft zu nähren, an deren Spitze man sich stellt. Ihre nährende Schöpferinnen-Energie ließ sie in verschiedene Kanäle fließen. So förderte sie die ägyptische Kultur und Kunst und betonte in ihrer Herrschaft die Einzigartigkeit und den Stolz ihres Landes. Sie war bekannt dafür, dass sie sich für Kunst, Wissenschaft und Bildung einsetzte, und sie gilt als eine der großzügigsten Wohltäterinnen ihrer Zeit. Mit ihrem umfassenden Einfluss setzte sie sich auch für die Verbesserung der Lebensbedingungen der ägyptischen Bevölkerung ein. Sie sorgte für die Instandhaltung von Tempeln, Straßen und Brücken und stellte sicher, dass die ärmsten Bürger Zugang zu Nahrungsmitteln und medizinischer Versorgung hatten. Außerdem gründete sie eine Reihe von Schulen und Universitäten, um die Ausbildung von jungen Menschen zu fördern. Auch nutzte sie ihre Ressourcen und ihre Macht, um humanitäre Hilfe für Menschen in Not zu leisten. So ließ sie beispielsweise während einer Hungersnot in Ägypten Getreide aus ihrem persönlichen Bestand verteilen und organisierte auch die Verteilung von Lebensmitteln und Medikamenten an die Opfer von Naturkatastrophen wie Überschwemmungen und Erdbeben. Sie hatte ein tiefes Interesse an Kultur und Wissen und förderte die Entwicklung von Museen, Bibliotheken und Forschungseinrichtungen in Ägypten. Sie unterstützte auch viele Künstler und Gelehrte und lud sie an ihren Hof ein, um ihr Wissen und ihre Fähigkeiten zu teilen. Obwohl all das natürlich auch politisch motiviert war und nicht zuletzt der Imagepflege der smarten Queen diente, wird Kleopatras Engagement für die Förderung von Bildung, Wissenschaft und Kultur sowie ihre humanitäre Hilfe für Bedürftige als ein wichtiger Teil ihres Vermächtnisses betrachtet.

Auch von Widerständen und Widersachern ließ Kleopatra sich in ihrer gigantischen Vision nicht aufhalten. Sie musste während ihrer Herrschaft gegen verschiedene Widerstände kämpfen. Zum Beispiel lehnten einige konservative Ägypter ihren fortschrittlichen Führungsstil ab und forderten eine stärkere Betonung der ägyptischen Kultur und Traditionen. So unglaublich es klingen mag, wenn man die spektakulären Historienfilme über das alte Ägypten mit all seinem Prunk gesehen hat: Ägypten war zu Kleopatras Zeit ein relativ armes Land, das von den Steuereinnahmen und dem Handel mit anderen Ländern abhängig war. Kleopatra musste daher immer wieder mit finanziellen Schwierigkeiten kämpfen und versuchen, ihre Finanzen zu stabilisieren, indem sie zum Beispiel Handelsabkommen mit anderen Ländern abschloss oder die Steuern erhöhte. Auch gegen äußere Feinde wie einige Nachbarländer musste sie sich immer wieder wehren. Manche ihrer persönlichen Widersacher stammten sogar aus ihrem engsten Umfeld. Die Feindschaft mit ihrem Bruder führte zu einem Bürgerkrieg – den Kleopatra gewann. Auch ihre jüngere Schwester versuchte, ihr die Macht zu entreißen – und unterlag ebenso wie ihr Bruder. Der römische General Pompeius nutzte nach ihrer Vertreibung durch den eigenen Bruder ihre Notlage aus, um seine eigene Macht zu festigen; am Ende verlor er sein Leben.

Trotz all dieser Hürden gelang es Kleopatra, ihre Macht und ihren Einfluss zu festigen und Ägypten zu einer wichtigen politischen und kulturellen Macht in der antiken Welt zu machen. Bis auch ihre Ära, so wie jede Herrschaft, irgendwann ein Ende fand. Doch selbst das bestimmte Kleopatra noch auf tragische Weise selbst, indem sie sich nach der finalen Niederlage gegen Rom das Leben nahm, um Gefangenschaft und Schande zu entgehen – aus heutiger Sicht undenkbar, in der damaligen Zeit nicht ungewöhnlich.

In der antiken Literatur und bis hin zu der Verfilmung ihres Lebens in Hollywood wurde Kleopatra oft als eine verführerische und manipulative Frau gezeichnet, die ihre Schönheit und ihre Ausstrahlung nutzte, um Männer zu ihren Gunsten zu beeinflussen. Diese Darstellungen waren jedoch von Vorurteilen und Stereotypen geprägt und können nicht als objektive Wahrheit betrachtet werden. In der modernen Geschichtsschreibung wird Kleopatra als eine kluge und mächtige Frau dargestellt, die ihre Talente und Ressourcen geschickt nutzte, um ihre Herrschaft zu festigen und ihre Ziele zu erreichen.

Deshalb können auch Frauen im Hier und Heute noch so Einiges von der Selfmade-Queen Kleopatra lernen, einer faszinierenden und mächtigen Frau, die viele unvorstellbare Herausforderungen gemeistert hat. Zum Beispiel über die folgenden wichtigen Aspekte im Leben einer unabhängigen Frau (oder eines unabhängigen Mannes):

1. *Führungskompetenz:* Kleopatra war eine sehr effektive und fähige Führungspersönlichkeit. Sie war in der Lage, ihre Macht zu festigen und ihr Königreich zu schützen, indem sie wichtige Beziehungen knüpfte und Entscheidungen stets

im Sinne ihres Landes traf. Auch du kannst in deinem Einflussbereich deine eigene Führungskompetenz stärken und deine Fähigkeiten zur Entscheidungsfindung, Diplomatie und strategischen Planung entwickeln. Dazu gehört natürlich zuerst, dass du lernst, Bambi an die Leine zu nehmen.

2. *Selbstvertrauen:* Kleopatra hatte ein hohes Maß an Selbstvertrauen und Selbstsicherheit. Das half ihr, sich in einer von Männern dominierten Welt zu behaupten. Sie war sich ihrer eigenen Fähigkeiten und ihres Wertes bewusst und ließ sich auch von den mächtigsten Männern um sie herum nicht einschüchtern. Lerne von ihr, deine Fähigkeiten und Talente zu schätzen und lass dich nicht davon abbringen, deine Ziele und Träume zu verfolgen – nicht von äußeren Widerständen und auch nicht von inneren.
3. *Risikobereitschaft:* Kleopatra war bereit, Risiken einzugehen, um ihre Ziele zu erreichen. Sie reiste allein nach Rom, um sich mit Julius Cäsar zu treffen, obwohl sie wusste, dass sie sich damit in große Gefahr brachte. Sie beteiligte sich auch aktiv an militärischen Konflikten und unternahm politische Manöver, die für die meisten Frauen ihrer Zeit undenkbar waren. Ihr Beispiel zeigt dir, wie wichtig es ist, aus Bambis kuscheliger Komfortzone auszubrechen und neue Herausforderungen anzunehmen, um deine Ziele zu erreichen.
4. *Skills:* Kleopatra war eine sehr gebildete Frau, die mehrere Sprachen sprach und sich für verschiedene Fachgebiete interessierte. Sie war sich bewusst, dass die richtigen Hard- und Softskills ihr helfen würden, ihre politischen Ziele zu erreichen. Ihr Wissen setzte sie geschickt ein, um ihre Herrschaft zu festigen. Lass dich von ihr inspirieren, konsequent und diszipliniert die Kompetenzen zu lernen, die du für deine Ziele brauchst – nicht die, die irgendein Lehrplan vorgibt und die jeder im Netz nachlesen kann.

Kleopatra war größer als ihre Umstände, weil sie die Welt gestaltete, anstatt sich ihr zu fügen. Auch in dir steckt eine Kleopatra oder ein Cäsar. Sie oder er sitzt auf der einen Schulter, und Bambi sitzt auf der anderen. Die Frage ist, auf wessen Stimme du hörst, wenn das Leben passiert: auf deine Vorbilder und ihr Vermächtnis, oder auf Bambi? Bambi sagt dir sowieso, was es will und wovor du dich fürchten sollst, darum musst du dir keine Sorgen machen. Die Stimme des Erfolgs hörst du durch das Hämmern deines Herzens in Schicksalsmomenten hindurch dagegen nur, wenn du sie wirklich hören willst und ihr deine volle Aufmerksamkeit schenkst.

Was würde Kleopatra tun?

Wer jammert, hat Reserven

Wahrscheinlich bekommst du es eher selten mit einer Horde von mächtigen, angriffslustigen Römern zu tun wie eine Kleopatra. Obwohl sich das Leben manchmal schon so anfühlt, als wärst du Asterix und müsstest ein gallisches Dorf verteidigen, oder?

Trotzdem fühlt sich Bambi im Alltag oft dermaßen bedroht, als würde es um Vaterland, Leib und Leben gehen. Und was tut Bambi dann, vorausgesetzt, du kannst es davon abhalten, sich gleich in die Büsche zu verkrümeln? Es jammert. Bambi jammert für sein Leben gern. Mit seinen Kulleraugen, mit seinen klapprigen Beinchen und mit seiner piepsigen Cartoonstimme jammert es sich großartig, und das nutzt Bambi natürlich zu seinem Vorteil aus, um dich möglichst oft zum Aufgeben und Abhauen zu überreden. Damit du gar nicht erst versuchst, etwas an der angeblich so bescheidenen Situation zu ändern.

Nun ist es aber so: Du wirst Bambi das Jammern nicht von heute auf morgen abgewöhnen können. Denn Bambi wäre nicht Bambi, wenn es nicht jammern würde; das Jammern ist Bambis Kompensationsstrategie. Die einzige. Für alles. Egal, wie angemessen oder unangemessen, ob es irgendjemand hören will oder nicht. Bambi jammert, weil Bambi nichts anderes kann als jammern und/oder fliehen. Die Frage ist: Jammerst du mit oder hältst du dagegen?

Die Menschen, die sich ihrem inneren Bambi ergeben haben, erkennst du daran, dass sie ihre Unsicherheit und Angst durch Jammern kompensieren. Ich nenne sie »JKJ-Menschen«, weil du sie an ihrem Genörgel und Gelaber erkennst. »JKJ« heißt »Jammern kann jeder«. Und ich bin sicher, dir fallen gerade genauso viele Beispiele ein wie mir: der Typ am Bahnsteig, der dreißig Minuten lang über die Zugverspätung motzt, anstatt die Zeit irgendwie produktiv zu nutzen oder in Ruhe einen Kaffee zu trinken. Die Kollegin im Büro, die stundenlang über die Budgetkürzung jammern kann, anstatt sich hinzusetzen und einen Plan zu machen, wo sie in ihrem Bereich etwas einsparen kann. Der Nachbar, der sich jede Woche bei dir über den Lärm in der Wohnung nebenan beschwert, anstatt einfach mal bei den Leuten zu klingeln und mit denen zu reden.

Und was ist das Problem mit diesen Leuten? Nicht deren Problem, denn das liegt ja auf der Hand, sondern dein Problem? Das Problem ist, dass dieses Gejammer abfärbt, wenn man sich ihm zu lange aussetzt. Jammern ist psychologisch gesehen nämlich eine Entlastungsstrategie, die kurzfristig gut tut. Es ändert nur eben nichts. Jammern ist wie eine Pille einschmeißen, statt gesunder zu leben oder wie zur Betäubung saufen, statt dich mit deinen Sorgen auseinanderzusetzen und Lösungen zu finden. Und wenn du zu viel Zeit mit JKJ-Leuten verbringst, die in ihrer jammernden Passivität versinken und sich darin noch gegenseitig bestärken, dann versumpfst du mit dieser JKJ-Clique und rutschst in die Passivität. Dann jammerst du auch nur noch, statt Probleme anzugehen. Weil es so herrlich bequem ist. Und weil es so herrlich anerkannt ist, so zu leben! Die Masse der Menschen kompensiert ihre Probleme so. Deshalb ist das Jammern sozial anerkannt! Je nach deinem Umfeld kann es sogar sein, dass du auffällst und sanktioniert wirst, wenn du dich nicht daran beteiligst.

Jammern als Gruppenzwang? Ja, wo leben wir denn? In Deutschland leben wir, dem Land der Nörgler und Stänkerer.

Ich habe mir über die Jahre einen knallharten Umgang mit Jammer-Champions angewöhnt, denn JKJ-Menschen sind immer Bewohner. Auf Partys, im Bus, im Flugzeug mache ich einen großen Bogen um sie. Auf Diskussionen mit ihnen lasse ich mich gar nicht erst ein, um mich ihrem Einfluss keine Sekunde länger als nötig auszusetzen. Sobald ich einen von ihnen erkannt habe, höre ich ihm nicht einmal mehr zu, auch wenn er mich noch so hartnäckig in sein Jammertal runterziehen will. Gegenüber JKJ-Menschen habe ich null Toleranz; ich verweigere mich ihrem Gruppendruck. Lieber lasse ich mich von ihnen als asozial bezeichnen, als mich bei diesen Zeitgenossen beliebt zu machen. Dieses Opfer ist mir soziale Anerkennung nicht wert! In einer Gesellschaft, die lieber jammert als handelt, will ich gern der Außenseiter sein.

Also: Hör auf zu jammern! Einer der Menschen, die mich weitergebracht haben, sagt immer: »Love it, change it, or leave it.« Liebe das, was du tust. Verändere, was nötig ist, damit du es auf deine Art tun kannst. Oder geh da weg und tu das, was du liebst, woanders, wo es möglich ist und du willkommen bist. Aber hör auf zu jammern, dass etwas dir nicht gefällt oder nicht möglich wäre. Nimm Einfluss. Mach es möglich. Verändere die Zustände, die andere nur bejammern.

Achte mal darauf: Wo sind in deinem Umfeld die JKJ-Menschen und wo sind die Menschen, die wirklich etwas verändern? Setz dich zu letzteren. Diskutiere mit ihnen über die neue Welt und darüber, was ihr gemeinsam tun könnt, um in einem besseren Morgen aufzuwachen.

Jammern kostet Energie. Heißt: Wer jammert, hat Reserven. Wenn du nach oben schauen kannst, kannst du auch aufstehen.

Leiden ist Veränderung im Standby

Vielleicht findet dich dieses Buch, wenn du gerade in einer Krise bist. Leiden ist für viele Menschen die stärkste Motivation, etwas in ihrem Leben zu verändern. Vielleicht hast du einfach genug von all den JKJ-Leuten in deiner Umgebung. Vielleicht spürst du, dass sie dich bremsen und runterziehen. Oder du hast das Gefühl, dass du selbst bisher zu passiv mit deinen Problemen umgegangen bist.

In diesem Fall ist dein inneres Bambi wahrscheinlich gewaltig am Zittern. Schließlich bist du kurz davor, ihm gewaltig in seinen zarten Hirschkalbhintern zu treten und dir die Kontrolle über dein Leben zurückzuholen. Gut so! Lehren wir Bambi das Fürchten.

Natürlich kann es auch so sein, dass du noch nicht so weit bist, mit deiner bequemen bisherigen Lebensweise zu brechen. Vielleicht bist du noch in deinem Selbstmitleid gefangen und hast den Eindruck, dass du in einer richtig fetten Krise feststeckst, aus der es keinen Ausweg gibt – jedenfalls keinen, den du beeinflussen könntest. Kurz: Du suhlst dich gerade so richtig schön in deinem Leiden und ergibst dich deinem vermeintlichen Schicksal.

Wenn das so ist, schwingst du gerade voll auf Bambis Wellenlänge. Wahrscheinlich liegt ihr beide gemütlich eingekuschelt irgendwo in einer Höhle und heult euch gegenseitig was vor, während ihr euch den Flachmann mit dem Trostwasser hin- und herreicht.

Lass mich dir etwas verraten: Es gibt kein verdammtes Schicksal. Schicksal ist eine Illusion. Was mit deinem Leben geschieht, ist deine Verantwortung. Du bist nicht dein Schicksal. Deine Aufgabe in der Welt besteht nicht darin, die Puzzleteile zu irgendeinem Bild zusammenzusetzen, das ein anderer von dir gemalt hat. »Im Leben geht es nicht darum, sich selbst zu finden«, hat der irische Schriftsteller George Bernard Shaw einmal gesagt. »Im Leben geht es darum, sich selbst zu erschaffen.« Und danach zeigst du dann anderen, wie das geht, und bist für sie der Buntstift unter den Bleistiften.

Was bedeutet das? Im Grund gibt es zwei Herangehensweisen an das Leben: eine aktive und eine passive. Passiv heißt: Du kannst das Leben nehmen, wie es kommt, und irgendwie damit umgehen. Dann bist du allerdings aufs Reagieren beschränkt. Du wirst für immer damit beschäftigt sein, das zu bewältigen und einzusortieren, was das Leben dir hinwirft – ein Puzzleteil nach dem anderen. Deine Träume dagegen werden in einer Kiste mit Erinnerungen verstauben, weil du dir keine Zeit nimmst, dich um ihre Erfüllung zu kümmern. Irgendwann wirst du ihren Verlust bemerken und die Schuld dafür den Umständen oder dem Schicksal in die Schuhe schieben, anstatt die Verantwortung bei dir selbst zu suchen. Und dann wirst du einfach mehr von dem tun, was du schon die ganze Zeit tust: jammern. Denn mehr ist mit dieser Haltung leider nicht drin.

Das ist das Bambi-Mindset.

Wenn du das Leben aktiv angehst, kommst du vom Reagieren ins Handeln. Du wartest nicht, welche Hoffnungsbrocken und Hindernisse das Leben dir hinwirft, sondern gestaltest deine Zukunft selbst. Was unterwegs passiert, ist kein Hindernis für die Erfüllung deiner Träume, sondern eine Etappe auf dem Weg dahin. In diesem Mindset sind Krisen keine Katastrophen, sondern Chancen, und Rückschläge sind keine Stoppschilder, sondern Gelegenheiten zum Lernen.

Das ist das Mindset der Gewinner. So denken, entscheiden, handeln und leben unabhängige, erfolgreiche, erfüllte Menschen. Jede und jeder Einzelne von ihnen. Ausnahmslos. Wenn du mir nicht glaubst: Geh hin und frag sie.

Die Wahl, für welche Lebensweise du dich entscheidest, liegt bei dir. Die Tatsache, dass du immer noch weiterliest, verrät mir: Du hast die Schnauze voll vom Bambi-Mindset. Du bist bereit für mehr; bereit, dein Schicksal in die Tonne zu treten und dich selbst zu erschaffen.

Du steckst in einer Krise? Wenn es nach Bambi geht, bleibst du auch darin stecken. Denn Bambi ist masochistisch veranlagt. Bambi steht auf Schmerzen um der Schmerzen willen. Bambi leidet gern. Denn Leiden ist ein Grund zum Verkriechen und Jammern im Schutz der Dunkelheit.

Wenn du das so liest, denkst du wahrscheinlich: Warum zum Henker habe ich mir das bisher gefallen lassen? Warum habe ich diesem Teil von mir so viel Macht darüber gegeben, wie ich meine Zeit verbringe? Warum habe ich mich freiwillig all diesem Leiden ausgesetzt und mein eigenes Drama verlängert, indem ich passiv geblieben bin und rumgeheult habe, statt etwas zu unternehmen, das die Krise beendet?

Die Antwort auf diese Frage lautet: Gewöhnung. So unglaublich es klingt, Leiden gehört zu den Dingen, an die Menschen sich bis zu einem gewissen Grad gewöhnen können. Leider zu einem sehr hohen Grad. Wenn es mal wieder zu viel wird, kann man sich ja immer noch mit Stumpfsinn ablenken oder mit Alkohol betäuben. Was auch genau der Grund ist, warum Millionen von Menschen genau das Abend für Abend, Wochenende für Wochenende tun. Wahrscheinlich auch hinter der nächsten Wand, in der Wohnung direkt neben dir. Willst du wirklich so leben? Fühlst du dich wirklich wohl mit dem Gedanken, dass das Leben auf deiner Seite der Wand einfach nur das Leben auf der anderen Seite der Wand spiegelt?

Wenn die Antwort Nein ist, hat sich an diesem Punkt bereits etwas in deinem Denken und Fühlen verändert. In dir hat es Klick gemacht. Eine tiefe innere Sehnsucht bahnt sich langsam den Weg vom Unterbewussten in deine Wahrnehmung. Etwas in dir will raus in die Freiheit. Dein Jagdinstinkt ist erwacht. Langsam wird es eng für Bambi. Bambi steht jetzt im Fadenkreuz. Es ist nur noch eine Frage der Zeit, bis du abdrückst.

Wenn du eine positive Aufregung spürst, eine willkommene innere Unruhe wie das Lampenfieber vor einem heiß ersehnten großen Auftritt, dann hast du eine wichtige Schwelle überschritten. Du befindest dich an einem entscheidenden Wendepunkt. Jetzt und hier beginnt etwas Großes. Gut möglich, dass du diesen besonderen Moment in deinem Leben mitten in einer Krise erlebst, wenn die Schmerzen so groß sind, dass du sie kaum noch aushalten kannst. Ganz oft sind das die Gelegenheiten, in denen wir die Kraft finden, etwas zu verändern. Wenn du beschließt, dass du in der Zukunft mehr willst als deinen Schmerz, an den du dich so sehr gewöhnt hast, beginnt Veränderung. Im Kapitel »Folge dem Schmerz« werde ich näher darauf eingehen, wie du dir den Schmerz zum Diener machst, diesen Breaking Point erkennst und für deinen Durchbruch nutzt.

Eines aber musst du zuerst verstehen, damit du negative Gefühle, Rückschläge und Enttäuschungen in Zukunft in Chancen verwandeln kannst: Der Schmerz selbst ist nicht dein Gegner; der Schmerz ist dein Freund. Schmerz ist unvermeidbar. Du kannst ihm nicht ausweichen; du musst ihn verstehen und für dich nutzen lernen.

Aber Leiden – Leiden ist optional.

Ich möchte, dass du hier und heute aufhörst zu leiden und dich für die Heilung entscheidest. Ich möchte, dass du deinen Schmerz annimmst, aber dem Leiden die Gefolgschaft aufkündigst. Ich möchte, dass du mit der Gewohnheit brichst, Bambi aufs Korn nimmst und dir folgende Fragen stellst:

- Warum tut das so scheißweh, was ich gerade erlebe?
- Was wird durch diese Krise erst in meinem Leben möglich, was vorher nicht ging?
- Was kann ich jetzt und hier tun, damit diese Erfahrung nicht umsonst war?

Die Antworten stecken in dir. Finde sie, und du wirst unbesiegbar sein. Und jede weitere Krise wird dich nur noch stärker, weiser und produktiver machen.

Gleichzeitig ist es aber sehr wichtig, dass du einen Fehler nicht machst, den die meisten Menschen machen und deshalb abstumpfen. Es ist leicht, in diese Falle zu tappen. Was wünschen wir uns am meisten, wenn wir Schmerzen erleiden? Wir wollen, dass die Schmerzen aufhören. Mehr noch: Wir wollen nie wieder Schmerzen aushalten müssen. Wenn du nach diesem Beschluss handelst, wirst du in Zukunft allem ausweichen, was dir Schmerzen verursachen könnte. Du gehst also in die Vermeidung. Du ziehst dich immer weiter in dich zurück, um dem Schmerz keine Angriffsfläche zu bieten. Um nicht mehr verletzt zu werden und kein Risiko mehr einzugehen, ergreifst du keine Chancen mehr. Kurz: Du versteckst dich vor dem Leben.

Ich gebe dir ein Beispiel: Sagen wir, die Krise, unter der du gerade noch leidest, ist eine Trennung. Du hast mein Mitgefühl, denn neben dem Tod eines geliebten Menschen, schwerer Krankheit oder Krieg ist das wohl eine der heftigsten Situationen, die wir erleben können. Klar, dass das wehtut. Kein Wunder, dass du leidest. Verständlich, dass du dieses Tal der Tränen nie wieder durchschreiten willst. Wie könntest du das hinkriegen und dich diesem Schmerz für immer entziehen? Scheinbar ganz einfach: Du schwörst der Liebe ab. Du lässt nie wieder einen anderen Menschen so nah an dich heran. Selbst wenn du dich wieder auf Beziehungen einlässt, achtest du darauf, dass sie einen gewissen Punkt nicht überschreiten. Wenn ein Mensch dir so nahe kommt, dass du Angst bei dem Gedanken spürst, ihn zu verlieren, dann machst du dicht und läufst weg. Weil du einmal verletzt wurdest, verbietest du dir, jemals wieder so tief für einen Menschen zu empfinden.

Viele Menschen reagieren so auf eine Trennung. Deshalb gibt es auch so viele oberflächliche Beziehungen. Viele Menschen leben nebeneinanderher statt miteinander – nur weil sie sich nach einer schlechten Erfahrung gegen das Risiko entschieden haben. Und so vegetieren sie dann für den Rest ihres Lebens vor sich hin: gemeinsam einsam. Das kommt dabei heraus, wenn man aus Leid die falschen Schlüsse zieht sich für die Vermeidung entscheidet, statt sich mit den eigenen Gefühlen zu konfrontieren und sich dem Leben in seiner Fülle zu stellen – egal, was es kostet.

Bitte, mach nicht diesen Fehler, nicht nach einer Trennung und auch nach keinem anderen einschneidenden Erlebnis. Lass dich nicht von einer Krise brechen. Gib dem Leiden nicht die Kontrolle über deine Zukunft. Finde deinen eigenen Weg, um Enttäuschungen zu bewältigen, aber nicht, indem du deine Gefühle verleugnest! Versuch dem Schmerz nicht auszuweichen. Lass das Risiko zu. Ohne Wachstumsschmerzen gibt es keine persönliche Entwicklung.

Größe erlangst du nicht durch Vermeidung. Größe erlangst du nur durch Konfrontation.

Die gute Nachricht ist: Je mehr du dich an das Mindset der Entwicklung gewöhnst und die Veränderung als wünschenswerten Zustand annimmst, der dein Leben immer wieder auf eine neue Stufe hebt, desto seltener wirst du überhaupt Schmerzen empfinden, egal, was passiert. Nicht weil du betäubt bist wie all die anderen. Sondern weil die typischen Gründe, warum die meisten Menschen leiden, dir nichts mehr anhaben können. Du wirst sie spüren, und natürlich wird es auch mal wehtun, wenn etwas Schlimmes passiert oder nicht nach Plan läuft. Aber es wird dich nicht mehr umhauen. Statt dich in die Ecke zu setzen und zu heulen, wirst du dem Schmerz in die Augen schauen und sagen: Mal schauen, was wir aus dir machen können.

Ich selbst habe meine größten Siege erst errungen, nachdem ich das verstanden hatte. Meine tiefsten, schmerzhaftesten Wunden mit dem größten Blutverlust haben später geholfen, meine größten Stärken zu formen. Doch damit das geschehen konnte, mussten sie zunächst heilen. Und keine Wunde kann heilen, solange du dich dafür entscheidest, weiterzuleiden und weiterzubluten – um dich verkriechen und deine Wunden lecken zu können.

Vom Leben kann man sich nicht krankschreiben lassen! Heilung heißt nicht Füße hochlegen. Heilung ist Arbeit. Dein Körper arbeitet auf Hochtouren, wenn er Verletzungen heilt. Dasselbe gilt für deinen Geist, wenn er seelische Wunden heilt.

Ist dir all das zu real? Zu viel für dein zartes Gemüt? Möchtest du lieber doch weiter vor dich hin leiden und jeder potenziellen Herausforderung aus dem Weg gehen, weil sie »aua« machen könnte? Das ist deine Entscheidung. Ich akzeptiere das. Nur bitte, tu mir einen Gefallen, wenn du dich dafür entscheidest: Blute nicht auf andere. Das ist asozial. Ich dulde niemanden in meiner Umgebung, der andere mit seinem Leiden ansteckt nach dem Motto »Geteiltes Leid ist halbes Leid«. So ein Blödsinn! Natürlich kannst du dir jede Unterstützung holen, die du brauchst. Aber von Jammertransfusionen ist noch niemand gesund geworden.

Einige mögen jetzt fragen: »Aber Tobi, mit wem soll ich denn jetzt leiden ohne dich? Du bist doch mein Fels in der Brandung!« Wenn das so ist, mach deine Wellen in Zukunft bitte woanders. Ich fühle deinen Schmerz. Ich fühle das Potenzial, das er zum Leben erweckt. Mit all deinen Narben und Traumata bist du mir willkommen, denn sie machen dich erst zu der Person, die du sein kannst. Aber zum Ausbluten in Gesellschaft stehe ich nicht zur Verfügung. Aktive Leidenshilfe bekommst du woanders. Ich glaube an die heilsame Wirkung der Konfrontation.

Leiden ist nicht das Ende der Welt, und ganz bestimmt nicht das Ende deiner Möglichkeiten. Du kannst dich dagegen entscheiden, ohne dem Schmerz auszuweichen. Der gehört zu deiner Persönlichkeitsentwicklung dazu. Lerne, ihn für dich zu nutzen. Fang an, die schlechten Phasen in deinem Leben als Gelegenheiten zum Wachsen zu verstehen, die dir neue Möglichkeiten eröffnen. Mach das Beste aus deinen Krisen, indem du dem Schmerz einen Sinn abgewinnst – denn der Sinn setzt dem Leiden ein Ende. Die meisten *Reh*bellionen beginnen aus einem Leidensdruck heraus, der irgendwann unerträglich wird. Leiden ist Veränderung im Standby.

Ein Rucksack voller Gold

Das Geschenk deiner Vergangenheit

Die größte Herausforderung in der Persönlichkeitsentwicklung liegt für die meisten Menschen nicht in irgendwelchen Hürden, vor denen sie gerade stehen. Sie liegt auch nicht in den Sorgen, die sie sich über ihren weiteren Weg machen. Tatsächlich ist es die eigene Geschichte und der Umgang damit, mit dem wir am meisten zu kämpfen haben. Nicht Gegenwart oder Zukunft bremsen dich am meisten, sondern deine Vergangenheit. Paradox, oder?

Es ist, als würdest du einen riesigen Rucksack voller Erinnerungen, Prägungen, Glaubenssätze und Traumata aus deiner Vergangenheit auf deinen Schultern tragen. Diese Last wiegt schwer, solange man sie einfach unverarbeitet mit sich herumschleppt. Diesen Rucksack voll mit vermeintlichem Gerümpel als das zu erkennen, was er wirklich ist, gehört zu den wichtigsten Aufgaben und den größten Durchbrüchen auf dem Weg zu deiner wahren Größe. Deine Vergangenheit zu verstehen, zu akzeptieren und zu deinem Vorteil zu nutzen wird dich nicht nur weiterbringen als jeder Abschluss, jede Kompetenz und jedes Investment. Es wird dich auch befreien. Mit deiner Vergangenheit ins Reine kommen und deine Erfahrungen in geistiges Kapital verwandeln, auf das du ungehemmt und unbelastet zugreifen kannst: Dieses Umdenken wird dich unabhängiger machen, als du dir jemals erträumt hast.

Deshalb ist es mir sehr wichtig, dass du verstehst: Was du da in deinem Rucksack mit dir herumträgst, ist gar kein Gerümpel. Deine Vergangenheit ist ein Goldschatz, der dich reich machen kann. Du musst einfach nur nutzen, was sowieso schon die ganze Zeit bei dir war. Deine Vergangenheit ist eine deiner wichtigsten, vielleicht sogar die wichtigste Ressource. Doch anstatt sie anzuzapfen, trägst du sie als tote Last mit dir herum und lässt dich davon runterziehen!

Viele nutzen ihre Story nicht als Kapital, sondern als Entschuldigung, warum ihr Leben nicht funktioniert. Vielleicht hattest auch du Erlebnisse, die du als Ausrede dafür benutzen könntest, warum du bisher nicht erfolgreich geworden bist und es auch in Zukunft nicht werden kannst. Doch genau dieselben Erlebnisse kannst du auch anders betrachten: als wertvolle Erfahrungen, die du ehren und kultivieren kannst. Die Summe all dieser Kapitel in deiner Geschichte hat dich zu dem Menschen gemacht, der du heute bist, mit all den Fähigkeiten und dem ganzen Repertoire, das dir für deine Zukunft zur Verfügung steht. Doch dafür musst du dich mit deiner Vergangenheit und deinen Erinnerungen versöhnen. Auch mit den schmerzhaften und komplizierten. Erst dann kannst du all das Potenzial ausschöpfen, das deine Geschichte in sich birgt.

Sei ehrlich: Bisher hast du vieles in deiner Vergangenheit verdrängt oder verflucht, richtig? Manche Menschen haben sogar als Kinder gelernt zu glauben, dass sie Probleme brauchen, um überhaupt wahrgenommen zu werden und Liebe zu erfahren. Manche von uns haben Schreckliches erlebt. Aber auch die kleinen Nadelstiche eines ganz normalen Lebens können uns quälen, wenn wir das zulassen. Ich weiß das. Was schmerzhaft war und dir unfair vorkam, das hast du ins Unterbewusste abgeschoben und betäubt, wenn es an die Oberfläche kommen wollte. Wahrscheinlich hast du gedacht, es hätte dir geschadet oder dein Leben negativ beeinflusst. Bullshit! Mit diesem Denken vernebelst du dir den Blick auf deine Möglichkeiten.

Hör auf damit. Hör auf, zu verdrängen und zu verdammen, was zu dir gehört. Wenn du glaubst, dass all das eine Entschuldigung dafür wäre, dein Leben nicht in die Hand zu nehmen und das Beste aus dir zu machen, dann bist du auf dem Holzweg. Was dir so wehgetan hat, was du so gerne abwerfen möchtest oder vielleicht als Entschuldigung vor dir herschiebst, hat dich nicht klein gemacht. Du selbst machst dich klein mit diesen Ausreden. Du bist daran nicht eingegangen, du hast etwas Großes geleistet! Du hast es geschafft, damit weiterzuleben und ein normales Leben zu führen. Die Energie, die dir das ermöglicht hat, kann dich noch viel weitertragen. Deine Trauer kannst du in Wut übersetzen und in Kraft verwandeln. Genau das, was in deiner Vergangenheit so schwer wiegt wie Edelmetall, kann dich groß machen! Gerade das, was du liegen lässt, lohnt es aufzuheben! Was du als Gerümpel verachtest, ist pures Gold!

Deine Vergangenheit ist dein Vorteil – dein Customized Personal Training for Greatness. Repariere deine Einstellung zur Vergangenheit, und sie wird dir große Dienste erweisen.

Viele Menschen, mit denen ich spreche, schrecken vor diesem Schritt zurück wie vor nichts anderem. Von all den großen und kleinen Herausforderungen, die ich ihnen zum Beispiel in meinen Seminaren stelle, fällt ihnen die Konfrontation mit ihrer Geschichte am schwersten. Manche macht schon die Vorstellung sprachlos. Manche weigern sich kategorisch, ungeschminkt über ihr bisheriges Leben zu sprechen. Auf keinen Fall wollen sie ihre Verletzungen offenlegen und mit anderen teilen. Stattdessen reden sie stellvertretend von anderen und zeigen mit dem Finger auf Schuldige, um nur ja nicht nach innen zu schauen.

»Aber Tobi, du hast ja keine Ahnung, wie mein Leben war!«, schreien manche dann mit schmerzverzerrter Stimme. Nein, ich habe keine Ahnung. Aber ich weiß: Wenn ich dir

Geld dafür geben würde, dass du diese schmerzhaften Erinnerungen löschst, dann würdest du dieses Geld nicht nehmen. Weil du weißt, dass es wichtig war. Denn es hat dich zu dem Menschen gemacht, der du heute bist.

Mir selbst hat eine Geschichte aus meiner eigenen Vergangenheit geholfen, die Perspektive auf manche Enttäuschung zu verändern. Vielleicht kann sie auch dich inspirieren. Als Jugendlicher lebte ich mehrere Monate lang bei einer Gastfamilie in Japan. Meine *okaasan,* also meine Gastmutter, war eine traditionsbewusste Frau, die die Gebräuche ihrer Kultur mit großer Hingabe pflegte. Als Teezeremonien-Meisterin war sie hoch angesehen. Bei einer solchen traditionellen japanischen Teezeremonie vergehen mehrere Stunden, bis man endlich mal einen Schluck Tee trinken darf. Man sitzt um einen niedrigen Tisch versammelt, der mit allerlei Teegeschirr und Accessoires bestückt ist, die für die Zeremonie notwendig sind. All diese kleinen Täfelchen und Schüsselchen kosten ein Heidengeld. Ich erinnere mich noch genau daran, wie eines Tages bei einer solchen Teezeremonie eines der kleinen Porzellanstäbchen zerbrach, mit dem man den Tee in die Teeschale legte.

Was würden wir in Deutschland tun, wenn das passiert? Was würdest du tun? Wahrscheinlich würden wir das Stück Porzellan entweder mit Sekundenkleber reparieren oder einfach wegwerfen. Nicht so die Japaner. In jedem Stadtteil gibt es dort eine Werkstatt, die darauf spezialisiert ist, kaputte Dinge zu reparieren. Besonders kostbares Teegeschirr und andere liebgewonnene Alltagsgegenstände werden dort hingebracht. Dinge, die einen Teil der eigenen Geschichte bilden.

Einfach nur reparieren reicht den Japanern aber nicht. Mit einer ganz speziellen Reparaturtechnik machen sie das zerbrochene Stücke sogar noch schöner, als es vorher war. Die Japaner nennen das *Kintsugi.* Dabei werden die Bruchstellen mit einem Speziallack ausgekleidet und neu zusammengefügt. Dieser Lack enthält einen hohen Anteil an Goldpartikeln. Nach der Reparatur ist der Schaden also nicht etwa unsichtbar, sondern funkelt wie eine Goldader, die sich mitten durch den Gegenstand zieht. Manche alte Teeschale sieht gerade dadurch besonders schön und wertvoll aus. Und in den Augen der Japaner ist sie das auch.

Wenn du dir dein bisheriges Leben als Teeschale vorstellst: Welche Risse versuchst du zu kitten und zu kaschieren? Welche Teile deiner Vergangenheit sind es, die du nicht wahrhaben willst und verdrängst? Hör auf, in ständiger Sorge zu leben, dein Leben könnte plötzlich auseinanderfallen wie kaputtes Geschirr, das man niemandem vorsetzen möchte. Drehe diese wunderschöne Schale in deinen Händen und sieh sie dir noch einmal ganz genau an. Schenke jedem Riss und jeder Macke besondere Aufmerksamkeit. Kitte sie nicht notdürftig, und vor allem: Wirf deine Vergangenheit nicht weg! Zelebriere deine Risse, indem du sie mit Gold auskleidest und die Bruchstücke deiner Seele neu zusammenfügst. Zu einer Schale, die noch viel schöner und wertvoller ist als zuvor.

Deine Vergangenheit ist keine Ansammlung von Bruchstellen, sondern ein Rucksack voller Gold. Du kannst daran reifen und heil werden. Und sein Wert geht weit über dein eigenes Veränderungspotenzial hinaus. Von deinen schmerzhaften Erfahrungen, Fehlern und Unglücken können auch andere Menschen lernen. Allerdings nur, wenn du dich mit deinen Erfahrungen versöhnst, offen darüber sprechen kannst und anderen davon erzählst. Lass sie von deinem Goldschatz profitieren, und du selbst wirst daran wachsen – mit jeder Geschichte, die du vorträgst und mit jeder Lehre, die du verbreitest.

Du musst ja nicht jeden bekehren, der bei drei nicht auf dem Baum ist. Geh zu den Menschen, die offen dafür sind. Es gibt einen Kreis von Personen, die genau deine Geschichte brauchen, um ihre eigene zu verstehen. Finde sie und hilf ihnen, sich selbst zu helfen. Gib anderen das Geschenk deiner Vergangenheit, und du wirst reich belohnt werden.

Heilen kannst du dich nur selbst

Hast du das Gefühl, dass das Leben dich runterdrückt? Dass deine Vergangenheit eine Last ist und dein Umfeld dich unten hält? Glaubst du, deine Vorgeschichte hat dich so schwer verletzt, dass du für große Leistungen keine Kraft mehr hast? Dann glaubst du wahrscheinlich auch an den bösen Wolf, Darth Vader und Lord Voldemort.

Lass uns eines ein für alle Mal klarstellen: Nichts und niemand kann dich zurückhalten, runterdrücken oder kleinmachen – außer du selbst. Wo auch immer du dich in deinem Leben gerade befindest: Du hast dich da reingeritten. Du allein und sonst niemand. Solange du die Schuld für deine Umstände im Außen suchst, liegst du falsch. Egal, wie plausibel es klingen mag. Egal, was dir angetan wurde. Egal, wie viel besser es anderen im Vergleich geht. Nur du bist verantwortlich für dein Leben. Nicht nur für das, was du erreicht hast und worauf du stolz bist, sondern auch für alles andere.

Deshalb bist du auch der einzige Mensch, der deine Wunden kurieren und deine Schmerzen lindern kann. Heilen kannst du dich nur selbst. Und mit Heilen meine ich nicht diese Seelchen-Wellness, mit der manche an dir verdienen wollen, ohne dir wirklich zu helfen: die Selbstmitleidsorgien, die Ablenkungsmaßnahmen, die Bestätigungsfallen. Ich meine Heilen im Sinne eines Wachstumsprozesses, den du aus eigener Kraft durchziehst. Und dabei helfe ich dir gern.

Wenn du bisher geglaubt hast, du hättest mit all deinen Problemen nichts zu tun und könntest nichts für dein Leben, dann hast du dich machtlos gedacht. Das Letzte, was du brauchst, ist die sogenannte Unterstützung von Menschen, die dich darin bestätigen. Trost ist schön und gut, wenn wir ein Trauma erlebt haben und wieder auf die Beine kommen müssen. Aber Trost, Beschwichtigung und Kleinreden bringt auf die Dauer niemanden voran. Das hilft dir vielleicht beim Aushalten, aber nicht beim Bewältigen.

Die Menschen und die Methoden, die dir nur dabei helfen, dich gut zu fühlen, appellieren nicht an deine innere Größe. Sie appellieren an Bambi, den kleinen Trost-Junkie. Sie sind nicht daran interessiert, dass du wächst – weil du sie dann nicht mehr brauchen würdest.

Heilung ist kein Ringelpiez mit Anfassen. Heilung ist Schlammcatchen mit Vollkontakt: Den Sieg über dich selbst musst du er*ringen*. Den schenkt dir niemand: keine Achtsamkeitsübung, kein Glückstagebuch und kein Meditationsabo. All das kann dir vielleicht helfen, dir selbst näherzukommen. Aber das Problem verstehen, dich den unangenehmen Wahrheiten über dich selbst stellen und heilen musst du dich selbst. Und das riecht leider nicht immer nach Veilchen, denn dabei kommt man manchmal ganz schön ins Schwitzen.

Was dich dabei aufrecht halten und antreiben kann, ist der Ausblick auf das, was dir am anderen Ende dieses Prozesses winkt. Du kennst das von medizinischen Heilungsprozessen: Schon der kleinste Fortschritt kann sich anfühlen wie ein Glücksrausch. Das ist es, was uns an den vielen zähen Tagen bei der Stange hält: der Stolz und die Euphorie, wenn sich wirklich etwas bewegt. Wenn nach der Reha der erste Schritt gelingt. Je länger du zuvor ans Bett gefesselt warst und im Gips festgesteckt hast, desto glorreicher ist dieser Moment. Und er ist umso glorreicher, je größer der Fortschritt ist, den du gerade gemacht hast.

So ist es auch auf dem Weg zu deiner wahren Größe, den du nun beschreitest: Je weiter du jetzt noch von deinen Wünschen entfernt bist, desto mehr kannst du reißen. Je tiefer du in deinem Leben gefallen bist, desto größer ist dein persönliches Wachstum auf dem Weg nach oben.

Wenn du dich selbst am Kragen packen und dich schonungslos hinterfragen musst – heißt das dann, dass du dich selbst für das verurteilen musst, was du bisher in deinem Leben getan hast? Natürlich nicht. Selbstverantwortung hat nichts mit Selbsthass zu tun, nur mit Selbstreflexion. Es geht darum, dass du deinen Anteil an dem anerkennst, was dich bisher zurückgehalten hat, und diesen Teil von dir aushalten und akzeptieren lernst. Du bist, wie du bist. Und du bist gut so, wie du bist. Du bist eben nur nicht perfekt, genauso wie alle anderen Menschen auch. Dich selbst heilen heißt auch: dir selbst verzeihen. Wenn dir das gelingt, bist du nicht mehr aufzuhalten. Denn dann hast du eine Schwelle überschritten, die viele Menschen in ihrem ganzen Leben nicht überwinden: vom Selbsthass zur Selbstliebe.

Was Selbstliebe wirklich bedeutet

Wenn Menschen mir aus ihrem Leben erzählen, fällt mir eines immer wieder auf: Wie weit sie in ihrem Alltag davon entfernt sind, wer sie wirklich sind und was sie wirklich lieben. Besonders viele Frauen – aber natürlich auch sehr viele Männer, nur oft aus ganz anderen Gründen – stecken in Jobs fest, die sie hassen, und klammern sich an Beziehungen, die ihnen nicht guttun. Um Bambi nicht wehzutun, ertragen sie all dieses Unglück. Und der Grund dafür ist eigentlich immer derselbe: Sie nehmen sich selbst, ihre Gefühle und Bedürfnisse nicht ernst genug.

Wenn alle Menschen sich selbst so lieben könnten, wie sie andere lieben, dann wäre die Welt voller glücklicher Menschen. Dieser Gedanke macht mich unglaublich traurig und hoffnungsvoll zugleich. Jeden Tag sehe ich, wie weit wir von dieser Welt entfernt sind. Aber immer wieder darf ich auch Zeuge sein, wenn Menschen aufstehen und erreichen, was sie sich in ihren kühnsten Träumen nicht vorstellen konnten – nur, weil sie sich endlich angenommen haben.

Dich selbst zu hundert Prozent anzunehmen, dich genau so zu akzeptieren, wie du bist, das ist die höchste Form von Liebe, die du auf dieser Welt erfahren kannst. Vielleicht schockiert dich dieser Gedanke und du sagt: Aber Tobi, ich liebe meine Kinder mehr als alles andere auf der Welt! Und als Vater weiß ich genau, wovon du sprichst. Doch gerade junge Eltern übersehen eines sehr oft: Verantwortungsgefühl und Liebe sind nicht dasselbe. Kinder brauchen beides – doch es ist die Liebe, an der sie wachsen.

Du kannst deine Kinder nicht so lieben, wie sie es verdienen, solange du dich selbst nicht tief und aufrichtig liebst. Du kannst ihnen alles geben, sie anhimmeln und ihnen dienen, aber du kannst sie nicht aus vollem Herzen lieben, wenn du dir selbst nicht genug bist und nicht in dir ruhst. Die beste Mutter und der beste Vater kannst du erst sein, wenn deine Liebe und deine Selbstliebe in einer gesunden Balance sind. Sonst können die Gefühle für deine Kinder dich auffressen, denn du wirst sie immer über alles stellen.

Viele Menschen glauben, das sei wahre Hingabe. Doch weißt du, was deine Kinder am glücklichsten macht? Wenn du glücklich bist! Kinder leiden, wenn ihre Eltern leiden. Noch mehr leiden sie, wenn sie spüren, dass ihre Eltern für sie leiden. Kinder lernen, ihre Gefühle zu unterdrücken, wenn sie ihre Eltern dabei beobachten. Wenn du deinen Kindern vorlebst, wie man sich selbst vernachlässigt und ausbeutet, dann werden sie genau das von dir lernen.

Die größte Liebe, die du deinen Kindern schenken kannst, ist die Liebe zu sich selbst. Indem du ihnen genau das vorlebst.

Aber Selbstliebe ist schwer für uns, denn die meisten von uns haben sie eben nicht beigebracht bekommen. Wir lernen Regeln zu folgen. Wir lernen Aufgaben zu erfüllen. Wir lernen Leistung zu bringen. Wir lernen, dass wir etwas tun müssen, damit wir geliebt werden. Und seit einiger Zeit lernen wir – als falsch verstandenen Versuch einer kindgerechten Erziehung –, auch unsere eigenen Bedürfnisse wichtig zu nehmen.

Das Ergebnis ist, dass wir von einer Pflichtgesellschaft in eine Spaßgesellschaft kippen. Sie ist die Folge einer Verwechslung: Sich selbst lieben heißt nämlich nicht, sich immer jeden Wunsch sofort zu erfüllen und keine Verantwortung mehr zu tragen. Ganz im Gegenteil! Ich bin noch niemandem begegnet, der davon glücklich geworden ist, und ganz bestimmt niemandem, der sich deshalb mehr geliebt hätte. Niemand wird auf Dauer glücklich, ohne etwas zu erreichen. Selbstliebe heißt nicht, jedem billigen Impuls zu folgen. Das, was dich dazu treibt, ist nur die antrainierte Sucht nach Dopamin. Aber der schnelle Kick wirkt nicht nach. Liebe geht tiefer als solche oberflächlichen Empfindungen. Das weiß jeder, der ihr schon begegnet ist. Nein, von der Selbstliebe sind die Vollzeit-Hedonisten weit entfernt.

Selbstliebe heißt, zu akzeptieren, wer du bist, und dein Leben daran auszurichten. Das ist das Gegenteil von Verantwortungslosigkeit. Denn wenn du diese Lebensmission ernst nimmst, dann hast du ab heute überhaupt keine Zeit mehr für Langeweile. Spaß macht nur Spaß, solange er dich tatsächlich entspannt. Und das tut er nicht mehr, wenn er zum Selbstzweck wird. Guess what? Keine Entspannung ohne vorherige Anspannung. Liebe hat immer mit Balance zu tun. Eine Belohnung, die du dir nicht verdient hast, wirst du auch nicht genießen.

Wenn du dein Leben auf den Spaß ausrichtest, wirst du dich auf die Dauer nicht lieben; du wirst dich hassen lernen.

Statt dich zu akzeptieren, wie du bist, wirst du auf dich selbst herabschauen. Denn es wird der Moment kommen, in dem du feststellst, dass du dein Leben im Außen vergeudest – mit kurzlebigen, vergänglichen Vergnügungen. Deine innere Stimme aber, die dir sagt, was du wirklich brauchst und was dich wirklich antreibt, die ignorierst du.

Spaß ist gut. Spaß muss sein. Spaß macht Spaß. Aber mehr auch nicht. Verwechsle Spaß nicht mit Lebensfreude. Erwarte von Spaß keine Erfüllung. Nichts ist tragischer als ein Leben, das sich im Spaß erschöpft.

Weißt du, was sich viel besser anfühlt? Probier es aus: Lächle dich selbst im Spiegel an, statt Anerkennung von anderen zu erwarten. Du weißt besser als alle anderen, was in dir steckt. Gib dir selbst mal ein High Five, wenn du etwas erreicht hast. Wer soll denn sonst sehen können, welche Leistung wirklich dahintersteckt? Wie viele Jahre verschwenden wir mit der Hoffnung, dass der Chef oder die Lehrerin oder die Eltern uns mal Anerkennung schenken. Dabei kann niemand besser einschätzen, was wir überwunden und vollbracht haben, als wir selbst! Welche Hürden hast du genommen, um da anzukommen? Was hast du dir versagt, um das zu erreichen? Wie viele Tränen hast du vergossen, um heute jemand zu sein, der zuletzt lacht? Dafür verdienst du es, stolz zu sein. Niemand kann das besser einschätzen als du. Das, was dir am meisten Erfüllung schenkt, können andere oft nicht verstehen. Selbstliebe ist, wenn du es trotzdem tust – und wenn dir die Anerkennung genug ist, die du selbst dir dafür schenkst. Zufriedenheit findest du nicht im Außen. Sie kommt immer von innen.

Selbstliebe entsteht durch Selbstverwirklichung im Schaffen und im Sein. Wenn die Finanzbeamtin endlich anerkennt, dass sie im Herzen eigentlich Floristin oder Bildhauerin ist. Wenn der erfolgreiche Manager sich eingesteht, dass er mehr bewirkt, wenn er Kaffeebauern in Indonesien hilft, ihre eigene Marke aufzubauen. Wenn der Schulabbrecher erkennt, dass er fürs Verkaufen brennt, und ein Unternehmen gründet, obwohl alle ihn auslachen. Wenn du im Moment des größten Erfolgs aufhörst, um etwas ganz anderes zu tun, weil es dir wichtig ist. Sicherheit aufgeben und das Abenteuer annehmen, auf das dein Herz dich schickt. Dich bewusst verletzlich machen, indem du dich als die Person zeigst, die du bist, anstatt dich auch nur einen Tag länger hinter einem Fake-Leben zu verstecken: Das ist Selbstliebe.

Wer gelernt hat, sich wirklich zu lieben, hat alle Masken abgelegt. Nichts kann dich stärker machen – und anziehender für andere.

Unvergleichlich

Weißt du, woran die meisten Menschen verzweifeln? Was der häufigste Grund dafür ist, dass Menschen aufgeben und sich in ein Leben zweiter Klasse fügen, weil sie sich die erste Klasse nicht zutrauen? Weißt du, woher die meiste Unzufriedenheit auf der Welt kommt?

Du weißt es, denn auch du machst diesen Fehler. Wir alle haben ihn irgendwann einmal gemacht – und ich möchte, dass du ab heute damit aufhörst. Das ist wichtig, aber es ist nicht einfach, weil du dich damit von der Masse abheben wirst. Du wirst etwas verändern, was die meisten Menschen in ihrem Leben nicht einmal erkennen. Sie hinterfragen es gar nicht erst, weil das System es uns beibringt: das Vergleichen.

Jeder Vergleich deiner Person, den du machst, ist ein Fehler – jeder einzelne, bis auf einen einzigen. Ich werde dir gleich verraten, welcher das ist.

Klären wir erst einmal das Problem mit dem Vergleichen. Warum solltest du auf der Stelle damit aufhören? Aus zwei

Gründen: Erstens, weil du damit dein persönliches Wachstum blockierst. Und zweitens, weil du allen anderen, die nach dir kommen und ihren Weg im Leben suchen, damit ebenfalls keinen Gefallen tust.

Zuerst zum zweiten Punkt. Das Vergleichen ist der Grund, warum alles immer gleicher wird: die Lebensentwürfe, die Geschäftsideen, die Produkte, sogar das Aussehen und die Wohnungseinrichtung. Unsere Gesellschaft versucht immer alles zu uniformieren und mit einem Label zu versehen, damit man es einordnen kann. Die meisten Menschen haben nichts dagegen, weil sie sich gern einordnen und in Schubladen passen *wollen*. Das macht das Leben einfacher und überschaubarer. Sie wollen das so; sie entscheiden sich für die Uniformität. Du nicht. Du hast erkannt, dass du absolut einzigartig bist – vollkommen und großartig, genau so, wie du bist. Längst hast du die Entscheidung getroffen, deine Einzigartigkeit zu leben. Dazu gehört, dass du dich dem ewigen Vergleichen, auf dem der ganze Einheitsbrei beruht, konsequent entziehen musst. Sonst wirst du immer wieder auf Einheitsgröße zurechtgestutzt werden. Und wenn du nicht aufpasst, gewöhnst du dich früher oder später daran.

Es gibt nur einen Menschen mit deinem Fingerabdruck. Lass dir niemals deine Einzigartigkeit nehmen. Lebe als ein Original.

Womit wir beim ersten Punkt wären: Der Frage, warum du dich mit dem ständigen Vergleich mit anderen selbst sabotierst. Auf den ersten Blick erscheint das unlogisch, denn Vergleiche helfen uns in vielen Situationen im Alltag. Du kannst Smartphones vergleichen. Du kannst Fitnessstudio-Mitgliedschaften vergleichen. Du kannst Autos vergleichen. Auch die Kalorienzahlen von Mahlzeiten und deine Kardio-Werte zu vergleichen kann hilfreich sein, wenn dir das beim Abnehmen oder deiner Fitness hilft. Alles, was sich rein objektiv in

Zahlen und Messwerten beschreiben lässt und darüber hinaus keine wichtigen, subjektiven Eigenschaften hat, kann verglichen werden. Oft hilft uns das, Entscheidungen zu treffen.

Aber Menschen entziehen sich dem Vergleich. Immer. Menschen zu vergleichen ist nie ein sinnvoller Weg, um irgendetwas zu klären oder zu entscheiden. Leider ist es trotzdem übliche Praxis, und warum? Weil wir das Prinzip Wettbewerb missverstehen.

Nehmen wir als Beispiel einen sportlichen Wettkampf. Bei Meisterschaften oder Olympischen Spielen treten die Weltbesten in ihren Disziplinen gegeneinander an und messen sich in dieser einen, isolierten Fähigkeit miteinander. Die Bedingungen sind ganz klar festgelegt, und strenge Regeln ziehen einen Rahmen um den Wettkampf. Am Ende gewinnt eine oder einer und steht als bester Athlet in dieser Disziplin fest, in diesem konkreten Rahmen, bei diesem konkreten Wettkampf. Bis im nächsten Jahr oder in vier Jahren die ganze Konkurrenz wieder neu aufgerollt wird.

Ist dir schon einmal aufgefallen, was alle diese Athleten eint? Mentale Stärke. Sie alle sind total selbstbewusst. Obwohl sie ganz genau wissen, dass nur eine oder einer von ihnen am Ende ganz oben auf dem Treppchen stehen wird, sind sie alle mit erhobenem Kopf und geradem Rücken unterwegs, obwohl sie *alle* ans Verlieren gewöhnt sind. Kaum ein Weltklasse-Athlet gewinnt immer, kaum eine Ausnahme-Sportlerin stellt bei jedem Lauf einen Rekord auf. Sie alle müssen für jeden kleinen und großen Sieg hart arbeiten, immer und immer wieder, und manchmal schon für die bloße Teilnahme. Trotzdem sind sie von ihrer Leistungsfähigkeit überzeugt. Davon kannst du zu hundert Prozent ausgehen. Denn wären sie es nicht, würden sie es nie in diese Liga der Besten schaffen. Die Kraft und das Durchhaltevermögen, die dafür nötig sind, bringt niemand auf, der nicht mit ganzem Herzen und voller Überzeugung dabei ist.

Weißt du, wie sie das schaffen? Indem sie sich *nicht* vergleichen – außer in dieser einen, ganz eng umgrenzten Disziplin, die in Zahlen messbar ist und nur ihre Leistung an einem konkreten Moment, an einem bestimmten Tag und unter bestimmten Bedingungen misst. Nicht ihre Leistungsfähigkeit als Sportler im Allgemeinen und ihren Wert als Mensch über diesen konkreten Wettkampf hinaus. Weil sie ans Verlieren gewöhnt sind und wissen, dass jeder neue Wettkampf eine neue Chance ist.

Spitzensportler wissen, dass sie Unglaubliches leisten und etwas tun, wofür sie brennen. Das treibt sie an. Nicht die Zahl, die am Ende auf der Anzeigetafel steht. Die interessiert sie nur, wenn sie tatsächlich ihr wahres Potenzial anzeigt: persönlicher Rekord, Weltrekord, Medaillenrang. Und wenn nicht: nächstes Mal. Wettbewerb ist der Vergleich von Einzelleistungen unter kontrollierten Bedingungen: im Sport, und am Markt genauso. Wer heute den Kürzeren zieht, kann morgen schon Marktführer sein. Das Wesen des Wettbewerbs ist statisch, das Leben aber ist dynamisch, denn die Welt dreht sich weiter und Menschen verändern sich.

Hast du schon einmal gesehen, dass Weltklasse-Sportler im Interview nach dem Wettkampf sagen: »Wenn ich doch nur so sein könnte wie der Goldmedaillen-Gewinner!« Nein, das sagen sie nicht. Ronaldo will nicht Messi sein und Messi nicht Ronaldo. Stattdessen sagen sie: Nächstes Mal will ich ihn schlagen. Und meistens sagen sie auch: Ich bewundere ihn. Selbst dann, wenn sie sich nicht ausstehen können. Warum? Weil jeder von ihnen weiß, was für eine außergewöhnliche Persönlichkeit im anderen stecken muss, dass er es bis dahin gebracht hat, wo er jetzt ist. Sie können es beurteilen, denn sie reißen sich selbst jeden Tag den Arsch auf, um in dieser Liga mithalten zu können.

Die besten in jeder Disziplin – ob im Sport oder auf irgendeinem anderen Gebiet – vergleichen sich nicht miteinander;

sie messen sich in einer konkreten Sache. Und darüber hinaus? Respektieren sie sich. Weil niemand ihre wahre Größe besser versteht als andere wahrhaft große Menschen.

Vielleicht stehst du zum Beispiel auf Bankdrücken und vergleichst dich im Fitnessstudio gern mit deinen Gym-Buddies. Zollst du deinem Kumpel Respekt, wenn er das schwerste Gewicht stemmt? Klar. Hältst du ihn deshalb für einen besseren Menschen? Wohl kaum. Und du kämst auch sicher nicht auf die Idee, darüber nachzudenken – weil du ihn sowieso magst und respektierst, wie er ist. Freunde vergleichen sich nicht, Freunde stärken sich gegenseitig den Rücken.

Hast du mit deinen Freundinnen einen internen Wettbewerb laufen, an dem ihr alle riesigen Spaß habt? Vielleicht reist ihr zum Beispiel alle leidenschaftlich gern und strebt die Krone der am weitesten gereisten Globetrotterin an: Wer hat die meisten Städte besucht, wer die meisten Länder gesehen, wer die meisten Flugmeilen zurückgelegt? Aber würdet ihr eine von euch geringer schätzen, weil sie nicht auf einem bestimmten Kontinent war oder aus Nachhaltigkeitsgründen auf Kreuzfahrten verzichtet? Ganz bestimmt nicht, weil Freundinnen nicht so ticken. Freundinnen stützen einander und freuen sich über das Glück der anderen.

Um auf deine Weise zu wachsen, lerne, zwischen Messen und Vergleichen zu unterscheiden. Es spricht nichts dagegen, dass du dir die Besten in deiner Branche als Maßstab nimmst, weil du ein konkretes Ziel erreichen willst und dich das motiviert. Aber nimm andere Menschen nie als Maßstab für deine persönliche Entwicklung. Wachstum bei Menschen funktioniert anders als Wachstum bei Unternehmen, die Leistung von Microchips oder sportliche Leistungen. Du kannst eine Persönlichkeit nicht an einer isolierten Teilleistung unter kontrollierten Bedingungen festmachen. Das Leben ist kein abgeriegeltes Versuchslabor, bei dem man Umwelteinflüsse ausschließen kann. Das Leben ist schon an den einfacheren Tagen ein Hindernisparcours mit Special Effects und an den schlechteren eine Odyssee mit Seemonster und schlecht gelaunten Göttern. Kein Tag ist mit dem anderen vergleichbar, und schon gar keine zwei Persönlichkeiten mit all ihren wunderbaren Eigenschaften und Macken.

Persönliches Wachstum ist kein Wettbewerb. Wie sollst du deinen individuellen Weg mit dem eines anderen Menschen vergleichen können, wenn kein Tag und keine Biografie mit der anderen vergleichbar ist?

Erreichen wirst du durch das Vergleichen langfristig gar nichts. Dafür kannst du aber viel damit kaputtmachen. Du kannst deine eigene Entwicklung bremsen und sogar Schaden an deiner Seele anrichten, indem du dich mit anderen vergleichst. Vergleiche können sich in unterschiedlicher Weise auf dein Selbstbild auswirken.

- *Unzufriedenheit:* Wenn wir uns mit anderen vergleichen, neigen wir dazu, uns auf das zu konzentrieren, was wir nicht haben oder was wir nicht können. Das bedeutet, wir fokussieren uns auf den negativen Vergleich, anstatt uns auf unsere eigenen Stärken und Erfolge zu konzentrieren. So kann es passieren, dass du unzufrieden wirst, weil du plötzlich einen Mangel empfindest, auch wenn du eigentlich stolz auf das sein könntest, was du hast und wo du stehst.
- *Geringes Selbstwertgefühl:* Wenn wir uns ständig mit anderen vergleichen und uns als schlechter oder weniger erfolgreich empfinden, kann das unser Selbstwertgefühl beeinträchtigen. Tatsächlich kann man sogar sehr leicht in diese Falle tappen; schließlich gibt es immer jemanden, der in irgendetwas besser ist oder mehr hat als man selbst. Wenn du am Anfang deiner Entwicklung stehst und gegen diese Art von Denken noch nicht immun bist, kannst

du dich leicht minderwertig und unsicher fühlen. Das kann sich negativ auf deine Motivation und Zufriedenheit auswirken.

- *Falsche Prioritäten:* Wenn wir uns mit anderen vergleichen, rücken dabei leicht die Erfolge und Errungenschaften anderer in den Mittelpunkt. Dabei können die eigenen Ziele und Werte leicht ins Hintertreffen geraten. Das kann dich von deinem individuellen Weg abbringen und dazu führen, dass du falsche Prioritäten setzt und dich plötzlich auf etwas fokussierst, was für deine Ziele und Bedürfnisse gar nicht so relevant ist. Auf diese Weise machst du vielleicht zwei Schritte zurück, nachdem du einen nach vorn gemacht hast – und bist plötzlich wieder versucht, das Leben eines anderen zu leben. Vergleichen fördert die Anpassung. Genau die wolltest du doch vermeiden, oder?
- *Konkurrenzdenken:* Der Vergleich mit anderen kann uns auch in einen Wettbewerbsmodus bringen, der unsere Beziehungen schädigen und Konflikte verursachen kann. So können Menschen, die dich unterstützen könnten und von denen du lernen könntest, zu gefühlten Gegnern werden, nur weil du das Bedürfnis hast, in einem virtuellen Wettbewerb zu bestehen, der für dein Leben überhaupt keine Relevanz hat. Wenn du es mit dem Vergleichen übertreibst, siehst du irgendwann nur noch Fressfeinde und legst deinen Fokus aufs Gewinnen anstatt auf dein inneres Wachstum. Manche sehr erfolgreiche Menschen leben deshalb zwar materiell komfortabel, aber sozial isoliert und unglücklich – nur, weil sie glauben, immer alles allein machen zu müssen und niemandem vertrauen zu können. Das ist kein Erfolg; das ist ein Rezept für Unglück.

Zusammenfassend lässt sich also sagen: Das ständige Vergleichen mit anderen kann zu einer ungesunden Denkweise führen, die dich von deinen eigentlichen Zielen und Werten abbringt. Im schlimmsten Fall bist du irgendwann in einer Unzufriedenheitsspirale gefangen, weil du statt Fortschritt immer nur Mangel siehst und dich auf das konzentrierst, was du noch nicht erreicht hast. Diese Art zu denken kann zu einem Gefängnis werden, aus dem du nie wieder herausfindest. Mehr geht immer, und irgendjemand ist immer noch stärker, wohlhabender und erfolgreicher als du. Ehrgeiz ist gut, aber wie alles im Leben braucht er auch ein ausgleichendes Moment. Nimm nicht nur wahr, was noch vor dir liegt; zieh immer auch in Betracht, was du jetzt, in diesem Moment, bereits erreicht hast und wofür du dankbar sein kannst. Es ist wichtig, sich daran zu erinnern, dass jeder seinen eigenen, einzigartigen Weg hat. Keine zwei Menschen können auf dieselbe Weise erfolgreich sein.

Wenn das Vergleichen mit anderen eine schlechte Idee ist, wie kannst du dann unterwegs Orientierung finden? Woher weißt du, ob du auf dem richtigen Weg bist und mit deinen Bemühungen auf deine Ziele einzahlst?

Hier kommt die eine Ausnahme ins Spiel, die ich oben erwähnt habe: der eine Vergleich, den du gern und regelmäßig anstellen solltest. Warum? Weil es der einzige Vergleich ist, der wirklich aussagekräftig ist, und der einzige, der dir jemals guttun wird. Es gibt nur eine einzige Person, mit der du dich vergleichen kannst: die alte Version von dir. Von jetzt an kannst du dich guten Gewissens ausschließlich mit deinem früheren Ich vergleichen. Nur deine eigene Weiterentwicklung zählt, nicht die der anderen. Nur, was dich von deinem früheren Selbst unterscheidet, ist für dein zukünftiges Ich relevant. Diesen Unterschied musst du nicht einmal messen, denn dieses Wachstum kannst du *spüren*. Jeden mentalen Millimeter, den du wächst, fühlst du tief in deiner Seele. Dieser Vergleich hilft dir, deine innere Größe wahrzunehmen – während Vergleiche mit anderen eher dazu führen, dass du dich klein fühlst.

Wachse nicht, um besser zu sein als andere. Wachse, um besser zu sein, als du es selbst warst. Miss dich mit den Besten, aber vergleiche dich mit niemandem – ausgenommen mit deinem früheren Selbst. Wenn du etwas haben möchtest, was du noch nicht hattest, musst du jemand werden, der du noch niemals warst.

Hater schauen zu dir auf

Negatives Vergleichen ist also keine gute Idee. Weißt du, wer es trotzdem ständig tut? Die Menschen, die dich mit Kritik und Hate überziehen. Die User, die unter deine Insta-Posts kacken. Die Kollegen, die dir im Team-Meeting nur deshalb widersprechen, weil du die bessere Idee hast. Die Leute, die über dich lachen und schlecht über dich reden, weil du aufstehst und dein Leben veränderst. Diese Menschen, die dich manchmal so viele Nerven kosten – die leiden in Wahrheit am meisten selbst darunter, dass sie sich mit dir vergleichen. Um dich mit Scheiße bewerfen zu können, muss sie oder er die Scheiße nämlich erst mal in die Hand nehmen. Du aber hast die Wahl: Du kannst ausweichen oder dich schützen. Du musst dich nicht bewerfen lassen. Wenn du die Scheiße nicht auffängst, dann stinkt nur einer von euch beiden, nämlich der Hater.

Was bedeutet es denn, dass sie so viel Energie und heiße Luft darauf verschwenden, dich runterzumachen? Es bedeutet, dass sie zu dir aufschauen. Ja, du hast ganz richtig gelesen: Deine Hater schauen zu dir auf. Denn warum sonst sollten sie dir so viel von ihrer Zeit und ihren Emotionen widmen? Du kannst dich also richtig freuen, wenn du kritisiert wirst. Denn Hater sind Leute, die dir ihre Aufmerksamkeit schenken. Leute, die schlechte Energie gegen dich versprühen, sind eigentlich Menschen, die dich unterstützen. Mit ihrem Verhalten zeigen sie dir nämlich: Du hast den Ball! Wenn sie ihn selbst hätten und irgendwas reißen könnten, würde ihnen ja die Zeit fürs Nörgeln und Lästern fehlen, weil sie mit ihrer eigenen Mission beschäftigt wären.

Wenn du das nächste Mal mit Hate konfrontiert bist, musst du nur an einen Satz denken, und es wird dir sofort besser gehen: *Hate kommt immer von unten nach oben.*

Deshalb ist die beste Strategie gegen Hate eine, die den meisten zuletzt einfällt, wenn sie von jemandem gedisst werden: Nächstenliebe. Du hast es da mit einem Menschen zu tun, dem es nicht gut geht. Sonst hätte er oder sie es nicht nötig, andere kleinzureden, um sich selbst besser zu fühlen. Das Schlimmste, was du so einer Person antun kannst, ist gleichzeitig auch das Humanste: Lerne, deine Feinde zu lieben. Es wird sie wahnsinnig machen. Und vielleicht, nur vielleicht, wird es irgendwann auch helfen, sie zu heilen. Der Spiegel der Mitmenschlichkeit ist gnadenlos, weil er dem Hater zeigt, wie er wirklich drauf ist. Und genau deshalb ist er auch gnadenlos effektiv.

Mach dir auch keine Sorgen darüber, dass Kritik und Hate dir schaden könnten. Erstens, weil du sie sowieso nicht verhindern kannst: Wer aufsteht und sichtbar wird, bekommt Gegenwind ab. Das ist quasi ein Naturgesetz – get used to it. Zweitens, weil nur diejenigen Menschen blind für den Müll empfänglich sind, die dir sowieso nicht fehlen werden. Jeder, der Lügen über dich glaubt, bevor er deine Seite gehört hat, hat schon vorher nach einem Grund gesucht, gegen dich zu sein. Verschwende deinen Atem nicht auf Menschen, die nicht überzeugt werden wollen.

Und drittens? Drittens ist es ehrlich gesagt einfach scheißegal, was andere Menschen denken. Wir sind die einzige Spezies, die darüber überhaupt nachdenkt. Welche Zeit- und Energieverschwendung das wirklich ist, würden die meisten Menschen aber leider erst merken, wenn sie schon gar nichts mehr merken: bei ihrer eigenen Beerdigung nämlich. Statistikern zufolge gehen zu einer Beerdigung im Durchschnitt etwa zehn Menschen. Zehn Leute, bei denen du dich darauf verlassen kannst, dass sie dort stehen und um dich weinen. Der Rest, so brutal es klingt, ist der Statistik zufolge wetterabhängig. Wer sind wohl diese zehn Leute? Das sind Leute, die auch im Leben bereits bedingungslos zu dir halten – komme, was da wolle. An denen prallt der Hate einfach ab. Willst du ernsthaft dein Leben an den anderen ausrichten, die sich von ein bisschen Wetter von deiner Beerdigung abhalten lassen? Oder schlimmer noch: an denen, die sowieso nicht kommen würden?

Die Zahl spielt übrigens keine Rolle: Vielleicht werden zu deiner Beerdigung hundert oder tausend Menschen erscheinen, obwohl es schüttet wie aus Eimern. Das Prinzip bleibt das gleiche: An Menschen, die nicht um dich trauern würden, musst du dein Leben nicht verschwenden.

Sicherheit ist eine Illusion

Meine Großmutter war eine der weisesten Personen, die mir je begegnet sind. Ich würde viel darum geben, noch einmal mit ihr sprechen zu können. Schon in den wenigen Jahren, die ich mit ihr in derselben Welt verbringen durfte, habe ich viel von ihr gelernt. An eine Aussage von ihr kann ich mich zum Beispiel sehr gut erinnern: »Tief im Meer liegen die großen Schätze verborgen. Sicherheit finden wir nur am Ufer.«

Als ich meine Großmutter das zum ersten Mal sagen hörte, kapierte ich noch nicht genau, was sie damit meinte. Als Kind hat man noch nicht verstanden, dass alles im Leben zwei Seiten hat und man sich mit seinem Verhalten oft für eine von beiden entscheidet. Und schon gar nicht trifft man diese Entscheidungen tagtäglich bewusst. Ehrlich gesagt glaube ich, dass selbst die meisten Erwachsenen sich das nicht wirklich klarmachen: dass man Sicherheit aufgeben muss, um etwas wirklich Großes zu erreichen oder aufregende neue Erfahrungen zu machen. Und dass man umgekehrt eben auf große Siege und spannende Entdeckungen verzichten muss, wenn man sich für ein bequemes, risikoarmes Leben in vermeintlicher Sicherheit entscheidet.

Das ist der Grund, warum so viele Menschen trotz ihrer Sehnsucht nach Erfolg und Erfüllung auf der Stelle treten: Sie wollen ganz viel gewinnen – aber sie sind nicht bereit, entsprechend viel zu riskieren.

Wenn du fünf Euro in Aktien investierst, würdest du mit fünf Millionen Profit rechnen? Natürlich nicht! Niemand wäre so bekloppt, zu erwarten, dass das funktioniert, schon gar nicht als Anfänger. Und doch packen viele Menschen ihre Lebensplanung genauso an: viel erwarten, aber wenig riskieren. Wie Dagobert Duck sitzt Bambi auf dem Berg von allem, was du bisher erreicht hast, und bewacht diesen Schatz wie seinen Augapfel, anstatt ihn zu nutzen und einzusetzen für das, wovon du wirklich träumst. Da ist die Enttäuschung doch vorprogrammiert! Wie soll das denn funktionieren?

Was mich an dieser Bewahrer-Mentalität am meisten stört, ist die Tatsache, dass dieses Verhalten oft als »vernünftig« bezeichnet wird: Einen sicheren Job behalten statt sich selbstständig zu machen, ist »vernünftig«. Geld sparen statt zum Beispiel in eine Geschäftsidee zu investieren, ist »vernünftig«. Mit der Weltreise bis zur Rente zu warten ist »vernünftig«. Kurz: Vernünftig ist, sich an alles zu klammern, was man schon hat, und nur Dinge zu tun, deren Ergebnis man schon vorher kennt.

Wenn das vernünftig ist, warum sind dann so verdammt viele Menschen so verdammt unzufrieden?

Nenn mich verrückt, aber für mich ist dieses Sicherheitsdenken das Gegenteil von vernünftig. *Das* ist verrückt! Indem man einseitig auf Sicherheit setzt, erreicht man nur eines mit Sicherheit: das kleinstmögliche Ergebnis. Durch übertriebenes Sicherheitsdenken reduzierst du die Chance, deine Träume zu verwirklichen, auf ein Minimum. Besonders Deutsche sind gut darin. Wir sind geborene, nein: anerzogene Sicherheitsfanatiker. Deshalb stagniert unsere Wirtschaft auch immer mehr, während in anderen Ländern groß gedacht und Gas gegeben wird.

Verrückt finde ich dieses Sicherheitsdenken aber auch deshalb, weil Sicherheit eine Illusion ist. Egal, wie viele Vorsichtsmaßnahmen du in deinem Leben ergreifst: Du kann nicht jedes Risiko ausschließen. Natürlich kannst du in deinem Haus das modernste Alarmsystem installieren. Der Einbrecher kann trotzdem an dem Tag kommen, an dem du es nicht eingeschaltet hast. Du kannst dich an alle Verkehrsregeln halten. Aber den Idioten, der es nicht tut und dich über den Haufen fährt, während du alles richtig machst – den kannst du nicht steuern. Du kannst den Beruf lernen, zu dem dir deine Eltern, deine Lehrer und das Arbeitsamt raten. Trotzdem kannst du später arbeitslos sein, weil diesen Job jetzt leider eine künstliche Intelligenz macht.

Sicherheit ist keine Garantie. Sicherheit ist eine Illusion. Sie schenkt dir kein gutes Leben. Aber sie verhindert effektiv ein besseres. Da, wo du eine Grenze ziehst zwischen »bewahrenswert« und »erstrebenswert« – da ist dein Limit im Leben. Wo du aufhörst, von Chancen zu sprechen, und anfängst, sie Risiken zu nennen – da ist die Oberkante deiner Ambitionen. An dem Punkt, wo deine Angst die Oberhand über deine Sehnsucht gewinnt – da endet die Lebenserwartung deiner Träume. Und eines Tages, wenn du zurückblickst und die Bilanz deines Lebens ziehst, werden sie vor dir stehen und dir in die Augen schauen. Und dann werden sie dir sagen, was du insgeheim dein ganzes Leben lang gewusst und aus Angst vor deiner eigenen Courage verdrängt hast: »Weil du uns keine Chance gegeben hast, müssen wir heute mit dir sterben.«

Ich frage dich: Ist das jämmerliche bisschen Sicherheit, das sowieso nur eine Illusion ist, das wirklich wert? Denn das ist die Perspektive für deine Zukunft, solange du deine Träume unterdrückst und einsperrst. Doch wenn du sie freilässt – wer weiß, was dann passieren wird?

Was ich dir mit all dem sagen will, ist Folgendes: Diese scheinbar so klar gezogene Grenze zwischen Sicherheit und Risiko, zwischen Selbstschutz und Abenteuerlust, ist in Wahrheit total individuell. Das ist der andere Grund, warum Sicherheit eine Illusion ist: Jeder interpretiert sie anders. Die einen brauchen tausend Euro auf dem Konto, um sich finanziell sicher zu fühlen, die anderen eine Million. Wer schwimmen kann, fühlt sich selbst auf unruhiger See noch relativ safe – wer nicht, bekommt schon beim Anblick des Zwei-Meter-Beckens Panik. Was für dich Sicherheit bedeutet, hängt stark davon ab, welche Erfahrungen du gemacht hast und mit welchen Vorurteilen du aufgewachsen bist. Sicherheit ist nicht in Stein gemeißelt. Also gibt es da auch keine harte Grenze, die du nicht überschreiten darfst. Du allein ziehst deine Grenzen. Und du allein kannst sie auch verschieben. Du triffst die Entscheidung, was dir deine Träume wert sind. Du bist die Herrscherin oder der Herrscher deiner Meere. Du bist die Heldin oder der Held deines Lebens. Du gibst das Signal, wann dein Abenteuer beginnt und wie weit du in See stichst.

Was mich zu dem Satz meiner Großmutter zurückbringt: Die großen Schätze liegen im Meer verborgen. Man muss sich auf das Abenteuer einlassen und aufs offene Meer mit all seinen Gefahren hinausfahren, um sie zu erreichen – da, wo das Wasser tief ist und die Strömung ungewiss. Solange du dazu nicht bereit bist, ist dir deine Sicherheit wichtiger als deine Träume. Das ist okay. Aber jammere mir nicht vor, dass du im Leben nicht vorankommst und deine Ziele nicht erreichst.

Du entscheidest jeden Tag aufs Neue, wo du deine Grenzen ziehst und wie weit du sie dehnen willst. Trau dich jeden Tag ein bisschen weiter raus. Mit jedem Tag, den du nicht absäufst, wächst dein Mut ein kleines Stück – bis du irgendwann die Angst vor dem Wasser selbst verlierst.

Viel schwerer als die eigene Angst wiegt oft sowieso die der anderen. Was musste ich mir nicht alles anhören, als ich damals meinen »sicheren« Job als Flugbegleiter aufgegeben und mich selbstständig gemacht habe. Wir Unternehmer sind ja das auserwählte Feindbild der »Sicherheits-Typen«, weil wir ihnen ihre selbst gewählten Grenzen aufzeigen. Was haben meine damaligen Kumpels sich über mich lustig gemacht, als ich mit meinem Fiat Uno zum ersten Mal zu einem Seminar in Persönlichkeitsentwicklung unterwegs war. Damals fuhr ich hupend an unserem Stammtisch in Wuppertal vorbei und konnte sie rufen hören: »Schau, da fährt er, der zukünftige Millionär!« Sie wussten, dass ich mir das Seminar eigentlich gar nicht leisten konnte und mir das Geld dafür geliehen hatte. Sie fanden, dass ich ein großes Risiko einging. Sie glaubten zu wissen, dass ich nur scheitern kann, und machten sich über mich lustig – so wie sich die Sicherheits-Typen meistens über die Abenteurer lustig machen, die sie insgeheim für ihren Mut beneiden.

Ein paar Jahre später hatte ich meine erste Million verdient. Sie aber saßen immer noch am selben Tisch im selben Café und spotteten über die, die an ihnen vorbeizogen. Und wenn sie nicht gestorben sind …

Wie sicher ist denn eine Festanstellung heute noch? Gibt es überhaupt noch so etwas wie »sichere Arbeitsplätze«? Die Zukunftsangst der meisten Menschen – also auch die der meisten Angestellten – spricht nicht dafür, dass es sich auf dieser Bank besonders bequem sitzt. Umstrukturierungen sind an der Tagesordnung. Eine Branche nach der anderen wird von neuen, digitalen Konkurrenten aufgerollt. Viele Berufe sind durch Roboter und künstliche Intelligenz vom Aussterben bedroht. Und das soll eine sichere Wahl sein, die dir ein verlässliches Auskommen bis zur Rente garantiert?

Wenn du Glück hast, vielleicht. Aber warum auf trügerische Sicherheit setzen, die es nicht mehr gibt, wenn du dein Glück in die eigene Hand nehmen kannst? Warum auf Bambis verinnerlichte »Vernunftargumente« hören, wenn deine Intuition es besser weiß?

Wann hast du dein letztes großes Abenteuer erlebt? Wann bist du mit dem Boot deines Lebens hinausgesegelt, das im Moment vielleicht nur eine kleine Jolle ist? Hast du auf dem Ozean Ausschau gehalten, was da kommt? Ungeahnte Abenteuer, unentdeckte Inseln, ungeküsste Piraten ... Wann hast du zum letzten Mal einen Aufbruch gewagt? Sicherheit ist eine große Illusion – es gibt sie nicht. Sobald du das realisiert hast, wirst du Freude daran haben, mal ein kleines Risiko einzugehen. Wenn du schon realistisch sein willst, dann richtig: Du weißt doch nicht, wann das Ganze hier vorbei ist! Du weißt nicht, welches Risiko größer ist: das Risiko, alles zu verlieren, oder das Risiko, keine weitere Chance mehr zu bekommen. Morgen kann alles zu Ende gehen. Lass den Schwimmring mal am Strand liegen und den Ganzkörper-Neoprenanzug gleich mit. Mach dich mal frei, und sei es nur von deinen Bedenken.

Geh ins Meer, ohne Angst, ohne Hemmungen. Geh Abenteuer erleben.

Folge dem Schmerz

Wann ist dein Breaking Point?

Jenseits der Sicherheit liegt die Freiheit. Dazwischen liegt der Schmerz. Und ich will, dass du ihn genießt. Der Schmerz ist dein Freund. Denn der Schmerz zeigt dir den Weg.

Zu Beginn des Buches habe ich dir erklärt, dass jeder Mensch einen »Schmerzpunkt« hat: einen Punkt, an dem es einfach nicht mehr so weitergeht wie bisher. Wenn du diesen Punkt einmal erreicht hast, kannst du nicht mehr anders als aufzustehen und zu schreien: »Genug ist genug!« In diesem Moment kannst du die Ungerechtigkeit in deinem Leben und die Ungerechtigkeit in dieser Welt nicht mehr länger hinnehmen. Du musst einfach etwas ändern. Für dich und andere musst du dich erheben, weil deine ungezügelte Schöpferenergie dich in die Höhe reißt.

Um diesen Punkt zu erreichen, musst du jedoch einige Widerstände überwinden: deine Umstände und deine Vergangenheit, über die wir schon gesprochen haben. Und dann ist da deine Angst, um die es in diesem Kapitel geht. Du musst durch sie hindurchgehen, um am anderen Ende des dunklen Tunnels anzukommen, der oft viel kürzer ist als erwartet. Dahinter liegt die Freiheit, von der du dein Leben lang geträumt hast.

Ich weiß, du brauchst ein wenig Motivation, um diese letzte Hürde zu deiner wahren Größe zu nehmen und deine Angst zu überwinden. Du brauchst ein Ziel vor Augen. Vielleicht fragst du dich: Wie wird das sein, wenn dieser »point of no return« in meinem Leben gekommen ist, wo ich einfach nicht mehr anders kann als aufzustehen? Was wird mit mir passieren? Was werde ich erleben?

Das weiß ich nicht – weil ich nicht weiß, was in deinem Leben möglich ist. Aber du kannst dir eine Vorstellung davon machen, was möglich ist, wenn du dir Menschen anschaust, die diesen Punkt in ihrer Biografie überschritten haben. Dabei ist es ganz egal, wer diese Menschen sind, woher sie kommen und wie alt sie sind. Ich habe es schon mal gesagt: Mutter Teresa war über achtzig Jahre alt, als sie angefangen hat, ihre berühmten Reden zu halten. Also rede dir nicht ein, dass du zu alt wärst, um dich zu ändern, um *etwas* zu ändern!

Am anderen Ende der Skala gibt es Greta Thunberg, eine der umstrittensten Figuren unserer Zeit. Du kannst über die schwedische Klimaaktivistin denken und sagen, was du willst, aber eines wirst du anerkennen müssen: Sie hat uns allen den dicken Finger gezeigt. Der ganzen Welt hat sie vor Augen geführt, was bei uns schiefläuft und was auf dem Spiel steht. Sie ist das beste Beispiel dafür, was es heißt, wenn jemand seine Rolle annimmt und zu seiner wahren Größe findet. Denn sie hat das alles eben nicht nur für sich getan. Als bei ihr der Punkt erreicht war, als sie es nicht mehr ertragen konnte, ist sie aufgestanden und hat stellvertretend für ihre ganze Generation die Notbremse gezogen: Genug ist genug!

Wie alt war sie, als sie ihre persönliche *Reh*bellion startete und in Schweden die Schulstreiks ins Leben rief, die wenig später als »Fridays For Future« zur weltumspannenden Bewegung wurden? Sie war fünfzehn.

Und wie alt bist du?

Damit nicht genug: Greta Thunberg war nicht nur jung, sie hatte auch ihre ganz eigenen Kämpfe zu fechten. Nur drei Jahre zuvor, im Alter von zwölf Jahren, war sie mit dem Asperger-Syndrom diagnostiziert worden. Ein typisches Anzeichen dieser Diagnose ist, dass man ein Spezialinteresse entwickelt, in das man so tief eintaucht, dass man mit seinem Wissen noch die größten Experte in Erstaunen versetzen kann. Bei Greta Thunberg ist dieses Spezialinteresse der Klimawandel. Sie selbst sagt, sie sehe deshalb »die Welt etwas anders, aus einer anderen Perspektive«.

Indem sie aufgestanden ist, um die Welt zu heilen, hat sie auch sich selbst therapiert. Sie hat Depressionen und Essstörungen überwunden, indem sie sich dem Klimaaktivismus verschrieben hat. Im Kindesalter schon hat sie verstanden, dass alles im Leben miteinander verbunden ist. Dass man die Welt nur retten kann, indem man sich selbst rettet, und umgekehrt. Nicht einmal das, was man eine Behinderung nennt, konnte sie stoppen. Denn alles, was sie ausmacht, die sogenannte Behinderung eingeschlossen, ist ein Teil von ihr. Ein Teil ihrer Größe.

Und welche Ausrede hast du? Was muss passieren, damit du aufstehst und brüllst: Genug ist genug!? Wann ist dein Breaking Point, deine Belastungsgrenze, aus der alles aus dir herausbricht? Wann ist der Moment, an dem dein wahres Leben beginnt?

Mach dich nicht zum Sklaven deiner Angst. Fürchte dich nicht vor dem Schmerz. Du wirst keinen Durchbruch erleben, bevor du selbst brichst.

Wovor hast du Angst?

Schmerz ist im Grunde etwas Abstraktes. Wir fürchten uns nicht vor »dem Schmerz«. Wenn wir uns fürchten, dann vor einem ganz bestimmten Schmerz. Hier ist die gute Nachricht: In den meisten Fällen ist diese Angst erworben. Irgendetwas in unserem Leben, eine eigene schlechte Erfahrung oder die von jemand anderem, hat sie uns eingepflanzt. Um diesem Schmerzpunkt auszuweichen, schlängeln wir uns auf Umwegen durchs Leben, immer am Ausweichen mit dem Fuß auf der Bremse, statt mit Bleifuß mittendurch.

Der Grund für diese anstrengende, unbequeme Lebensführung sind deine »3 + x«-Ängste. Wie groß dein x ist, weiß ich nicht, aber eines weiß ich: Es ist zu groß.

Woher ich das weiß? Ganz einfach: Wir Menschen werden mit lediglich drei Ängsten geboren. Die erste ist die Angst vor dem Fallen. Die zweite Angst ist die vor lauten Geräuschen. Am schwierigsten zu handhaben ist unsere Angst vor der Veränderung, und damit auch: vor der Persönlichkeitsentwicklung.

Alle weiteren Ängste hast du von anderen übernommen: von deinen Eltern, deinen Großeltern, deinen Freunden und von wem auch immer sonst noch.

Deshalb ist dein x zu groß, und x = Bambi!

Der Grund für deine Angst ist also nicht, dass du so ein schwaches, zerbrechliches Wesen wärst, wie Bambi mit seinen zitternden, dünnen Beinchen es dir gern weismachen möchte. Sondern, dass du die Angst aus deinem Umfeld aufgesagt hast wie ein Schwamm und sie fortan mit dir durchs Leben trägst. 99 Prozent deiner Angst würden verschwinden, wenn du die äußere Welt mal ausschalten und stattdessen nach innen schauen würdest. Die meisten deiner Ängste, von den Urängsten einmal abgesehen, hast du gelernt – wie eine schlechte Lektion von einem miserablen Lehrer.

Darüber, wie man Ängste überwindet, gibt es eine wunderschöne Analogie aus der Kultur der Aborigines, der australischen Ureinwohner. Ein Aborigine-Vater erklärt seinem Kind das Wesen der Angst: »Schau auf den Fluss, mein Kind, der durch das Land unserer Ahnen fließt. Bevor er das Meer erreicht, zittert er vor Angst. Siehst du, wie sich sein Wasser kräuselt? Wovor hat er Angst? Ganz einfach: Er blickt zurück auf die Strecke, die er zurückgelegt hat von den Gipfeln der Berge, den langen kurvigen Weg durch die Wälder und Dörfer wie unseres. All das ist ihm vertraut; er kennt diesen Weg. Vor sich aber sieht er den riesigen Ozean. Und es gibt für ihn keine andere Möglichkeit, als hineinzufließen und für immer darin zu verschwinden. Der Fluss kann seine Richtung nicht ändern. Es gibt für ihn keinen anderen Weg, seine Angst zu verlieren. Trotz seiner Angst muss er weiterfließen und im Ozean aufgehen, denn das ist seine Bestimmung.«

Wenn du das nächste Mal vor etwas Angst hast, erinnere dich an den Fluss: Wir können im Leben nicht umkehren. Wir können nur weitergehen und uns unserer Existenz stellen. Nur so können wir unser Warum finden und unsere Rolle ausfüllen.

Die meisten Ängste sind therapierbar. Denn wenn man sie auf die Probe stellt, entpuppen sie sich als Illusionen, ähnlich wie die Sicherheit, die sie uns versprechen, wenn wir ihnen nachgeben. Höhenangst ist zum Beispiel heilbar, indem man Schritt für Schritt höher klettert und nach und nach erkennt, dass einem die Höhe an sich gar nichts anhaben kann. Prüfungsangst ist heilbar, indem man Prüfungen besteht. Angst vor Hunden bekommt man in den Griff, indem man mit Hunden umgeht.

Ich sage nicht, dass irgendetwas davon einfach ist. Aber ich sage, dass fast jede Angst im Leben sich als unbegründet erweist, wenn man sich ihr stellt und nicht aufgibt, bevor man sie überwunden hat. Dieser Teil der Entwicklung – was auch immer das Ziel ist – mag derjenige sein, der am längsten dauert und die meiste Geduld von dir fordert. Ängste sind oft über lange Zeit gewachsen. Deshalb wird man sie nicht von einem Tag auf den nächsten los.

Doch das ist nicht der schwierigste Teil. Der besteht darin, herauszufinden, *wovor* du eigentlich Angst hast. Was es ist, das dich wirklich zurückhält. Welche Befürchtung ist so groß, dass sie dich von deinen Träumen fernzuhalten vermag und dich in deiner Lebensgestaltung blockiert?

Der Hauptfeind der Persönlichkeitsentwicklung ist die Angst vor dem Ausgeschlossensein. Sobald du beginnst, anders zu sein als die anderen, stehst du an einem Scheideweg. Natürlich hängt es davon ab, mit welchen Menschen du dich umgibst. Doch die Wahrscheinlichkeit ist groß, dass die Gruppe, zu der du bisher gehört hast, dich im Moment der Veränderung in irgendeiner Weise isoliert – jedenfalls der Teil davon, der es nicht wirklich ehrlich mit dir meint.

Diese Angst wird nachlassen, sobald du erkennst, dass du niemals einsam sein musst, wenn du es nicht willst, weil die Einsamkeit wie fast alles im Leben unter deiner Kontrolle ist. Vielleicht wird es eine Zeit lang so sein, während du dich in einer Übergangsphase zwischen deinem alten und deinem neuen Leben befindest. Vielleicht wirst du in dieser Zeit tatsächlich den Schmerz der Einsamkeit spüren. Doch das wird nicht das Einzige sein, was du spürst. Freiheit ist so viel größer als ein Schmerz, der vergeht. Schon bald werden neue Menschen in dein Leben treten, die zu dir passen. Die genauso denken wie du. Die ähnliche Ziele verfolgen. Die andere in ihrer Größe unterstützen und gern etwas zurückgeben.

Zwischen diesen Menschen und den Menschen, die dich fallen lassen, gibt es einen Unterschied. Es ist derselbe Unterschied, den du auch an dir selbst erkennen wirst: Die einen definieren sich über die Grenzen, die ihre Angst ihnen setzt. Deshalb geben sie sich größte Mühe, auch andere in diesen Grenzen zu halten. Die anderen haben die Angst hinter sich gelassen. Sie definieren sich und andere über das Potenzial, das sie anstelle der Angst spüren – weil sie gelernt haben, sich zu überwinden.

Überwinde deine Ängste, und du überwindest deine Grenzen. Doch das, da will ich dir und Bambi nichts vormachen, kann schon mal wehtun: no pain, no gain.

Erfolg ist da, wo's wehtut

Ein Geheimnis erfolgreicher Menschen liegt darin, dass sie ihre Angst vor dem Schmerz überwinden: vor der Enttäuschung, der Verletzung, dem Rückschritt, der Ausgrenzung, dem Scheitern. Wie alle anderen Menschen auch fühlen sie diese Schmerzen, doch sie zucken nicht davor zurück und ändern nicht die Richtung. Sie erkennen den Schmerz als das, was er ist: eine natürliche Reaktion, die einen Zweck erfüllt. Anstatt ihn zu meiden, gehen sie durch ihn hindurch und arbeiten mit ihm.

Der Schmerz ist dein Freund, denn der Schmerz zeigt dir den Weg.

Wozu empfinden Menschen eigentlich Schmerzen? Ist doch im Grunde eine total lästige Körperfunktion. Wer braucht die schon? Wir alle brauchen sie. Stell dir vor, du hättest einen kaputten Zahn und würdest es nicht merken. Der Zahn würde irgendwann verfaulen und im besten Fall herausfallen; im schlechtesten Fall würde sich dein Kiefer entzünden. Er würde anschwellen, bis du nicht mehr essen kannst, und die Infektion könnte sich in deinem ganzen Körper ausbreiten. Früher sind Menschen an so etwas gestorben, wenn sie den Schmerz ignoriert und nicht rechtzeitig etwas unternommen haben – zum Beispiel, weil kein Medizinmann in der Nähe war.

Oder stell dir vor, ein geliebter Mensch hätte stechende Schmerzen in der Brust, würde sie aber herunterspielen und sich weigern, zum Arzt zu gehen. Irgendwann später, nachdem du diesen Menschen verloren und beerdigt hast, würde sich herausstellen: Das waren die frühen Anzeichen eines Herzinfarkts oder sogar ein erster, kleiner Infarkt vor einem größeren. Hätte er auf dich gehört oder du dich gegen seinen Widerstand durchgesetzt, dann hätte man ihm noch rechtzeitig helfen können. Wer will damit leben müssen?

Mit Schmerzen zeigt dir dein Körper, wenn etwas nicht stimmt. Es ist wichtig, darauf zu hören. Der Schmerz sorgt dafür, dass wir reagieren, und verhindert damit weitere Schäden. Auch nach einer Verletzung oder Erkrankung, zum Beispiel bei der Reha, begleitet der Schmerz unsere Heilung. Er sagt uns zum Beispiel, wie wir unsere Haltung korrigieren müssen, damit das Gelenk entlastet wird und wir schneller gesund werden.

Beim Training zeigt der Schmerz dir deine Grenzen auf. Jeder, der Sport treibt, weiß: Ein bisschen wehtun darf es, das ist ein Zeichen, dass es vorwärtsgeht, deine Muskeln an ihre Grenzen stoßen und neue aufgebaut werden. Ein wenig Muskelkater nach dem Training ist ebenfalls ein gutes Zeichen: Der Körper hat verstanden und arbeitet an der Optimierung, damit du beim nächsten Mal mehr Kraft zur Verfügung hast. Zu viel Schmerz aber heißt: Du hast es übertrieben und musst einen Gang runterschalten.

Der Schmerz hat also wichtige Funktionen, um unsere Gesundheit zu fördern. Er kann unser Wohlbefinden auch langfristig erhalten und sogar verbessern helfen. Deshalb macht es überhaupt keinen Sinn, jedem Schmerz von vornherein auszuweichen und alles zu vermeiden, was vielleicht ein bisschen wehtun könnte. Damit verhinderst du vielleicht tatsächlich den Schmerz, oft aber eben auch den Fortschritt. Klar sind manche Schmerzen unnötig und überflüssig. Das sind sie aber nur deshalb, weil du sie dir aus Ungeschick selbst zugefügt hast oder einfach mal Pech hattest, zum Beispiel bei einem Unfall. Und selbst daraus kannst du meistens irgendetwas lernen.

Bei seelischen Schmerzen ist es kein bisschen anders als bei körperlichen: Sie zeigen dir, dass du etwas ändern musst, um dich zu heilen oder zu schützen. Deshalb kann man auch seelische Schmerzen sinnvoll nutzen, um stärker und weiser zu werden.

Die Voraussetzung dafür ist natürlich, dass du den Schmerz nicht einfach verdrängst. Ignoriere nicht, wenn du etwas bereust oder bedauerst oder betrauerst! Alles, was uns im Leben Freude schenken kann, kann uns auch Schmerzen bereiten, sonst wäre es uns ja nicht wichtig. Nimm den Schmerz bewusst wahr und setz dich damit auseinander. Reflektiere, was genau dir wehtut. Daraus kannst du viel über dich selbst lernen. Der Schmerz kann dir helfen, dir über deine eigenen Werte und Bedürfnisse klarzuwerden.

Der Schmerz der Einsamkeit zum Beispiel zeigt dir, dass du dich nach bedeutungsvollen Beziehungen sehnst und sie in deinem Leben vermisst. Vielleicht ist es ein bestimmter Mensch, der dir fehlt – vielleicht aber auch die Nähe von Menschen im Allgemeinen. Frage dich, wie dieser Schmerz entstanden ist: Warum bist du einsam? Liegt es vielleicht daran, dass du dir nicht genügend Zeit für Beziehungen zu anderen Menschen nimmst? Wenn es so ist, hast du dir diese Verletzung selbst zugefügt. Aus dieser Erkenntnis kannst du Konsequenzen ziehen, indem du deine Prioritäten änderst und dir mehr Zeit nimmst, um Menschen kennenzulernen. Oder du kannst sie nutzen, um Beziehungen zu pflegen, die du schon hast, aber vernachlässigst.

Der Schmerz der Einsamkeit weist dir den Weg. Damit zu arbeiten ist dein Job. Bei jeder anderen Form von seelischem Schmerz ist es genauso. Dafür gibt es ein Wort: Selbstverantwortung.

Auf dieselbe Weise können seelische Schmerzen dir zum Beispiel auch helfen, dich weiterzuentwickeln und zu lernen. Wenn du meinen Ratschlägen in diesem Buch folgst, dich neuen Herausforderungen stellst und deine Komfortzone verlässt, musst du damit rechnen, dass das auch mal wehtun kann. Zum Beispiel wirst du zunächst wahrscheinlich darunter leiden, wenn dein Umfeld dich ausgrenzt und kritisiert, weil du dich verändert hast. Dieser Beziehungsschmerz ist ein unvermeidlicher Bestandteil jeder krassen Entwicklung. Je mehr du dich veränderst, desto stärker wirst du ihm ausgesetzt sein. Wer keinen Widerstand spürt, hat kein Profil.

In diesen Empfindungen aber steckt ein riesiges Lernpotenzial. Du kannst davor zurückweichen und aufhören, dich zu verändern, doch dann endet an diesem Punkt auch dein Wachstum. Oder du kannst etwas an deinem Umgang mit Kritik oder wenn nötig sogar an deinen Beziehungen selbst verändern. Auf diese Weise tut es vielleicht etwas länger weh. Aber dafür wächst auch dein Veränderungsmuskel. Gleichzeitig steigt deine Schmerztoleranz für die Zukunft wieder ein kleines bisschen an, weil dein Geist leistungsfähiger geworden ist. Der Schmerz, den Kritik und Ausgrenzung verursachen, sendet dir eine Botschaft. Was du daraus machst, liegt bei dir.

»Was dich nicht umbringt, macht dich härter«, diesen Spruch kennst du. Falls du dich schon immer gefragt hast, was er bedeutet: Jetzt weißt du es. Der Schmerz bietet dir eine Chance, zu wachsen, zu lernen und besser zu werden, wenn du dich ihm bewusst stellst und konstruktiv damit umgehst. Der Schmerz ist kein Feind, der dir schaden will. Der Schmerz ist dein Freund, der dir etwas sagen will. Er gehört zur Persönlichkeitsentwicklung dazu.

Da muss Bambi durch: Es gibt kein Wachstum ohne Schmerzen. Der Weg zum Erfolg führt durch den Schmerz hindurch. Lerne ihn verstehen, und du kommst schneller voran.

»Nein!« ist ein ganzer Satz

Wer Ja zum Erfolg sagt, muss Nein sagen lernen

Was zeichnet einen erfolgreichen Menschen aus? Auf diese Frage gibt es natürlich mehr als eine Antwort. Aber eines kann ich dir über alle erfolgreichen Menschen verraten, denen ich in meinem Leben begegnet bin: Keiner von ihnen ist ein Ja-Sager. Erfolgreiche Menschen können Nein sagen.

Das unterscheidet sie von den meisten anderen Menschen; das hebt sie von der Masse derer ab, die ihr Leben an den Vorstellungen anderer ausrichten und sich nicht trauen, ihre eigenen Vorstellungen vom Leben durchzusetzen. Aber wie kommt das eigentlich? Warum sagen Menschen immer wieder Ja, wenn sie Nein meinen? Was löst diesen Zwang aus, niemandem widersprechen oder etwas abschlagen zu wollen? Warum fällt uns das Ja-Sagen so leicht und das Nein-Sagen im Vergleich oft so unendlich schwer?

Das liegt an der Harmoniesucht, unter der die meisten abhängig denkenden und abhängig lebenden Menschen leiden. Die Anlage dafür haben wir als Herdentiere von Geburt an mitbekommen. Außerdem gehört es zu unserer Sozialkompetenz: In unseren zwischenmenschlichen Beziehungen streben wir in der Regel nach Harmonie. Wir möchten mit unseren Mitmenschen im Einklang leben und Konflikte vermeiden. Aber dass das Bedürfnis nach Gemeinsamkeit und Bestätigung durch andere in eine Sucht ausartet und wir deshalb nicht mehr Nein sagen und frei entscheiden können? Das ist mal wieder eine Folge unserer Erziehung. Und die gründet auf der Art, wie unsere Gesellschaft funktioniert.

Harmoniesucht ist das zwanghafte Bedürfnis, allen Konflikten aus dem Weg zu gehen und ständig nach Einigkeit zu streben. Auch dann, wenn wir uns unwohl fühlen und eine Auseinandersetzung nötig wäre. Menschen, die unter Harmoniesucht leiden, haben genau davor Angst. Sie sind bereit, ihre eigenen Bedürfnisse und Meinungen zugunsten der Harmonie in der Gruppe oder der Beziehung aufzugeben. Dieses Verhaltensmuster kann langfristig zu ungesunden Beziehungen führen und das eigene Selbstwertgefühl schwächen.

Wenn du deinem Partner einmal nicht aktiv widersprichst, obwohl du anderer Meinung bist, weil du gerade keine Energie für eine Diskussion hast, bist du deshalb noch nicht harmoniesüchtig. Hey, wir haben alle mal einen schlechten Tag, und manche Auseinandersetzungen brauchen das richtige Timing. Aber wenn du gewohnheitsmäßig Ja sagst, obwohl du eigentlich Nein meinst, hast du ein Problem. Wahrscheinlich hast du sogar eine Haufen Probleme, die alle darauf zurückzuführen sind, dass du es zu oft nicht geschafft hast, Nein zu sagen. Einseitige Beziehungen, Überlastung bei der Arbeit, finanzielle Probleme, Zeitmangel, mangelndes Selbstwertgefühl: Das sind alles typische Schwierigkeiten von Ja-Sagern.

Auch an deinem Verhalten in Gruppen kannst du erkennen, ob du harmoniesüchtig bist. Wenn du zum Beispiel nach Partys immer total ausgelaugt bist, obwohl du weder viel getanzt noch dir die Birne zugedröhnt hast, könnte das daran liegen, dass du die ganze Zeit damit beschäftigt warst, dich anzupassen. Vielleicht hast du bei einem Grüppchen gestanden, dessen politische Meinung dir gegen den Strich ging. Aber statt deine Meinung zu vertreten, hast du den Mund gehalten und nur hier und da mal einem Detail zugestimmt, um nicht aufzufallen und um von der Gruppe akzeptiert zu werden. Kein Wunder, dass du nach dieser Party total erschöpft und unzufrieden bist. Du hast dich ja die ganze Zeit selbst verleugnet und gegen deine eigenen Überzeugungen angekämpft!

Fühlst du dich von dieser Beschreibung getriggert? Gehörst du zu den Harmoniesüchtigen, wenigstens ein bisschen? Dann wird es höchste Zeit, etwas daran zu ändern.

Aber warum eigentlich? Was ist so schlimm an der Harmoniesucht? Warum hält dich die chronische Ja-Sagerei von deinen Zielen ab? Hier ist das Problem: Der einzige Mensch, zu dem du nicht Ja sagen kannst, bist du selbst. Und das ist eine Tragödie.

Was hinter der Harmoniesucht steckt, ahnst du natürlich: Bambi ist eine chronische Yes-Person. Bambi will immer und zu allem nur Ja sagen, um bloß keinen Streit zu riskieren. Wenn du Bambi ungefiltert deine Entscheidungen überlässt, würde es wahrscheinlich sogar noch einem Einbrecher die Tür aufmachen. Vielleicht lässt er ja aus purer Freundlichkeit wenigstens den Fernseher da, weil du so kooperativ warst.

Ist das realistisch? Nein, verdammt! Einbrecher lassen keine Fernseher stehen! Vorgesetzte bürden dir nicht weniger Arbeit auf, weil du dich angestrengt hast! Verkäufer verticken dir nicht aus freien Stücken das günstigere Produkt, weil es genauso gut funktioniert! Kinder erkennen die Grenzen ihrer Eltern nicht von selbst, wenn man sie ihnen nicht zeigt! Ein neuer Partner kann dir nicht ansehen, wenn dir etwas zu viel wird, ohne dass du es ihm sagst!

Harmoniesüchtige machen sich ihren Stress selbst. Mach dir das klar: Wenn du nicht lernst, Nein zu sagen, machst du dir selbst das Leben zur Hölle. Du allein bist verantwortlich dafür, wenn dir ständig alles zu viel wird und du keine Kraft mehr hast. Denn nur du kannst dir die Erlaubnis geben, Nein zu sagen. Du allein herrschst über die Grenzen deines inneren Reiches.

Hör auf, Bambi zu schonen! Der Artenschutz für feige Hirsche endet heute!

Ich weiß: Nein-Sagen ist am Anfang manchmal schwer, weil wir uns so ans Ja-Sagen gewöhnt haben. Du machst das ja nicht ohne Grund: Harmoniesucht ist eine Gewohnheit, die man oft früh im Leben erwirbt. Viele Harmoniesüchtige haben in ihrer Kindheit erlebt, dass Konflikte negative Auswirkungen haben – und deshalb gelernt, wie man sie vermeidet. Viele Harmoniesüchtige haben zum Beispiel ihre Eltern ständig streiten sehen und wissen deshalb, welche Folgen das für den Alltag hat. Manche haben auch Angst vor Ablehnung oder können sich selbst nicht so annehmen, wie sie sind. Also lieber abtauchen und alles abnicken, um von anderen akzeptiert und anerkannt zu werden. Lieber bei jeder Meinungsverschiedenheit klein beigeben, bevor es überhaupt zur Diskussion kommt, nur um dem Partner zu gefallen. Das machst du ein paar Mal, und schon schleift sich eine Gewohnheit ein. Harmoniesüchtige stellen ständig ihre eigenen Bedürfnisse hinter denen der anderen zurück. Wer lange genug so lebt, verleugnet seine Identität.

Wird man so seine Probleme los? Natürlich nicht, ganz im Gegenteil: Die stauen sich nämlich auf und werden mit der Zeit immer größer.

Kann man so seine Träume verwirklichen und nach den eigenen Regeln leben? Nein, kann man nicht. Weil die der anderen immer Vorrang haben.

Aber darin sind wir gut, denn mit diesem Verhaltensmuster wachsen wir auf: mit dem Vertuschen und Unterdrücken unserer tiefsten Gedanken und Sehnsüchte. Deshalb lieben zum Beispiel die Deutschen auch den Karneval so sehr: Da kann einmal im Jahr die Politesse mit dem Falschparker knutschen. Weil die beiden einmal im Jahr nicht Politesse und Falschparker sind, sondern Domina und Godzilla. Auf Kommando, wenn es erwünscht ist, kommen wir plötzlich raus aus unserer Komfortzone. Im Karneval sind Menschen plötzlich echt. Aber bloß nicht an den restlichen 361 Tagen des Jahres. Und deshalb ist der *Tatort* auch seit Jahrzehnten die beliebteste Sendung im Deutschen Fernsehen: Da kann man einmal in der Woche der Perversion unserer Gesellschaft in die Augen schauen, ohne sich dabei ertappt fühlen zu müssen. Und dann schnell wieder zurück in den alltagsgrauen Gewohnheitspulli – und schön in der Deckung bleiben.

Dabei wäre all das überhaupt nicht nötig und das Nein-Sagen durchaus möglich! Wir haben das Glück, in einer Gesellschaft zu leben, in der man im Grunde genommen sein darf, wer auch immer man möchte. Aber die wenigsten Menschen nutzen diese Freiheit. Warum trauen sich so wenige, den Kopf aus der Masse herauszustrecken? Vielleicht siehst auch du drei Gesichter, wenn du einmal wirklich, wirklich tief in den Spiegel schaust. Vielleicht hast auch du ein öffentliches Gesicht, das genauso aussieht wie das all deiner Kollegen und Nachbarn. Dein zweites Gesicht ist dein privates Gesicht für Freunde, Familie und Karneval. Und dann hast du noch ein geheimes Gesicht, das sich wünscht, auch nur einen Tag genauso zu sein wie seine Helden aus den wildesten Netflix-Partyfilmen und seine wildesten Fantasien und Lebensträume zu verwirklichen. Das öffentliche Gesicht trägst du draußen spazieren, gerade weil es wenig mit dir zu tun hat. Das geheime Gesicht geht in den Swingerclub, macht Urlaub auf Mallorca oder feiert in einem Festzelt in Oberbayern – einmal Drecksau sein – und hat ein Tattoo auf dem Hintern, wo es keiner sehen kann.

Das öffentliche Gesicht lebst du täglich, das zweite nur im engsten Kreis und das geheime nur zu besonderen Anlässen, für die du dich hinter verschlossenen Türen versteckst. Eigentlich müsste es umgekehrt sein. Dein Leben könnte Ekstase sein, wenn du dich trauen würdest. Aber du möchtest lieber nicht auffallen.

Deshalb machst du auch nicht den Eindruck, von dem du innerlich spürst, dass du ihn bei anderen hinterlassen könntest. Aber dafür müsstest du du selbst sein! Harmoniesüchtige werden im Berufsleben und anderswo oft nicht ernst genommen oder gleich ganz übersehen. Wodurch sollten sie denn auch auffallen, wenn sie nie ihre Meinung sagen oder eigene Ideen einbringen? Wer sich ständig anpasst, wird nie aus der Masse herausragen. Wenn deine Karriere nicht abhebt, obwohl du fachlich was drauf hast, könnte Harmoniesucht ein möglicher Grund sein: Niemand befördert oder engagiert jemanden, der nicht auf sich aufmerksam macht.

Studien zeigen sogar, dass eine zu starke Orientierung an Harmonie und Konfliktvermeidung ein Hindernis für die persönliche und berufliche Entwicklung sein kann. Menschen, die sich zu sehr auf Harmonie konzentrieren, können Schwierigkeiten haben, Führungspositionen zu übernehmen oder effektiv im Team zu arbeiten. Das liegt daran, dass sie möglicherweise Schwierigkeiten haben, Entscheidungen zu treffen oder kritisches Feedback zu geben.

Natürlich soll das alles nicht heißen, dass Harmonie immer etwas Schlechtes ist oder vermieden werden sollte. Wertschätzung und Respekt sind wichtige Erfolgsfaktoren, wo mehrere Menschen zusammenarbeiten. Aber erfolgreich kann man auch gemeinsam nur dann sein, wenn man sich gegenseitig Input gibt. Einschließlich offener, aber auch respektvoller Kritik, wenn etwas nicht funktioniert. Alles im Leben ist eine Frage der Balance, und das gilt auch für die Skala von Harmonie bis Disharmonie: offene Kommunikation ist nicht gleich Streit.

Wenn du wirklich erfolgreich sein willst, werden Konflikte auf die Dauer einfach nicht zu vermeiden sein. Es wird Menschen geben, die dich bremsen wollen, weil sie eifersüchtig sind. Ihnen gilt es Grenzen zu setzen. Und es wird Menschen geben, die dir gerade deshalb widersprechen, weil sie es gut mit dir meinen und dich vor einem Fehler bewahren wollen. Sie musst du von den Neidern unterscheiden können. Wer dich nur mag, solange du ihm blind zustimmst, der will nicht dich in seinem Leben, sondern nur deine Schmeichelei. Lerne Harmonie und Resonanz zu unterscheiden.

Um Bambi das Ja-Sagen auszutreiben, gibt es im Grunde nur einen Weg: Du musst lernen, mit Konflikten zu leben. Die sind nämlich ein ganz natürlicher Bestandteil des menschlichen Zusammenlebens. Jeder Mensch hat eigene Bedürfnisse und Meinungen, die sich manchmal nicht mit denen anderer Menschen decken. Das ist okay und normal. Konflikte können sogar dazu beitragen, Beziehungen zu vertiefen und Lösungen zu finden, auf die man ohne eine vorherige Auseinandersetzung nie gekommen wäre. Möglicherweise wusste der andere bisher ja nicht mal, dass es überhaupt ein Problem gibt!

Es ist wichtig, dass man lernt, für seine eigenen Bedürfnisse und Meinungen einzustehen und Konflikte anzusprechen. Das bedeutet nicht, dass man immer nur auf Konfrontation gehen sollte. Es geht darum, den Mund aufzumachen, wenn du etwas brauchst oder dir etwas gegen den Strich geht. Über unterschiedliche Meinungen und Erwartungen musst du reden, sonst wirst du immer zu kurz kommen. Und was tust du, wenn sich auf lange Sicht herausstellt, dass die Differenzen zwischen dir und einem Menschen zu groß sind, um langfristig denselben Weg zu gehen? Dann musst du die Konsequenz aufbringen, auch zu dieser Beziehung Nein zu sagen.

Ist das immer leicht? Nein, das ist es nicht. Offene Kommunikation erfordert Mut und Selbstbewusstsein. Harte Konsequenzen zu ziehen erst recht. Aber es ist ein wichtiger Schritt, um aus der Harmoniefalle herauszukommen und so zu leben, wie du es verdienst.

»Ja« ist ein Nagel zu deinem Sarg

Nein zu sagen ist aber nicht nur wichtig, um deine Überzeugungen und deine Ziele im Leben durchzusetzen. Das Ja-Sagen hat auch brutal schädliche Auswirkungen auf die ganz grundlegende Lebensqualität vieler Menschen. Es ist nämlich der Anfang vieler schlechter Angewohnheiten – und der Grund, warum sie bleiben.

Viele Menschen behaupten zum Beispiel, sie hätten durch äußere Faktoren mit dem Rauchen, dem Trinken, dem Kiffen oder irgendwelchen anderen Substanzen angefangen – oder auch mit anderen Süchten wie Spielen oder Klauen.

Bullshit! Niemand ist Raucher oder Trinker oder Spieler oder Kiffer, weil andere ihn dazu gemacht haben. Schieb es nicht auf die Umstände oder dein Umfeld, auch wenn das bestimmt eine Rolle spielt. Du selbst trägst die Verantwortung. Du hast es nicht hingekriegt, Nein zu sagen. Du bist Raucher oder Trinker oder Kiffer oder Spieler geworden, weil du Ja dazu gesagt hast. Und zwar nicht einmal, sondern immer wieder. Dein Ja ist, was dich süchtig macht!

Versteh mich bitte richtig: Ich verurteile niemanden für seine Sucht. Die meisten von uns sind in irgendeiner Weise mehr oder weniger süchtig. Und im Grunde wissen wir auch, dass das nicht richtig ist. Aber genau das ist eben auch die perfekte Ausrede: Meine Kumpels kiffen alle. Meine Freundinnen saufen im Klub doch auch. Wenn man das nicht macht, fällt man doch total auf. Ein bisschen Spaß muss doch noch erlaubt sein. Wie soll man denn sonst abschalten? Mein Papa trinkt jeden Abend zwei Flaschen Wein und lebt auch noch. Meine Oma hat jeden Tag zwei Schachteln geraucht und ist neunzig geworden.

Mir geht es aber hier und jetzt nicht um deine Oma, deinen Papa oder deine Freundinnen, okay? Mir geht es um dich. Du hast nach diesem Buch gegriffen, weil du in deinem Leben etwas anders machen willst als die meisten. Weil du das Beste aus deinen Möglichkeiten rausholen willst. Dazu gehört nicht nur, sich produktive Denk- und Lebensweisen anzugewöhnen, sondern auch, die schlechten loszuwerden. Im besten Fall pfeift dein inneres Bambi inzwischen auf dem letzten Loch; wir haben ihm ganz schön zugesetzt. Aber manche Gewohnheiten sind hartnäckiger als andere. Und Bambi ist eine echte Suchtpersönlichkeit. Bambi, das haben wir schon festgestellt, ist ein chronischer Ja-Sager. Und das ist praktisch die Definition von Suchtverhalten.

Erlaube mir deshalb mal wieder eine Runde Real Talk – und mir ist bewusst, dass es vielleicht deine eigene Familie oder irgendjemand in deinem Umfeld ist, über den ich jetzt spreche. Das kann wehtun, das weiß ich, und das muss es wohl auch. Bitte frag dich mal: Woran stirbt ein Raucher? Eigentlich ganz einfach: Er hat zu lange Ja zur Zigarette gesagt.

Meistens hat es angefangen, weil er als Jugendlicher dazugehören wollte. Als der coolste Typ aus der Clique ihm eine angeboten hat, wollte er keine Schwäche zeigen. So ging es immer weiter, jedes Mal, wenn ihm jemand eine Kippe hingehalten hat. Dann kam das Ja zur ersten eigenen Schachtel. Und irgendwann konnte er dann scheinbar nicht mehr anders, als Ja zu sagen. Zu niemandem im Besonderen, sondern einfach zur Kippe an sich. Das Ja war ein Automatismus geworden. An diesem Punkt hat die Sucht begonnen. Sucht stellt keine Fragen; Sucht nimmt sich, was sie will. Wenn du ihr nichts entgegenzusetzen hast, nimmt sie so lange, bis es nichts mehr zu nehmen gibt. Sucht, mach dir das klar, ist ein Killer. Jeden Tag unter ihrer Kontrolle – und als Süchtige oder Süchtiger bist du unter ihrer Kontrolle – lebst du freiwillig mit einem Killer unter einem Dach und subventionierst ihn auch noch. Das ist, als ob du dein freies AirBnB-Zimmer an Freddie Krüger vermietest. Und wenn deine Freunde zu Besuch kommen und dich schockiert zur Rede stellen, sagst du: »Ey, der ist echt ein ganz netter Typ, solange man ihm nicht blöd kommt. Häng doch auch mal 'ne Runde mit ihm ab, du wirst schon sehen.«

So entsteht Sucht, und so verbreitet sie sich auch. Ganz egal, ob es um Kippen oder Alkohol oder andere Drogen geht oder Spielen oder Fernsehen oder Shopping. Ja ist, was dich süchtig macht. Vielleicht nicht das erste Ja. Aber irgendein Ja irgendwo auf dem Weg von Neugier zu Abhängigkeit schickt dich über die Klippe. Und wenn du nicht aufpasst, irgendwann auch ins Jenseits.

Das Fiese an der Sucht ist auch, dass sie sich so unauffällig anschleicht. Das ist vor allem deshalb gefährlich, weil so viele Süchte total anerkannt und akzeptiert sind. Bei manchen kann man regelrecht von Konventionen sprechen. Einige sind auch bei Weitem nicht so gefährlich wie andere. Aber im Übermaß können auch sie dich negativ beeinträchtigen, und vor allem: andere Süchte begünstigen. Sucht ist etwas, was sich im Leben ausbreitet: von einer Substanz auf die andere, von einer Entscheidung zur nächsten, von einem Lebensbereich in den anderen.

Wir denken bei Sucht immer nur an die Gewohnheiten, die grundsätzlich nicht gut für uns sind: Gifte wie Nikotin oder Alkohol, kriminelle Handlungen wie Klauen, Glücksspiel. Aber in gewisser Weise sind solche Gewohnheiten noch gefährlicher, die gesellschaftlich total akzeptiert sind – zumindest dann, wenn sie außer Kontrolle geraten. Dazu gehören zum Beispiel Essen oder Gaming oder Shopping. All das kann dir dein Leben versauen, wenn es außer Kontrolle gerät. Und weil es so normal ist, zu konsumieren, um die Zeit totzuschlagen, ist es hier besonders schwer, die Grenze zwischen Normalität und Sucht zu ziehen.

Ich »detoxe« inzwischen regelmäßig meinen Körper. Dabei ist mir eines Tages aufgefallen, dass ich Abhängigkeiten aufgebaut habe, zum Beispiel von Kaffee und Zucker. Dafür kommt man nicht in den Knast, und deine Freunde werden deshalb wohl auch keine Intervention starten. Aber gerade deshalb hat es auch so lange gedauert, bis es mir aufgefallen ist. Bei meiner ersten Detox-Kur hatte ich plötzlich starke Kopfschmerzen. Inzwischen weiß ich: Die habe ich immer, wenn ich entgifte. Das liegt am Koffeinentzug. Klingt krass, ist aber so: Koffein macht stark abhängig, und der Entzug haut ganz schön rein. Deshalb mache ich das inzwischen zwei, drei Mal im Jahr. Ich nehme mir jedes Mal vor, danach nie wieder Kaffee zu trinken und nie wieder Zucker zu essen. Leider ist das aber Bullshit; es ist mir noch nie gelungen. Wenn es um diese Stoffe geht, das muss ich gestehen, bin ich leider süchtig. Aber diese Entgiftungsphasen sind megawichtig, weil sie dem Körper zumindest eine Pause geben. Bei schlimmeren Suchtstoffen reicht das natürlich nicht; zu denen muss man radikal Nein sagen, und zwar für immer.

Allein die Vorstellung macht Bambi, den kleinen Junkie, zur Furie. Hör nicht darauf. Das ist die Sucht, die du aus dir sprechen hörst. Sucht lügt und manipuliert und betrügt, um zu überleben. Sei gnadenlos. Einer von euch beiden muss dran glauben. Und ich will nicht, dass du das bist.

Ich weiß, das ist kein einfaches Thema. Aber das ist auch kein Wunder, denn die Sucht kann dich verdammt noch mal umbringen. Das nächste Ja kann buchstäblich der letzte Nagel zu deinem Sarg sein! Deshalb möchte ich dich dringend ermutigen, mal darauf zu schauen: Wovon bist du abhängig geworden? Wie viel hat das mit deinem Umfeld zu tun und wie viel mit dir und deiner Angewohnheit, Ja zu sagen? Werde dir darüber klar, welches Ja in deinem Leben zur Gefahr geworden ist. Und dann schick Bambi auf Entzug.

Nein heißt Ja zu dir selbst

In deinem Leben wird ein Punkt kommen, an dem du ganz klar Stellung beziehen darfst: Wo gehe ich hin? Was mache ich? Wer darf mitkommen und wer nicht? Was lasse ich von außen noch zu, und wozu sage ich in meinem zukünftigen Leben konsequent Nein?

Für mich war das Nein-Sagen einer der wichtigsten Schritte auf meiner persönlichen Reise. Denn auch mir fiel das Nein-Sagen früher total schwer! Ich wurde zum Ja-Sager erzogen. Auch in meinem früheren Job als Flugbegleiter wurde ich zu einem netten Service-Menschen ausgebildet. Aber es ist wichtig, zu lernen, wo die Grenze ist. Erst dadurch, dass ich dieses kleine Wörtchen zu einer gesunden Routine gemacht habe, konnte ich mein inneres Bambi wirklich in den Griff bekommen. In der Persönlichkeitsentwicklung ist es das wichtigste Wort überhaupt. Jedes Mal, wenn ich aus Überzeugung zu etwas oder zu jemandem Nein sage, sage ich damit gleichzeitig ganz laut Ja zu mir selbst. Nein, niemals werde ich aufgeben. Nein, niemals werde ich mich mit etwas zufrieden geben. Nein, ich lasse mich nicht ausnutzen.

Mit dem Nein endet die Zeit in deinem Leben, in der du dich verstellst, umbauen lässt oder von anderen manipuliert werden kannst. Wenn du lernst, Position zu beziehen, verändert sich dadurch gleichzeitig auch etwas um dich herum, und zwar ganz gravierend: Die Welt beginnt automatisch, sich nach dir zu richten. Nicht sofort und in jedem Fall und ganz und gar, aber sofort spürbar und immer öfter. Wenn du der Welt sagst, wo du hinwillst, macht sie dir Platz.

Gleichzeitig geschieht noch etwas, was erst das Nein dir ermöglicht: Die Menschen, die dich verstehen, weil sie ähnlich denken und eine ähnliche Vision haben wie du, erkennen dich als einen von ihnen – und stellen sich schützend um dich herum, wenn die Welt dich doch einmal zu verschlingen und zu unterdrücken versucht. In Tobis Army stehen wir auf Nein-Sager. Denn wer Ja zu sich selbst sagen kann, der ist genau richtig. Auch bei uns.

An diesem Punkt kommt man natürlich nicht von heute auf morgen an. Nein sagen ist keine Kleinigkeit, wenn man sein ganzes Leben lang Ja gesagt hat. Denn ein Nein muss man sich erst einmal zutrauen. Auch ich war früher von Selbstzweifeln zerfressen. In meinen Beziehungen zu meinen Lehrern, meinen Eltern und Freunden war ich der »people pleaser«: Ich wollte es allen recht machen und von allen geliebt werden. Vor allem aber wollte ich so wenig wie möglich auffallen. Denn wer auffällt, der wird auch anecken.

Wenn ich damals doch einmal gesagt habe, was ich wollte und was nicht, habe ich oft genau die gegenteilige Reaktion bekommen, die ich erwartet hatte: Diejenigen, von denen ich glaubte, sie würde mich unterstützen, hielten das, was ich vorhatte, für Mist. Und die, von denen ich glaubte, sie würden mich und meine Pläne ablehnen, stellten sich hinter mich und gaben mir Rückenwind.

Was uns vom Nein-Sagen abhält, ist oft die Angst, nicht mehr von allen gemocht zu werden, plötzlich allein dazustehen und keine Unterstützung zu haben. Genau genommen ist das Bambis größte Angst. Doch wie die meisten Ängste – das haben wir ja bereits festgestellt – ist diese Angst fast immer unbegründet.

Das erste Nein ist am schwersten, und trotzdem nicht halb so schwer, wie du glaubst. Probiere es einfach mal aus. Wenn du zum Beispiel das nächste Mal bei einer Party versucht bist, alles abzunicken und dich anzupassen, um nur ja nicht aufzufallen, fass dir einfach mal ein Herz: Statt deine wahre Überzeugung in irgendwelche Worthülsen zu packen oder einfach den Mund zu halten, sag einfach mal ganz genau das, was du denkst. Erteile Bambi Redeverbot und übernimm die Kontrolle über deine Worte. Woher sollen die anderen wissen, wer du wirklich bist, wenn du dich die ganze Zeit versteckst? Wie sollen die, die ähnlich denken und deine Vision teilen, dich denn erkennen, wenn du dich nicht zeigst?

Werden die Leute überrascht sein? Höchstwahrscheinlich. Werden manche blöd reagieren? Gut möglich. Wird sich die Spreu vom Weizen trennen und die, die dich wirklich verstehen und unterstützen, aus dem Schatten hervortreten und sich zu dir stellen? Auf jeden Fall.

Und das Beste ist: Danach wird jedes weitere Nein leichter. Weil du gelernt hast, dass die Welt sich weiterdreht, obwohl du nicht mehr zu allem und jedem Ja sagst. Weil du gemerkt hast, wer wirklich zu dir hält. Und weil du an der Freiheit geschnuppert hast, die nur die Nein-Sager unter uns jemals erleben werden: die Freiheit von der Sucht nach dem Ja-Sagen.

Wo ist deine persönliche Grenze, wo darfst du das Nein-Sagen lernen? Ich möchte, dass du darüber nachdenkst, wo du jetzt und in Zukunft ein Nein aussprechen musst. Aber woher weißt du überhaupt, wann und wozu du Nein sagen solltest? Alle reden zwar immer vom »Bauchgefühl« und davon, dass man nur seinen Instinkten vertrauen muss. Es stimmt zwar, dass bestimmte Entscheidungen dir ganz leichtfallen werden, wenn du einfach auf dein Herz hörst. Aber wenn es um konkrete Alltagsfragen geht, spielen oft alle möglichen Faktoren eine Rolle, und tausend Meinungen prasseln auf dich ein. Da ist es manchmal gar nicht so einfach zu entscheiden, was in diesem Moment für dich richtig ist und was nicht, was dir entspricht und was dir guttut.

Deshalb empfehle ich dir: Mach dir eine Liste mit deinen persönlichen Big Five. Das Buch *The Big Five for Life – Was wirklich zählt im Leben* von John Strelecky hat mir dabei sehr geholfen. Mit seiner Hilfe habe ich fünf Kriterien festgelegt, die ich auf jede wichtige Entscheidung in meinem Leben anwende. Sie hilft mir jedes Mal, wenn ich unsicher bin, ob ich zu etwas Ja oder Nein sagen will. Vor allem hilft sie dir, auch langfristig zu deinen Entscheidungen zu stehen, wenn es einmal schwierig wird oder Rückschläge gibt, denn sie kann dich immer wieder daran erinnern, warum du dich auf etwas eingelassen und etwas anderes abgelehnt hast.

Deine eigene Liste kann du natürlich nur selbst erstellen, denn jeder hat seine eigenen Big Five fürs Leben. Wenn ich entscheide, ob ich zu etwas Ja oder Nein sage, prüfe ich für mich die folgenden fünf Punkte, nach denen ich mein Leben ausrichte:

1. Habe ich Freude daran?
2. Tut es etwas Gutes für andere?
3. Kann ich dabei reisen?
4. Gibt es dabei etwas zu lachen?
5. Geht es darum, andere oder etwas groß zu machen?

Sind alle fünf Punkte erfüllt, sage ich Ja. Trifft einer nicht zu, werde ich schon skeptisch. Fallen zwei Punkte aus, bin ich raus. Seitdem ich das konsequent umsetze, funktioniert mein Leben so reibungslos wie noch nie zuvor. Denn ich muss mir keine Sorgen mehr machen, ob die Art, wie ich gerade lebe, zu meinem Warum passt.

Alles, was diesem Test nicht standhält, hat in meinem Leben nichts mehr zu suchen. Und nicht nur alles, sondern auch alle.

Denn es sind nicht nur Dinge, Aktivitäten und Gewohnheiten, zu denen du Nein sagen wirst, sondern auch Menschen. Vielen fällt das sehr schwer. Leichter wird es, indem du dir klar machst, dass du nicht nur dir selbst hilfst, indem du dich von bestimmten Menschen verabschiedest. Mit deiner Ehrlichkeit gibst du nämlich auch ihnen die Freiheit, neue Beziehungen mit neuen Menschen einzugehen, die besser zu ihnen passen, anstatt sich aus Gewohnheit an etwas zu klammern, was nicht mehr funktioniert. Du musst dich auch nicht wie ein Arschloch verhalten, nur weil du dich trennen willst. Das ist ja das große Missverständnis: Nein-Sagen macht niemanden zu einem schlechten Menschen. Trenne dich anständig und aufrichtig, dann wird der andere dich irgendwann vielleicht verstehen und für deine Entscheidung respektieren können. Zeige Wertschätzung. Bedanke dich für die gemeinsame Zeit. Wünsch der Person alles Gute. Und vor allem: Mach ohne Umschweife klar, warum du dich trennst: Weil ihr beide nicht mehr zusammenpasst, da du jetzt etwas anderes mit deinem Leben vorhast. Bitte den anderen, deine Entscheidung zu akzeptieren. Wenn er es tut, könnt ihr euch friedvoll trennen. Und wenn nicht, bestätigt das nur, dass du mit deiner Entscheidung richtigliegst.

Noch etwas kann dich ermutigen, wann immer dir ein Nein schwerfällt: Indem du lernst, Nein zu sagen, tust du nicht nur dir selbst etwas Gutes. Du ermutigst damit auch andere in deinem Umfeld, sich endlich aus der Rolle des »people pleaser« zu befreien und zu ihren Überzeugungen und Bedürfnissen zu stehen. Du wirst dadurch zum Kern einer Bewegung, die wie eine Welle um dich herum über deinen Kreis schwappt und andere mitreißt. Mit jedem, der sich traut und aufsteht und Nein sagt, wird sie höher und stärker – und spült alles weg, was nicht zu dir passt und nicht zu dir gehört.

Ein einziges Nein kann der Anfang von etwas Großem sein, denn es ist ein Ja zu dir selbst.

Verpisserwörter

Nein sagen ist ein Kommunikationsthema. »Nein« ist das beste Beispiel dafür, wie wichtig es ist, konkret zu kommunizieren. Nicht »wischiwaschi«, sondern geradeaus und auf den Punkt. Wer sich klar für oder gegen etwas entscheiden kann, der muss diese klare Haltung auch nach außen tragen. Warum? Damit andere wissen, woran sie mit dir sind, und sich an dir orientieren können. Ein klares Nein oder ein klares Ja sind dabei die wichtigsten Stellungnahmen.

Doch es gibt noch andere Worte, hinter denen wir uns verstecken, wenn wir nicht so richtig wissen, was wir wollen. Oft sind das Worte, mit denen wir uns um das klare Nein oder das klare Ja herumdrücken. Ich nenne solche Wörter »Verpisserwörter«. Und ich will, dass du aufhörst, sie zu benutzen. Sobald du deinen Mund aufmachst, sagst du der Welt, wer du bist. Studien haben gezeigt, dass Menschen, die großen Einfluss in Wirtschaft und Gesellschaft ausüben, besonders klar kommunizieren – und keine Verpisserwörter verwenden. Kommuniziere auch du ab sofort kristallklar, was du in deinem Leben willst und was du nicht mehr willst.

Ein Verpisserwort, das viele in jedem zweiten Satz benutzen, ist zum Beispiel »man«. Welche Männer meinst du denn, wenn du »man« sagst? Göttinnen brauchen keine Stellvertreter-Männer! Männer brauchen keine großen Brüder! »Man« ersetzt du ab sofort durch »ich«. Nicht: »Man müsste da mal was machen«, sondern: »Ich übernehme die Verantwortung dafür.« Nicht: »Man kennt das von …«, sondern: »Ich kenne das von …« Das »Ich« macht persönlich, was vorher verallgemeinert war. Und was verallgemeinert ist, das gilt gefühlt für niemanden.

Weißt du, was passieren wird, wenn du auf Verpisserwörter verzichtest? Dann schauen die Menschen in deinem Umfeld dich plötzlich ganz anders an, weil sie merken: Hoppla, da hat sich was verändert. Manche werden erschrocken sein. Manche werden sich abwenden. Und manche werden dich bewundern, wenn du plötzlich nicht mehr murmelst: »Man sollte sich mal mit finanzieller Freiheit beschäftigen«, sondern stattdessen verkündest: »Ich gehe nicht mehr saufen, denn in der Zeit kümmere ich mich jetzt um meine finanzielle Freiheit.«

Der Welt sagen, wo du hinmöchtest, ist nicht nur metaphorisch gemeint, sondern heißt auch ganz wortwörtlich: *Sagen, wo du hinmöchtest.* Wenn du das tust, wird die Welt dich hören, und die meisten Menschen werden dir Platz machen.

All die Konjunktive, mit denen du vermeidest, dich festzulegen: Das sind alles Verpisserwörter. »Würde«, »könnte«, »sollte«, »müsste« – gern in Kombination mit »man« – halten alles schön unverbindlich. Damit ist Schluss! Du hast gelernt, Nein zu sagen. Und wer Nein sagen kann, der kann sich auch festlegen. Du brauchst dieses Sicherheitsnetz nicht mehr, das dir immer noch eine Hintertür offenlässt. Hintertüren sind für Bambi, das ungesehen im Wald verschwinden will. Du gehst verdammt noch mal vorn rein, über den roten Teppich. Und wenn du irgendwo genug hast, dann gehst du über den roten Teppich wieder raus!

Neben den Verpisserwörtern, die du ab heute nicht mehr benutzt, gibt es auch noch die sogenannten Füllverpisserwörter. Das sind solche überflüssigen Blindwortdärme wie »eventuell«, »manchmal«, »eigentlich« und »vielleicht«. Die braucht man *vielleicht* manchmal – aber nicht an Stellen, wo sie nichts zu suchen haben. Sie dienen nämlich keinem anderen Zweck, als eine »eigentlich« konkrete Ansage zu verwaschen. Du verwendest sie, damit sich nur ja niemand darauf berufen und dich auf irgendetwas festlegen kann, eingeschlossen du selbst.

Hör auf, dich von deinem eigenen Kopf einlullen zu lassen, weil du das aus deiner Zeit als »people pleaser« noch so gewöhnt bist. Hör dir selbst zu. Achte darauf, wie du Worte verwendest, wann du auf eine bestimmte Weise sprichst, und warum. Unterbrich dich selbst, wenn du dich bei Verpisserwörtern ertappst. Nimm dich selbst beim Wort – dann können andere es auch tun. Kein Geschwurbel, sondern klare Aussagen.

Ab heute benutzt du keine Verpisserwörter mehr. Nicht »man«, sondern du. Ab wann? Ab jetzt.

Dein Herz schlägt offline

Großen Einfluss auf deine innere und äußere Freiheit haben auch andere Gewohnheiten, die wir für völlig »normal« halten. Zum Beispiel sagen wir alle viel zu oft Ja zum Internet und zur ständigen Erreichbarkeit. Smartphones – oder vielmehr das, was man damit anstellen kann – können süchtig machen. Nicht jeden, nicht unbedingt, aber sie können. Ähnlich wie beim Gaming oder bei der Spielsucht kann die Nutzung von Social Media, Internetpornos und Online-Spielen im Laufe der Zeit zu einer sogenannten Verhaltenssucht ausufern.

Das Leben stören sie aber schon lange, bevor es so weit kommt. Sag mir, dass dich das nie betrifft: Statt mit jemandem zu reden, der dir gegenüber sitzt, glotzt du auf den Bildschirm. Stimmt's? Statt an deiner Vision zu arbeiten, daddelst du. Richtig? Statt Zeit mit deinen wichtigsten Menschen zu verbringen, lässt du dich von Messages und Posts ablenken. Oder?

Mir ging es nicht anders. Ich hatte früher auch Angst, dass ich was verpassen könnte. Wollte dabei sein, dazugehören, auf dem Laufenden sein. Bis ich irgendwann gemerkt habe, dass es gar nicht mehr um mich geht und darum, was ich brauche. Irgendwann ist mir aufgefallen, dass es um das Smartphone selbst geht und um das, was andere mir auf diesem Wege verklickern wollen. »Tobi«, habe ich eines Tages zu mir selbst gesagt, »du bist kein Smartphone-Nutzer. Dein Smartphone ist ein Tobi-Nutzer!«

Warum machen wir uns von Geräten abhängig, die uns nur scheinbar verstehen, weil Algorithmen das vortäuschen? Das tun wir nicht, weil wir ohne sie nicht leben können. Sondern weil wir glauben, dass das von uns erwartet wird. Wir verfallen der Erreichbarkeit und dem Always-on-Bullshit aus demselben Grund, aus dem wir alle anderen schlechten Gewohnheiten in unser Leben lassen: Weil die anderen es auch so machen. Wir haben Angst, dass wir nicht dazugehören, wenn wir nicht mitmachen. Dass wir ausgeschlossen werden und etwas verpassen. Wir werden abhängig, weil wir es zulassen. Weil wir Ja dazu sagen.

Guess what: Zu allem, was dich an deinem Smartphone stört, kannst du Nein sagen. Das Leben geht deshalb nicht zu Ende. Im Gegenteil. Ich habe es getan, und ich lebe seitdem noch besser als vorher. An 99 Prozent aller Tage in meinem Leben geht es mir echt gut, und zwar den ganzen Tag, nicht nur stundenweise. Dabei hat eine ganz große Rolle gespielt, dass ich meinen Smartphone-Gebrauch in den Griff bekommen habe. Denn das hat mir mehr nutzbare Zeit verschafft.

Es war ein entscheidender Moment, als es mir endlich gelungen ist, mir die Kontrolle darüber zurückzuholen, wie ich mich informiere und welche Informationen ich konsumiere. Ich habe aufgehört, mich von diesem Gerät abhängig zu machen, das Alarm schlägt, damit ich draufschaue. Dieses andauernde Zudröhnen mit Nachrichten hat mich schier wahnsinnig gemacht. Weißt du, was ich getan habe? Ich habe alle Nachrichten-Apps auf meinem Handy gelöscht. Und noch etwas habe ich mich getraut, was manche Leute in meiner Umgebung ganz nervös gemacht hat: Ich habe alle Push- und Pop-up-Funktionen deaktiviert. Das heißt, mein Gerät hat keinen Zugriff mehr auf meine Aufmerksamkeit. Es kann mich nicht mehr ablenken, wenn ich es nicht dazu auffordere. Wenn es eine Neuigkeit gibt, bekomme ich keine Benachrichtigung – abgesehen von Ausnahmen, die ich bewusst zulasse. Wenn zum vierten Mal in einer Woche die Welt untergeht, erfahre ich davon nichts, bis ich in die Nachrichten schaue. Wenn in irgendeinem sozialen Netzwerk jemand meine Beiträge hated, werde ich darüber nicht mehr informiert, außer wenn ich gezielt nachsehe. Warum soll ich mir davon den Tag und die Laune und meine Konzentration kaputtmachen lassen? Ich bin nur noch auf Empfang, wenn ich es so will – nicht, wenn das Gerät mich dazu auffordert.

Ich bin doch nicht den ganzen Weg in die Unabhängigkeit gegangen, um dem verdammten Schwarm zu folgen und mich von künstlichen Intelligenzen herumkommandieren zu lassen!

In regelmäßigen Abständen mache ich außerdem noch etwas, und das hat sogar mein Team blass werden lassen: Digital Detox. Hin und wieder schalte ich mein Smartphone und die anderen Geräte für einige Tage komplett aus. Wenn ich nach Thailand meditieren gehe, bleibt mein Smartphone zum Beispiel ausgeschaltet im Koffer. Wenn ich an etwas wirklich Wichtigem arbeite und nicht gestört werden will, bin ich einfach nicht auf Empfang. Da will ich mit mir und meiner Vision allein sein. Und dann gibt es die Gelegenheiten, wenn ich mich total auf bestimmte Menschen einlassen und nur mit ihnen in Kontakt sein will. Da muss der Rest der Welt draußen bleiben. Mein Herz schlägt schließlich offline, nicht online. Und deines auch!

Vielleicht findest du das alles ein bisschen zu radikal. Ich sage auch nicht, dass du es genauso machen musst. Aber ich rate dir dazu, es erst einmal mit krassen Maßnahmen zu versuchen. Dann kannst du nachbessern, bis du für dich den richtigen Weg gefunden hast und weißt, was in deinem Leben wirklich nötig ist und was nicht. Aber ich bitte dich: Triff diese Entscheidung bewusst. Lass sie nicht Konzerne oder Algorithmen oder einen Schwarm für dich treffen, der dich nicht kennt und immer nur stumpf verallgemeinert.

Hol dir die Kontrolle über dein Leben zurück. Lerne Nein zu sagen – nicht zum Smartphone grundsätzlich, sondern zur Abhängigkeit davon. Schalte es mal für ein, zwei Wochen aus, wenn du kannst. Wenn du die Erfahrung gemacht hast, dass es geht, wirst du es wieder tun. Und dann dreh den Spieß einfach um: Bau das Smartphone und das Internet und alle Kommunikationsmedien so in deinen Alltag ein, wie es dir und deinen Zielen hilft.

Mit alldem will ich übrigens nicht sagen, dass du dich nicht informieren und für nichts und niemanden mehr erreichbar sein sollst. Es geht um Kontrolle statt Passivität. Wer für alles offen ist, ist nicht ganz dicht! Informieren mit ausgewählten Quellen ist der Schlüssel. Das Hirn mit unnötigen Infos zumüllen, die du überhaupt nicht alle verarbeiten und behalten kannst, bringt gar nichts. Wähle deine Informationen weise und konsumiere minimal. Wie bei der Ernährung sollte auch beim Informationskonsum deine Diät zu deinen Zielen passen.

Sag Nein zur Smartphone-Abhängigkeit und ständigen Erreichbarkeit. Werde zum Nutzer deines Smartphones, anstatt dich benutzen zu lassen. Und dann werde vom Nutzer zum Benutzer einer Plattform und biete Produkte und Dienstleistungen an, die anderen Menschen dienen.

TEIL III
No More Bambi

Disziplin ist, wenn's Spaß macht

Warum es dir nie wieder an Antrieb fehlen wird

Willkommen in deinem Leben als *Reh*bellin oder *Reh*bell! Du hast den Sprung auf die andere Seite geschafft und dich dabei von keinem Scheinwerfer blenden lassen. *Reh*spekt!

Vielleicht geht es dir im Moment wie vielen Menschen, die sich aus der sogenannten Normalität herauswagen und ihre wahre Größe einnehmen. Wenn sie endlich den Sprung in die Unabhängigkeit schaffen, nehmen viele eine Sorge aus ihrem fremdbestimmten Leben trotzdem noch mit: Packe ich das auf Dauer? Kann ich den Drive mitnehmen? Oder geht mir unterwegs irgendwann der Saft aus, und ich fahre mit meinen ganzen Ideen und meinen großen Träumen gegen die Wand? Hatte Bambi am Ende doch recht, und mein Antrieb kann nicht mit meinen Ambitionen mithalten? Ich bin schon unzähligen Menschen begegnet, die sich diese Fragen gestellt haben. Denn die Sphäre, in der du jetzt unterwegs bist, ist ja noch ganz neu für dich, und niemand in deinem bisherigen Leben hat dich darauf vorbereitet.

Ich bin gekommen, um dir diese Bedenken zu nehmen. Bedenkenträger warst du in deinem alten Leben, weißt du noch? Nein, dir wird es nie wieder an Antrieb fehlen. Diese Schwelle hast du überschritten. Was dir noch fehlt, ist etwas ganz anderes, und daran muss man sich in einem selbstbestimmten Leben erst mal gewöhnen: Du bist jetzt die Queen oder der King deiner Existenz. Du machst die Regeln. Du bestimmst, wo es langgeht.

Und das bedeutet auch: Du bist jetzt die Person, die sich selbst in den Arsch treten muss. Motivation ist an diesem Punkt nicht mehr dein Problem. Dieses Problem hast du mit Bambi aus dem Haus gejagt. Woran es dir an diesem Punkt möglicherweise noch fehlt, ist etwas ganz anderes: Disziplin. Allein die Sorge, dass dir die Puste ausgehen könnte, zeigt, dass du dir noch nicht genügend vertraust. Du zweifelst noch daran, ob du dich wirklich im Griff hast. Und wenn du deine Gedanken nicht kontrollieren kannst, dann kannst du auch dein Tun nicht kontrollieren.

Die gute Nachricht ist: Disziplin ist einfach. Wir glauben, Disziplin wäre etwas Unangenehmes für brave Schüler, spaßgebremste Anzugträger und selbstlose Söldner. Schlag dir diesen Bullshit aus dem Kopf, den das Schulsystem und die Normgesellschaft mit ihren Acht-Stunden-Jobs dir so eingetrichtert haben. Disziplin heißt nicht, auf Anweisungen zu hören, Regeln zu befolgen und dem vorgestanzten Pfad zu folgen. Disziplin heißt, konsequent deiner Vision zu folgen. Disziplin ist nicht das, was dich einschränkt und fremdsteuert. Disziplin ist das, was dich ans Ziel bringt.

Deshalb, das will ich gar nicht leugnen, macht Disziplin nicht immer Spaß. Aber sie macht glücklich. Und das ist ein Unterschied, den wir dringend klären sollten. Denn wenn du den verstanden hast, findest du Disziplin nicht mehr abschreckend, sondern hast Bock darauf. Du wirst sehen!

Spaß und Glück sind zwei Begriffe, die wir leider oft verwechseln – und das ist ganz gefährlich. Glück ist, wenn du abends allein in deinem Bett liegst, die Augen zumachst, in dich hineinhörst und vor Dankbarkeit am liebsten gleich wieder aufspringen würdest. Spaß ist, wenn wir uns mit irgendetwas berieseln oder auch von irgendetwas zuballern lassen, was sich kurzzeitig gut anfühlt und uns deshalb von unseren Problemen ablenkt. Muss auch manchmal sein, taugt aber nicht als Lebenseinstellung. Und genau das ist ein Fehler, den viele leider machen: spaßgesteuert leben statt sinngesteuert. Ersteres macht Laune, Letzteres macht glücklich.

Womit dröhnst du dich zu – nicht hin und wieder mal, sondern öfter, als gut für dich ist? Sei jetzt bitte ehrlich mit dir selbst, denn du weißt es genau. Du bist kein dumpfer Lemming mehr, der den Unterschied zwischen »richtig« und »üblich« nicht versteht. Dass alle es machen, ist für dich keine Ausrede mehr: Du triffst jetzt deine eigenen Entscheidungen. Bambi ist nicht mehr da, um dir süße Rechtfertigungen ins Ohr zu säuseln, bis du wieder ins Normalo-Koma fällst. No more Bambi!

Netflix, Youporn, die ganze *Unten*haltungsindustrie, spielen, saufen, kiffen: Das alles kann Spaß machen, nützt aber nichts. Das zu tun, was dich glücklich macht, tut so viel mehr für dich: Es ist der Schlüssel zu einem dauerhaft erfüllten Leben.

Weißt du, warum ich dir diesen Unterschied überhaupt erklären muss? Nicht, weil du ihn noch nicht kennst. Du kennst ihn nämlich, du hast ihn nur vergessen. Du hast ihn verdrängt. Irgendwo auf deinem Lebensweg hast du ihn verloren. Während du erwachsen geworden bist, ist das Glück dir entfallen.

Kindern muss man nicht erklären, was Glück ist. Bei denen ist das Normalzustand. Mindestens mal, bis sie zwei Jahre alt sind. Da schleichen sich die ersten Zweifel ein – in Gestalt von Papa und/oder Mama, die morgens zur Arbeit gehen und abends von der Arbeit nach Hause kommen. Das läuft ungefähr so ab. Das zweijährige Kind fragt den Papa: »Wo gehst du hin?« – »Papa geht arbeiten«, antwortet Papa, ganz fröhlich über sein sprechendes Kind. Und dann geht er los, der Papa, mit morgendlich-frischer Restenergie, gekämmten Haaren,

Deo unter den Armen und halbwegs präsentabel auf dem Weg ins Büro, und das Kind denkt sich: »Arbeiten? Das muss ich genauer wissen. Was kann denn das sein, das scheinbar wichtiger ist als ich?«

Und dann wird erst mal die Welt erobert und alles andere erledigt, was Kinder den ganzen Tag lang so machen, während ihre Eltern irgendwo rackern, anstatt die Welt zu erobern.

Davon erfährt es bald, nämlich acht oder zehn oder vierzehn Stunden später – je nachdem, wo Papa so arbeiten geht. Aber Moment mal, das ist doch nicht Papa, der da zur Tür reinkommt! Wer hat denn verdammt noch mal den Zombie in die Wohnung gelassen? Der sieht vielleicht noch ungefähr aus wie Papa, aber was ist denn da los: das Gesicht grau, der Rücken krumm, das Deo versagt, und diese Geräusche! Ein einziges Stöhnen und Ächzen und Knarzen statt gut gelaunter Babysprache wie heute Morgen noch. Das Kind versucht, seine Aufmerksamkeit zu bekommen, aber vergebens: Der Zombie mit dem Tunnelblick scheint vergessen zu haben, dass in dieser Wohnung noch irgendwas lebt. Wie ein nasser Sandsack lässt er sich aufs Sofa fallen und beginnt auf der Stelle zu faulen.

Und dann kommt der andere Elternteil aus der Küche, der selbst gerade erst von der Arbeit zurückgekehrt ist, und fragt den zuletzt eingelieferten sorgenvoll: »War es schwer bei der Arbeit?«

»Ja, so schwer! Ganz schrecklich war es heute! Ich bin so kaputt.«

»Hier«, presst das andere Arbeitstier mit krummen Rücken und letzter Kraft hervor. »Ich hab dir ein Bier mitgebracht!«

Und dann betäuben sie gemeinsam ihre Schmerzen mit Alkohol und sehen sich an, wie andere Menschen im Fernsehen die Sau rauslassen, weil sie selbst keine Kraft mehr dafür haben. Und dann schlafen sie irgendwann ein.

»Hm«, denkt sich das Kind, »das mit dem Arbeiten scheint ja nicht so geil zu sein.« Und in diesem Glauben wächst es auf – und geht selbst irgendwann arbeiten.

Ahnst du, wie wütend mich das macht? Damit muss Schluss sein! Eltern müssen aufhören, ihren Kindern das Leben zu vermiesen, bevor es überhaupt richtig begonnen hat. Was können denn Kinder dafür, dass ihre Eltern den falschen Job machen? Falls du also Kinder hast und im Moment noch in einem Job arbeitest, von dem du abends erschöpft und frustriert nach Hause kommst, tu mir bitte einen Gefallen: Hör auf, deinem Kind zu vermitteln, dass Arbeit etwas Schlechtes ist, was einem das Leben verdirbt. Genau das lernen sie nämlich aus diesem Verhalten. Bis die Brut schläft, ist Disneyland angesagt! Stöhnen kannst du danach.

Natürlich kann das nur eine Zwischenlösung sein. Was du wirklich brauchst, ist eine Arbeit, die dich glücklich macht. Spaß, falls du dich daran noch erinnern kannst, ist das, was zwischendurch mal kurz kribbelt. Deshalb ist es auch Quatsch, was manche behaupten: dass Arbeit immer Spaß machen muss. Arbeit muss etwas ganz anderes: Die Tätigkeit, mit der du den Großteil deines Lebens verbringst, muss dich verdammt noch mal glücklich machen! Spaß verpufft in Minuten oder Stunden. Glück wirkt nach, im Idealfall ein Leben lang.

Eins aber ist Glück nicht und kann es nicht sein: ein Dauerzustand. Glück ist nämlich ein Kontrasterlebnis. Ohne sein Gegenstück, das Leid, vergessen wir, was Glück eigentlich ist. Wir müssen beide Enden dieser Skala erfahren, um das eine vom anderen zu unterscheiden. Nur dann können wir das Glück überhaupt schätzen, wenn wir es endlich finden. Im Kapitel »Folge dem Schmerz« hast du viel über das Leiden gelesen: den Zustand, wenn ein Mensch sich der Negativität ergibt. Deshalb weißt du, dass das Glück jenseits der Schmerzen liegt. Du findest es, indem du den Schmerz wahrnimmst, hindurchgehst und daraus lernst. Weil du gelitten hast, kannst du anschließend Glück empfinden.

Mit dem Glück ist es also wie mit allem im Leben: Jeder Zustand und jede Empfindung braucht ein Gegenstück, das die Balance herstellt. Um den Regenbogen zu sehen, braucht es Regen und Sonne. In der fernöstlichen Lehre gibt es Yin und Yang, die sich gegenseitig bedingen. Das Meer durchläuft einen unendlichen Zyklus von Ebbe und Flut. Auch die Sonne und der Mond wechseln sich ab: Auf der einen Halbkugel muss Nacht sein, damit auf der anderen die Sonne scheinen kann.

So ist es auch mit dem Glück, und dieser Realität müssen wir alle uns im Leben stellen: Du kannst nicht immer glücklich sein. Du musst die Abwesenheit von Glück in deinem Leben gespürt haben, um das Glück in vollen Zügen zu genießen. Die Erfüllung liegt in der Balance.

Mach's dir richtig ungemütlich

Weißt du, was dich auf keinen Fall glücklich machen wird? Geld. Geld und alles, was du damit kaufen kannst.

Vielleicht überrascht dich das. Glaub mir, ich habe ganz und gar nichts gegen Geld. Geld macht das Leben leichter. Geld macht in gewisser Weise sogar unabhängig, wenn auch nur in einem äußeren Sinne. Beim unabhängigen Denken, und das ist der Beginn eines unabhängigen Lebens, kann Geld dir nicht helfen. Schon deshalb nicht, weil es in der Regel andersherum läuft: Menschen denken sich erfolgreich, und das Geld ist eine Folge davon. Deshalb ist der Glaube, dass Reichtum das Ziel ist, Unsinn. Reichtum ist ein schöner Nebeneffekt von Erfolg und Unabhängigkeit. Er ist nützlich, um bestimmte Ziele zu erreichen und vor allem, um anderen zu helfen. Aber glücklich wird er dich nicht machen. Geld ist ein Hilfsmittel, kein Wert an sich.

Deshalb kann ich dir nur raten, dich so früh wie möglich auf deiner Reise von Materiellem zu lösen, genauer gesagt: von der Abhängigkeit von Materiellem. Je leichter dein Gepäck ist, desto schneller wirst du ankommen. Du hast mehr Ressourcen für deine Pläne zur Verfügung, wenn du sie nicht in Dingen bindest, die du nicht brauchst und die nichts für deine Vision tun. Und vor allem hast du weniger mentalen Druck, deinen Lebensstandard aufrechtzuerhalten, wenn du deine Zufriedenheit nicht an materielle Kriterien bindest.

Vorsicht, dass die Dinge, die du besitzt, nicht irgendwann dich besitzen!

Viele denken, erfolgreiche Menschen sind glücklich, weil sie sich alles leisten können. Aber weißt du was? Diejenigen, die dir das vorleben, sind meistens gar nicht die wirklich reichen Menschen, sondern irgendwelche Poser auf Instagram, die einen reichen Lifestyle simulieren. Denkst du, die sind glücklich? Ich glaube das nicht. Ich glaube, im Idealfall haben die Spaß – für eine Weile. Und selbst wenn es wirklich erfolgreiche und reiche Menschen sind, denen du beim Spaßhaben zusiehst, dann ist diese Insta-Story nur ein winziger Ausschnitt aus ihrem wahren Leben. Gut für die PR, aber nicht das, was sie im Innersten erfüllt. Was uns wirklich glücklich macht, passiert in der Regel nicht vor der Kamera. Spaß ist laut, während Glück oft ganz still ist. Weißt du, wofür Stars ihre Kohle ausgeben? Um in Unterhose auf ihrem Sofa zu hocken und mit wirren Haaren gedankenverloren aufs Meer zu schauen, während der Rest der Welt sie mal kreuzweise kann. Sie geben Geld aus, um Stille zu bekommen. Sie werden erfolgreich, um die einfachen Dinge genießen zu können.

So sieht Zufriedenheit aus. Und Zufriedenheit schlägt Reichtum jeden Tag.

Sich von materiellen Dingen zu lösen, ist eine der Stufen der persönlichen Entwicklung. Wirklich große Menschen erkennt man daran, dass sie das schon verstanden haben, bevor sie reich geworden sind. Viele Millionäre, die ich kenne, pfeifen auf übertriebenen Luxus! Die haben nämlich etwas Besseres zu tun, als das Silber zu polieren. Die haben keine Zeit, den neuesten Fashion-Trends zu folgen. Die verstehen gar nicht, was sie mit zwölf Supersportwagen in der Garage anfangen sollen. Sieh dir Steve Jobs an: Der hat nie was anderes angehabt als einen schwarzen Rollkragenpullover, obwohl er märchenhaft reich war. Der Dalai Lama ist ein Superstar und zieht in einer Mönchsrobe um die Welt. Viele Gründer mittelständischer Unternehmen, die das Herz der deutschen Wirtschaft bilden, sind mit achtzig noch jeden Tag im Büro, anstatt im Golfresort Hummer zu fressen, bis der Privatarzt kommt. Reichtum macht nicht glücklich! Einer der größten Schockmomente in meinem Leben war, als ich die erste Million Euro auf meinem Konto hatte – und bemerkte, dass sich nichts, aber auch gar nichts geändert hatte.

Darum mach es dir ruhig mal richtig ungemütlich, um dich auf die wesentlichen Dinge im Leben konzentrieren zu können. Spätestens, wenn du selbst genügend Geld hast, wirst du feststellen, dass die Erfüllung in den einfachen Dingen liegt. Wenn du dich von Materiellem besitzen lässt, verlierst du den Blick dafür. Bewahre ihn dir, indem du immer wieder ausmistest, entgiftest und dich auf das fokussierst, was dir wirklich Freude schenkt. Je näher du deiner wahren Größe kommst, desto besser wirst du wissen, was du wirklich brauchst und was nicht. Geh einmal im Jahr ins Kloster zu einem Retreat. Mach eine Woche Meditationskurs oder eine Woche Ayurveda-Kur. Auch Vipassana-Yoga ist ein großartiges Tool, um den eigenen Kern zu finden und Ablenkungen effektiv auszublenden. Lerne das Fake-Glück zu ignorieren, dass die Narzissten dir bei Instagram vorspielen wie Pornodarsteller einen Orgasmus. Das eine ist nicht echter als das andere. »Flexen«, sprich: prahlen, wie das in der Jugendsprache heißt, macht nicht glücklich, es kostet nur viel!

Mach's dir richtig ungemütlich, dann wirst du erfahren, was Glück wirklich ist.

Sei härter als das Leben

Auf eines musst du in deinem Leben ohne Bambi vorbereitet sein: Diese Reise wird nicht reibungslos verlaufen. Jeder Weg, den es sich zu gehen lohnt, hat Härten. Manchmal wirst du um eine Ecke biegen und schwören, du hättest gerade doch wieder Bambis schneeweißes Popöchen im Gebüsch verschwinden sehen. Das sind die Momente des Zweifelns, die zu jeder großen Herausforderung dazugehören. Das sind die Rückschläge, die dich testen. Jedes Mal, wenn du so einen Test bestehst, wirst du wieder ein Stück stärker.

Hier kommt schon die erste Prüfung. Du musst jetzt stark sein, wenn ich dir sage: Du bist Bambi nicht ein für alle Mal losgeworden. Immer wieder einmal in deinem Leben wirst du Bambi erneut eins auf die Zwölf hauen müssen, damit es sich verkrümelt. Bambi, so wie der innere Schweinehund und anderes nerviges Getier, stirbt nie wirklich. Irgendwo tief in dir drin lebt Bambi weiter wie die Erinnerung an einen niedlichen Disney-Film, den du als Kind zum letzten Mal gesehen hast. Manchmal wirst du das Bedürfnis haben, zu Bambi zurückzukehren, dich gemütlich bei ihm einzukuscheln und die ganze Sache mit der Persönlichkeitsentwicklung zu vergessen. Und jedes Mal, wenn du dieser Versuchung nicht nachgibst und stattdessen weitermachst, erlebst du einen gigantischen Wachstumsschub.

Erinnerst du dich an meine Fahrt ins Kloster in Thailand, als ich dachte, ich würde mitten im Nirgendwo auf der Ladefläche eines Pickups das Zeitliche segnen? Das war ein hartes Stück Weg, das ich an diesem Tag zurückgelegt habe. Das Hauptproblem war ich selbst mit meinen inneren Widerständen. Aber die Strecke selbst hat auf jeden Fall ihren Teil dazu beigetragen: mehr Schlagloch als Straße, mehr aufgewirbelter Staub als Himmel, mehr Abgas als Frischluft und vor allem: mehr Ungewissheit als Halt auf der ungesicherten Ladefläche. Da kann einem schon mal schlecht werden vor lauter Abenteuer. Und doch bin ich angekommen, obwohl ich es unterwegs selbst kaum noch für möglich gehalten habe.

Das sind die Tage, von denen ich rede: die mit den Zweifeln, den Pannen, manchmal sogar mit nackter Angst, wenn du auf offener Straße dem Horizont entgegenrast. Aber gib nicht auf. Bleib auch an diesen Tagen stark. Jedes Mal, wenn dir das gelingt, machst du es dir für die Zukunft ein bisschen leichter. Denn wie an alles im Leben gewöhnt man sich auch an die Veränderung. Jede Prüfung stählt dich für die nächste. Je weiter du gehst, desto weniger kann dich noch schrecken. Schon bald wirst du lachen über das, was andere als Herausforderung empfinden.

Dass du dich weiterentwickelt hast, erkennst du nicht daran, dass das Leben leichter geworden ist. Du erkennst es daran, dass du härter geworden bist.

Unterwegs wird es viele Angebote geben, die dir Erleichterung versprechen. Manche davon mögen tatsächlich gut für dich sein und deinen Akku aufladen. Ein Ersatz für deine innere Stärke ist aber keines davon. Ja, du kannst meditieren, Yoga machen, Minimalismus praktizieren, dich ayurvedisch ernähren und den Jakobsweg gehen. Vieles davon habe ich selbst ausprobiert. Manches habe ich bis heute beibehalten, weil es mich fokussiert, entspannt oder reinigt. Aber gerade deshalb kann ich dir auch aus Erfahrung sagen: Nichts davon befreit dich von der Realität. Nichts davon ersetzt die Bereitschaft, dich reinzuhängen. Nichts davon nimmt dem Leben seine Härten. All das kann dich unterstützen – aber es ist nicht das Ende vom Regenbogen.

Echte spirituelle Praktiken, das haben wir schon festgestellt, sind keine gechillte Freizeitbeschäftigung. Sie sind knallharte Arbeit in und an dir selbst. Also lass dich nicht von irgendwelchen Scharlatanen vom Weg abbringen, die dir Nirwana ohne Stress versprechen. Das ist kein Ersatz für persönliches Wachstum, sondern nur wieder der Versuch, die Verantwortung nach außen zu verlagern.

Lieber erleuchteter Süßwasserkarpfen: Es ist mir egal, wie spirituell du bist. Es kümmert mich nicht, wie lange du in der Schwitzhütte hocken bleiben oder die Krähenpose halten kannst. Mich schert nicht, welche Planeten in welche Häuser deines Geburtshoroskops fallen, wie viele Kristalle du hast oder wie vegan deine Ernährung ganz genau ist. Ich möchte sehen, dass du am Tisch erscheinen kannst – egal wie glänzend, chakrisch offen oder vollständig du gerade bist oder auch nicht.

Es interessiert mich nicht, wie viele Online-Heilausbildungen du hast, ob du in der Wüste oder in einer Blockhütte lebst oder ob du Tantra machst und alle vier Gliedmaßen gleichzeitig vom Boden abheben kannst, um der Wirklichkeit zu entflattern. Was mich anmacht, sind fleißige Hände.

Es interessiert mich nicht, dass du in die fünfte Dimension aufsteigen kannst, dass du astrale Reisen machst und dass dein Bewusstsein deinen Körper verlassen und von außen betrachten kann. Ich möchte sehen, wie schön du dich mit deiner einzigartigen Magie in die gewöhnliche Realität integrierst.

Was auch immer dir Energie schenkt, wie auch immer du es anstellst: Ich möchte sehen, dass du auf dieser herrlich unordentlichen Erde die harten Dinge tun kannst. Ich möchte sehen, dass du selbst während deiner Erfolge zurücktreten und demütig genug sein kannst, um wieder Schüler zu sein. Ich möchte sehen, wie du weitermachst, wenn dir eine eiskalte Welle Realität mit voller Wucht ins Gesicht klatscht und Bambi dir genau in diesem Moment ein Türchen in die flauschige Lounge deiner alten Normalität aufhält, wo das Leben wieder einfach und vertraut und weich wäre. Aber das ist nicht die Tür, durch die du gehen willst.

Wenn du den einfachen Weg gehst, wird dein Leben hart sein. Wenn du den harten Weg gehst, wird dein Leben einfach sein. Also gib nicht auf. Geh weiter und immer weiter, auch an den schlechten Tagen. Geh durch die Tür, die das Universum dir aufhält – denn die kann niemand auf der Welt wieder zuschlagen. Sei härter als das Leben, und es wird sich dir beugen.

Mut zum Masterplan

Deinem Weg treu zu bleiben, erfordert Mut. Indem du Bambi zum Teufel gejagt und dich von äußeren und inneren Blockaden befreit hast, hast du bereits bewiesen: All der Mut, den du jemals brauchen wirst, steckt in dir. Du kannst ihn jederzeit abrufen, wenn du ihn brauchst. Vertraue darauf. Glaube gerade dann an deine innere Stärke, wenn du dich schwach fühlst. Niemand ist perfekt, niemand hat immer die richtige Antwort. Manchmal braucht man einen Moment, um sich zu sammeln und sich wieder zu orientieren.

In diesen Momenten ist es wichtig, dass du der Route, die du einmal in dein Navigationssystem eingegeben hast, vertraust. Dein großes Ziel, dein Traum, dein Antrieb ist dein Masterplan fürs Leben. Immer, wenn der Mut dich zu verlassen scheint, kannst du dich an diesen Plan halten, um dir wieder Orientierung zu geben. Wann immer du eine schwierige Entscheidung zu treffen oder eine besonders hohe Hürde zu nehmen hast und dich fragst, ob du ihr gewachsen bist: Schau aufs Navi, denn dort steht die Antwort. Wenn es auf deinem Weg liegt, gehört es zu deiner Reise.

Und wenn nicht? Dann nicht.

Manchmal zeigt sich Mut im Loslassen. Dein Mut spiegelt sich auch darin, all das loszulassen, was weder für dich bestimmt ist noch dir guttut. Dir deinen Pfad zu schlagen bedeutet auch, alles aus dem Weg zu räumen, was nicht auf deine Ziele einzahlt und geeignet ist, dich vom Weg abzubringen. Diese Hürden gehören zu deiner Route dazu; entscheidend ist aber, dass du nicht an ihnen hängen bleibst. Dein Masterplan kann nicht in Erfüllung gehen, solange du die ganze Zeit in die falsche Richtung läufst und jedes Mal auf eine alternative Route abbiegst, wenn es mal schwierig wird. Manchmal musst du unglaublich konsequent sein, um störende Verlockungen von echten Chancen zu unterscheiden oder dich von einem besonders schweren Felsbrocken mitten auf deinem Weg nicht aufhalten zu lassen.

Sagen wir zum Beispiel, du bist mitten auf dem Weg in die Selbstständigkeit. Endlich hast du dich aufgerafft und bist losgelaufen, um dir diesen langgehegten Traum zu erfüllen. Am Horizont, auf einem funkelnden Gipfel in der Ferne, winkt schon die Unabhängigkeit. Doch auf der Strecke erkennst du auch viele Hindernisse, die du noch überwinden musst, und manchmal verlässt dich für einen Moment der Mut: Habe ich wirklich die richtige Entscheidung getroffen? Ist das wirklich mein Pfad zum Glück? Bin ich dieser Herausforderung wirklich gewachsen?

Vielleicht hast du zufällig gerade einen besonders schlechten Tag, wenn etwas passiert, was du nicht erwartet hast:

Plötzlich bekommst du ein lukratives Jobangebot. Unbefristete Festanstellung, gut bezahlt, man bemüht sich um dich. Und plötzlich bist du hin- und hergerissen: Darf ich mir so eine Gelegenheit durch die Lappen gehen lassen? Kann ich mir das leisten? Wäre das nicht einfacher und sicherer? Würde das nicht alle meine Probleme lösen? Sollte ich nicht auf die Stimmen hören, die mich für verrückt erklären, wenn ich da nicht einschlage?

Das ist das Leben, das dich testet. In Momenten wie diesen brauchst du unendlich viel Mut: Mut zu deinem Masterplan.

Wenn dir so etwas passiert, geh erst mal bewusst raus aus dem Lärm. Wenn die Versuchung, dir einfach »Rat« zu holen, am größten ist, ist es am wichtigsten, dass du ihr widerstehst. Lass die Stimmen von außen hinter dir, die für dich entscheiden wollen. Geh in die Stille. Das tue ich, wenn das Leben mich zwingt, mein Warum zu hinterfragen. Die große, wichtige Antwort, die du suchst, taucht nur in der Stille auf. Meine Großmutter hat immer gesagt: »Es ist schwer, Gottes Stimme zu hören, wenn du bereits entschieden hast, was er sagen sollte.«

Trau dich, mit dir allein zu sein, wenn es ernst wird. Tu es auch jetzt, während du über dieses Thema nachdenkst. Ist der Plan, warum du hier bist, dein Masterplan, ganz anders als das, was du gerade tust? Womöglich ist dein Leben mit etwas gefüllt, aber nicht erfüllt, das nicht zu dir passt? Vielleicht bastelst du ja noch an deinem Masterplan. Womöglich hast du noch nicht auf alles eine Antwort gefunden, was dich beschäftigt, seit du mit diesem Buch begonnen hast. Nimm dir so viel Zeit in der Stille, wie du brauchst. Ich möchte dich ermuntern und dir sagen, dass es vollkommen okay ist, auch mal die Richtung zu wechseln. Du bist niemandem Rechenschaft über deine Träume schuldig. Du bestimmst, welchem Stern du folgst. Und wenn du ihn ein für alle Mal gefunden hast, wirst du es wissen.

Was ist dein Masterplan? Wofür *reh*bellierst du? Wozu bist du auf der Welt? Was ist dein Warum? Du findest es, wenn du dich von allem befreit hast, was nicht zu dir gehört. Und genauso machst du weiter, wann immer das Leben dich in Zukunft zwingt, deinen Masterplan zu Rate zu ziehen. Eine große Hilfe können dir dabei die fünf Kriterien nach dem Vorbild der *Big Five for Life* sein, über die wir bereits gesprochen haben. Wenn du sie gefunden hast, wenn dein Masterplan steht, brauchst du nur noch eines: den Mut, ihm zu folgen. Entscheide für dich, was für ein Leben du führen möchtest – und sag fortan Nein zu allem, was nicht dazugehört.

Bitte nie mehr um Erlaubnis

Bin ich gut genug?

Eines hast du im Laufe dieses Buches ganz bestimmt gemerkt: Vieles, was dich davon abhält, deine Träume zu verwirklichen, hängt mit deiner Prägung zusammen, also damit, wie du erzogen wurdest und in welcher Art von Umfeld du dich all die Jahre aufgehalten hast. Allerdings – und auch diese Message ist inzwischen garantiert zu dir durchgedrungen – wäre es ein großer Fehler, dich hinter dieser Ausrede zu verstecken. Erinnere dich immer wieder daran, was wir festgehalten haben: Du bist nicht deine Umstände!

Weil die Prägung aus der Vergangenheit oft tief sitzt, erlebe ich es immer wieder, dass auch sehr motivierte Menschen plötzlich Angst vor der eigenen Courage bekommen, wenn sie ein ganz neues Leben anstreben. Und was tun sie dann? Sie fragen um Erlaubnis. Manchmal im übertragenen Sinne, zum Beispiel, wenn sie sich fragen: Bin ich wirklich gut genug? Kann ich mir das erlauben? Darf ich das? Und manchmal fragen sie buchstäblich um Erlaubnis: den Chef, oder den Partner, oder Mutti.

Weißt du eigentlich, wie respektlos es deinem zukünftigen Ich gegenüber ist, wenn du andere um Erlaubnis für deine Träume und Ziele bittest? Irgendwann wird es dich ganz zu Recht fragen: Warum hast du das nicht schon viel früher angepackt? Wieso hast du mich so lange ignoriert und klein gehalten? Traust du mir wirklich so wenig zu? Dann wirst du dir selbst Rede und Antwort stehen müssen, und ich kann dir versprechen: An diesem Tag wirst du lernen, was Reue ist.

Viele Menschen schieben Veränderung immer wieder auf. Meistens tun sie das, weil sie glauben, noch nicht »so weit zu sein«. Das ist Unsinn! Egal, wie viele gute Gründe und Argumente du anführen kannst, warum du noch länger warten müsstest oder welche Voraussetzungen du erst noch erfüllen musst: Es ist und bleibt Bullshit! Der richtige Zeitpunkt ist *immer* jetzt!

Die Frage, die uns zum Aufschieben treibt, ist eigentlich immer dieselbe: Bin ich gut genug? Die Antwort darauf ist allerdings auch immer gleich und vollkommen eindeutig, auch wenn dich das vielleicht überrascht: Ja, das bist du! Du bist jetzt, hier und ohne Einschränkungen gut genug, um loszulegen und die beste Version deiner selbst zu werden. Sonst würdest du diesen unbändigen Drang nach etwas Größerem gar nicht empfinden, der dich hierher und zu mir gebracht hat. Du hast alles in dir, was du brauchst. Das Einzige, was dir vielleicht noch fehlt, ist der Glaube an dich selbst.

Ich glaube an dich. All die Menschen in deinem Umfeld, die auf dich setzen, glauben an dich. Dein zukünftiges Ich kann nicht fassen, dass du ihm immer noch nicht vertraust. *Du bist gut genug!* Genau so, wie du hier und heute existierst und die Welt mit deinen Farben bereicherst, bist du gewollt. Du, so wie du lebst und lachst und atmest, wirst gebraucht. Wer bist du, dich über die Liebe anderer und deine Rolle in der Welt hinwegzusetzen und daran zu zweifeln?

Du bist kein Zufall! Du bist nicht aus den Wolken gefallen, um deinen Hintern auf einem bequemen Sofa zu parken und zuzuschauen, während dein Leben an dir vorbeiläuft. Das wäre eine Verschwendung von Potenzial, die mich rasend macht! Du hast eine Aufgabe zu erledigen. Und diese Aufgabe schenkt dir eine Menge Verantwortung.

Jedes Wesen auf unserer Erde hat eine Rolle auszufüllen. Selbst das kleinste Würmchen leistet einen Beitrag dazu, dass unser Ökosystem so funktioniert, wie wir das brauchen. Das beste Beispiel dafür ist die Biene. An ihren Beinchen hat sie kleine Widerhaken. Während sie von Blüte zu Blüte fliegt, sammelt sich an diesen Widerhaken der Pollen, mit dem sie wiederum andere Blüten bestäubt. Auf diese Weise sorgt sie zum Beispiel dafür, dass wir Früchte und Gemüse essen können. Fliegen keine Bienen, die diese Aufgabe erfüllen, findet dieser wichtige Prozess der Bestäubung nicht statt. Keine Bestäubung, kein funktionierendes Ökosystem. Das ist auch der Grund, warum das Bienensterben Umweltschützern und Landwirten seit einigen Jahren so große Sorgen macht: Wenn die Rolle der Bienen nicht ausgefüllt wird, haben wir alle ein Problem.

Nun magst du vielleicht denken: Was hat das mit mir zu tun, ich bin doch keine Biene? Wenn du dich da mal nicht irrst. Du brauchst keine Widerhaken an den Beinen, um große Verantwortung zu tragen. Wenn ein Tierchen von der Größe deines kleinen Fingerglieds dafür sorgt, dass das Ökosystem funktioniert – willst du mir dann erzählen, dass eine Lichtgestalt von deiner Form und Größe ein Zufall sei? Willst du mir allen Ernstes einreden, dass du mit allem, was du tun und stemmen und erreichen kannst, als Zufallsprodukt durch die Welt stolperst? Dass du aus Versehen hier gelandet bist und keine besondere Bestimmung auszufüllen hast? Wenn du das glaubst, traust du der Natur nicht viel zu. Sieh dir an, was sie geschaffen hat, von welchen Wundern du umgeben bist: Wirkt diese Welt auf dich, als würde sie aus Zufällen bestehen?

Nein, du bist kein Zufall. Du hast einen Job zu erledigen. Und du schuldest es dir selbst, dass du zu deiner Größe findest und diesen Job so gut machst, wie nur du es kannst. Denn dafür wurdest du erschaffen. Nicht für Fünf-Tage-Wochen mit vierzig Stunden, die nach fünfundvierzig Jahren in einer Rente enden, von der du schon jetzt nicht leben könntest – und der Frage, ob das alles gewesen sein soll. Stell dir diese Frage nicht mit siebzig. Stell sie dir jetzt. Jetzt ist dein Leben, das dir Macht und Einfluss und Gestaltungsspielraum schenkt. Jetzt kannst du dazu beitragen, dass sich hier etwas verändert und dass du die Früchte deines Beitrags noch gemeinsam mit anderen ernten kannst.

Wir neigen dazu, unsere Rolle in der Welt kleinzuspielen: Das ist doch nichts Besonderes, was ich leiste. O doch, das ist es! Wie groß der Beitrag eines einzelnen Menschen im Hier und Jetzt sein kann, habe ich schon damals beobachten dürfen, als ich noch als Flugbegleiter gearbeitet habe. Manche meiner Kolleginnen und Kollegen dort waren für diesen Job geradezu geboren. Sie hatten eine unglaubliche Gabe für den Umgang mit Menschen und genau die richtige Kombination von Kompetenzen, die man für diesen vielseitigen Job braucht. Ich habe Kolleginnen kennengelernt, die nicht einfach Flugbegleiterinnen sind. Sie sind Rettungssanitäterinnen, die mal eben ein Leben retten können, wenn jemand an Bord mit einem Herzinfarkt zusammenbricht. Wenn ein Baby sich entscheidet, das Licht der Welt von oben zu erblicken, werden sie ohne Vorwarnung zu Hebammen. Da bleibt keine Zeit für Ausreden. Da ist kein Raum für Selbstzweifel. Ein anderes Mal sind sie Seelentrösterinnen, wenn der Angehörige eines Passagiers im Laderaum in einem Sarg mitfliegt. Diese Heldinnen des Alltags sind so viel mehr, als in ihrer Jobbeschreibung steht. Und manche von ihnen lieben diesen anstrengenden und anspruchsvollen Beruf genau deshalb so sehr, dass sie alle schwierigen Arbeitsbedingungen und die schlechte Bezahlung in Kauf nehmen.

Auch du kannst genau da, wo du dich zu wirken entscheidest, einen immensen Unterschied ausmachen, was auch immer du tust! Wenn du das erst einmal wirklich verstanden hast, wirst du dich nie wieder fragen müssen, ob du gut genug bist. Natürlich bist du gut genug! Deshalb bist du ja hier! Daher wäre es auch Unsinn, irgendjemanden um Erlaubnis zu fragen.

Besonders absurd ist es, wenn du das Einverständnis von Personen suchst, die gar nicht verstehen, wer du bist und wofür du stehst. Wie sollen diese Menschen dir Absolution erteilen? Wie sollen Menschen, die ein ganz anderes Leben führen als das, welches du anstrebst, dir mit ihrer Zustimmung helfen? Wie sollen sie dich auf einen Weg schicken, den sie nicht kennen – zu einem Ort, den sie niemals gesehen haben?

Du brauchst von niemandem sein Einverständnis dafür, dass du tun darfst, wofür du hier bist. Wer sollte die Macht und die Weisheit haben, um deiner Berufung zu widersprechen? Wer könnte besser wissen als du, wozu du hier bist? Wer dürfte sich dir in den Weg stellen?

Niemand!

Die einzige natürliche Person, die dich aufhalten kann, bist du selbst. Die einzige Ausrede, die du hattest, um dich dieser Verantwortung zu entziehen, war Bambi. Aber diese Ausrede zählt nicht mehr. Ab sofort trägst du für jeden sterbenden Traum und für jeden verlorenen Tag, an dem du deinen Beitrag nicht leistest, selbst die Verantwortung. Und für jeden Tag, an dem du an dir zweifelst, auch! Woher willst du wissen, wie groß deine Superkraft ist, solange du sie verleugnest?

Wartest du immer noch darauf, dass jemand zu dir kommt, dich zum Geheimagenten seiner Majestät erklärt und dich auf deine Mission schickt, um die Welt zu retten? Da kannst du lange warten. Den Auftrag erteilst du dir selbst. Niemand hat, was du brauchst. Also hör auf, es bei anderen zu suchen. Bitte nie mehr um Erlaubnis!

Wer dich liebt, der lässt dich gehen

In meinem früheren Leben habe ich selbst oft den Fehler gemacht, bei anderen Bestätigung zu suchen. Zum Beispiel wollte ich unbedingt, dass meine Freunde mich in meiner Selbstständigkeit unterstützen. Deshalb versuchte ich sie bei allen möglichen und unmöglichen Gelegenheiten einzubeziehen. Ich fragte sie nach Tipps, wie ich mit meinen Mitarbeitern umgehen sollte. Ich bat sie um Ideen, wie ich mein Unternehmen aufbauen sollte. Ich erkundigte mich bei ihnen nach Strategien, wie man sich erfolgreich am Markt positioniert.

Warum tat ich das? Weil ich glaubte, dass andere mehr wüssten als ich. Weil ich mir selbst nicht zutraute, das alles selbst beurteilen zu können. Obwohl es um mein eigenes Unternehmen, um mein Leben und um meine Zukunft ging, nicht um ihre! Aber meine damaligen Freunde, meine Eltern und viele andere Menschen, die ich fragte, hatten kein Unternehmen. Sie hatten auch keine Ahnung von all diesen Fragen. Und diejenigen von ihnen, die es ehrlich mit mir meinten, die sagten mir auch genau das: Mach das mal schön selbst, lieber Tobi, denn ich habe keinen blassen Schimmer.

Doch leider sind wir in diesen Momenten des Zweifelns, wenn wir noch nicht auf die eigene Größe vertrauen, nicht immer nur von aufrichtigen Menschen umgeben. Leider fühlst du dich, solange du deinem eigenen Urteil nicht am meisten vertraust, auch falschen Freunden in deinem Umfeld gegenüber loyal. Und manchmal sind diese falschen Freunde gar nicht so leicht von den echten zu unterscheiden.

Deshalb ist es so wichtig, dass du dir die Menschen, von denen du dir Rat holst, mit viel Bedacht aussuchst. Ich hatte früher Finanzberater, die selbst keine Kohle hatten. In jedem Beratungsgespräch haben sie mich gefragt, wie ich denn so viel Umsatz mache. Da kann doch irgendwas nicht stimmen!

Mach nicht denselben Fehler wie ich damals: Ignoriere solche roten Warnlampen nicht, nur weil jemand sich als Experte aufspielt! Wie kann ein Eheberater, der selbst nicht verheiratet ist, dir Tipps für eine funktionierende Partnerschaft geben? Auch im Diätprogramm eines übergewichtigen Ernährungsberaters hast du nichts zu suchen. Obwohl das alles so logisch erscheint, überfahren wir solche roten Ampeln im Alltag ganz oft, weil wir uns von irgendwelchen Etiketten blenden lassen: Aber der hat doch in X studiert! Aber die hat doch Zertifikat Y!

In vielen Kompetenzfragen macht man diesen Fehler nur einmal und bezahlt ihn oft teuer. Danach hat man gelernt: Tipps und Strategien holt man sich nur von Menschen, die einen *proof of concept* haben. Echte Experten können schwarz auf weiß nachweisen, dass ihre Methode funktioniert. Als Ratgeber eignen sich nur Menschen, die nachweislich das geschafft haben, was du selbst gerade anstrebst.

Warum tappen wir überhaupt in diese Falle, obwohl das alles so logisch klingt? Warum holst du dir für dein Leben und deine Ziele Rat von Menschen, die selbst nicht die geringste Ahnung haben, nur weil sie zufällig in deinem Umfeld verfügbar sind? Ganz oft lautet die Antwort: Weil du sie kennst. Du hörst auf diese Menschen, weil sie dir vertraut sind. Aber zwischen »vertraut sein« und »vertrauen können« gibt es einen himmelweiten Unterschied!

Und wie erkennst du, wem du vertrauen kannst?

Erkennungszeichen Nummer eins: Aufrichtige Menschen geben dir ein bedingungsloses Ja zu deiner Vision – auch wenn das bedeutet, dass ihr euch voneinander entfernen werdet. Unaufrichtige Menschen erklären dir, was du zu tun hast, auch wenn sie keinen Schimmer davon haben – nur um dich auf Gedeih und Verderb an sich zu binden.

Zum Beispiel bin ich schon vielen Menschen begegnet, die von ihren früheren Arbeitgebern schwer enttäuscht wurden.

Ihre Chefin oder ihr Chef hat ihnen das Blaue vom Himmel versprochen, um sie ans Unternehmen zu binden oder noch mehr ausnutzen zu können. Am Ende waren sie ausgequetscht wie eine Zitrone. Und weil kein bisschen Saft mehr in ihnen war, fühlten sie sich schwach und klein: genau so, wie ihr Arbeitgeber sie gern haben wollte. Mit solchen Psycho-Spielchen werden viele Menschen in Arbeitsverhältnissen gehalten. Sie fühlen sich abhängig, obwohl die Abhängigkeit eigentlich genau umgekehrt besteht.

Loyalität ist eine großartige Eigenschaft: zum Arbeitgeber, zu Freunden, zu Verwandten. Doch wenn sie den falschen Menschen gilt, kann sie dich auch deine Träume kosten. Erfolgreiche Menschen praktizieren kritische Loyalität. Sie beurteilen jeden Rat danach, was er wert ist, und nicht danach, von wem er kommt. Sie treffen jede Entscheidung unabhängig davon, ob andere damit einverstanden sind. Denn wer dich wirklich respektiert, der respektiert auch deine Wahl.

Fakt ist: Du brauchst niemandes Erlaubnis dafür, dich aus dieser und anderen gefühlten Abhängigkeiten zu lösen und dein Schicksal selbst in die Hand zu nehmen. Zum Beispiel hat niemand irgendwas zu melden, wenn du dich selbstständig machen möchtest – so wie ich damals. Du lebst in einem Rechtsstaat. Alles, was du tun musst, ist, dein Gewerbe oder deine Freiberuflichkeit anzumelden. Und schon bist du selbstständig und kannst loslegen. Niemand kann das verhindern: deine Eltern nicht, dein Arbeitgeber nicht, und schon gar keine falschen Freunde.

Noch etwas ist ein klares Warnsignal dafür, dass du es mit falschen Freunden oder Ratgebern zu tun hast: Wenn jemand ständig etwas von dir einfordert und dabei selbst keinen Finger für dich krumm macht. Solche Menschen wünschen dir keinen Erfolg; sie wollen nur von dir profitieren.

Das dritte, unmissverständliche Zeichen, um herauszufinden, wie ernst jemand es mit dir meint, ist, wie diese Person hinter deinem Rücken über dich redet. Jemand kann völlig anderer Meinung sein als du und anderen gegenüber dennoch respektvoll von dir sprechen. Jemand kann bedauern, dich als Freundin oder Freund verloren zu haben, weil eure Leben sich unterschiedlich entwickelt haben, und die Erinnerung an eure gemeinsame Zeit dennoch in Ehren halten. Jemand kann eingestehen, dass er nichts für dich tun kann, und dir trotzdem das Beste wünschen, auch wenn er an diesem Motiv deines Lebens keinen Anteil hat.

Weil ich früher selbst oft den Fehler gemacht habe, auf die falschen Menschen zu hören, bin ich in dieser Hinsicht heute radikal: Ich setze mich an keine Tische mehr, wo ich beim Aufstehen das Lästerthema bin. Ich versuche nicht mehr, Menschen krampfhaft an mich zu binden, sondern lasse jeden los, der sich auf meiner Wellenlänge nicht wohlfühlt. Ich finde, das schulden sich beide Seiten aus Respekt zueinander.

Umklammere Menschen nicht, die davontreiben. Lass lieber Menschen auf dich zukommen, die sich angezogen fühlen. Opfere dich nicht für Personen auf, die sich gar nicht für dich interessieren, sondern nur an deinem Licht teilhaben wollen. Blick nicht zurück zu denen, die nicht annehmen konnten, wer du geworden bist. Verschwende keinen Atem auf alte Bekannte, die sich das Maul über dich zerreißen, weil du ihnen entwachsen bist.

Leider ist das eine häufige Begleiterscheinung der Persönlichkeitsentwicklung: Wenn du deine Peergroup verlässt, kratzt das an der Ehre derer, die du zurücklässt. Durch dich fühlen sie sich daran erinnert, dass auch sie eine Verantwortung im Leben haben, der sie sich entziehen. Während du für deine Vision kämpfst und deine Träume in die Tat umsetzt, entscheiden sie sich für einen anderen Lebensentwurf. Du stehst für das, was sie nicht sind, und sie wollen das nicht akzeptieren. Lass sie gehen. Hör nicht auf sie. Nimm ihren Rat nicht an.

In solchen toxischen Beziehungen liegt eine der größten Gefahren für dein persönliches Wachstum. Sei auf der Hut, wenn jemand dir ausreden will, dich zu verändern! Lass dich nicht verbiegen. Du gehörst nicht in eine Uniform, in die du nicht mehr hineinpasst. Du bist nicht auf der Welt, um anderen zu gefallen und es anderen recht zu machen. Du bist leider zu alt, als dass du noch ein Stück Schokolade bekommen würdest, wenn du dich gut benimmst. Weißt du, was du dafür bekommst, dass du nach der Pfeife anderer Menschen tanzt? Mehr Pfeifen, mehr Unterordnung, weniger Freiheit. Und sonst gar nichts.

Kürzlich war ich abends in meiner Heimatstadt auf dem Friedhof. Da hatte ich eine Erkenntnis. Und zwar habe ich mich gefragt: Soll auf meinem Grabstein stehen, ich habe allen anderen gefallen, nur mir nicht? Trotz Dunkelheit war die Antwort in diesem Moment sonnenklar. Ich mag mich nicht mehr verbiegen lassen. Ich allein will darüber entscheiden, was über mich einmal in Stein gemeißelt wird. Für mich als Redner geht es zum Beispiel nicht darum, Standing Ovations zu kassieren, sondern für etwas zu stehen. Es ist in Ordnung, nicht von jedem gemocht zu werden.

Auch du darfst dich nicht mehr verbiegen lassen. Willst du allen anderen gefallen oder dir selbst? Ich möchte, dass du deine Wahrheit aussprichst, dass du mit Ecken und Kanten verletzbar vor anderen Menschen stehst und dich selbst dabei magst. Und wenn sie dich nicht mögen können – dann dreh dich um und geh in die andere Richtung. Ihr seid keine Weggefährten mehr.

Wer dich wirklich respektiert, erkennt auch dein Anderssein an. Und wer dich wirklich liebt, lässt dich ziehen, auch wenn es ihm das Herz bricht.

Hast auch du Freunde, die völlig anders sind als du selbst – und doch scheint ihr euch blind zu verstehen? Ein paar wenige Male im Leben begegnen wir Menschen, die mit uns durch dick und dünn gehen, auch wenn das Leben uns in völlig unterschiedliche Richtungen schickt. Diese Menschen schenken uns ihre bedingungslose Unterstützung, egal, wohin wir gehen und welche Entscheidungen wir treffen. Sie müssen nicht zustimmen, um zu verstehen. Sie verlangen keine Gegenleistung für ihre Unterstützung. Sie brauchen keine Bestätigung, um zu lieben.

Ich glaube, dass Freunde wie Leuchttürme sein sollten: Sie sollten den Überblick behalten, wenn wir mal nicht klar sehen. Und das bedeutet, auch mal etwas anzusprechen, was unangenehm sein kann. Sie fassen sich trotzdem ein Herz, weil sich sonst niemand traut und es wichtig ist. Wahre Freunde können uns Orientierung schenken, wenn wir nicht mehr weiterwissen und den Wald vor lauter Bäumen nicht sehen. Sie biegen die Realität nicht zurecht, sondern helfen uns, sie zu erkennen. Wenn wir im Nebel stehen, geben sie uns Orientierung, indem sie auf uns zukommen und sagen: »Hey, ich bin's!« Sie geben uns Sicherheit, indem sie in unsicherem Fahrwasser in der Nähe bleiben, falls die See rau wird. So beständig wie ein Leuchtturm, wenn wir uns verloren fühlen wie ein Schiff auf hoher See.

Freundschaft bedeutet für mich, füreinander da zu sein – nicht, sich Honig ums Maul zu schmieren. Freundschaften sind nicht an Bedingungen geknüpft. Einmal ist die andere Person ein Leuchtturm für mich; das nächste Mal bin ich ein Leuchtturm für sie. Menschen, die es ehrlich mit dir meinen, reichen dir die Hand, um dich zu sich nach oben zu holen – nicht, um dich mit sich nach unten zu ziehen.

Dienen als Mindset

Es gibt Menschen, die du auf deinem Weg brauchst. Nicht, weil sie etwas Besseres wären oder weil kein Weg an ihnen vorbeiführen würde, sondern weil du sie erwählst. Es gibt Menschen, die dir weiterhelfen und dich auf eine höhere Stufe heben können, wenn du dich ihnen näherst und eine Beziehung zu ihnen aufbaust. Für jeden von uns gibt es nur wenige solche Menschen im Leben, vielleicht sogar nur einen einzigen. Für mich war Les Brown ein solcher Mensch, aber es muss nicht unbedingt dein Celebrity Twin sein. Es gibt viele Namen für das, was sie sind: Vorbilder, Lehrer, Respektspersonen. Mir ist der Begriff des Mentors beziehungsweise der Mentorin am liebsten, weil er am besten beschreibt, worum es geht: »Mentor« war in der griechischen Mythologie ein Freund des Odysseus und ein enger Berater von dessen Sohn Telemachos. Von dieser Figur wurde der Begriff abgeleitet. Ein Mentor oder eine Mentorin ist also jemand, der dich berät, dich unterstützt und sich dir verbunden fühlt – nicht jemand, der dir sagt, was du tun und lassen sollst.

Bevor du dich an einen solchen Menschen bindest, mach dir eins bitte unmissverständlich klar: Ein Mentor ist nicht dafür da, dass du ihm blind folgst, Weisungen von ihm empfängst und ihn um Erlaubnis bittest, für was auch immer. Nicht einmal bei einem Mentor bittest du um Erlaubnis! Das ist nicht seine Rolle, und er wird sie auch nicht wollen! Ein Mentor ist jemand, von dem du lernst und auf dessen Unterstützung du dich verlassen kannst.

Und ein Mentee? Was zeichnet die entgegengesetzte Rolle in einer solchen Beziehung aus?

Lass es mich dir zeigen, indem ich dir von Justin erzähle. Nicht der Justin, den du auch kennst, weil so ziemlich jeder auf der Welt ihn kennt. Nicht dieser krasse Typ, der als einziges Mitglied einer Boygroup eine beispiellose, weltumspannende Karriere hingelegt hat, nachdem die Boygroup längst Geschichte war. Nicht dieser Überflieger, dessen Karriere erst so richtig losging, als alle dachten, sie wäre vorbei. Diesen Justin kennt jeder. Seine Story ist überall. Es ist eine gute Story. Aber eignet sie sich dazu, dass du dir ein Beispiel daran nimmst?

Der Justin, den ich meine, ist ungefähr genauso cool wie der Weltstar Justin. Auch ein krasser Typ. Auch ein Kreativer. Und im Gegensatz zu seinem Namensvetter hat er keine Boygroup als Sprungbrett gebraucht. Alles, was er gebraucht hat, war sein Talent (und seine Smartphone-Kamera). Das, was sowieso in ihm steckte, hat gereicht, um den Anfang zu machen und dafür zu sorgen, dass ich auf ihn aufmerksam wurde. Mit nichts als seiner Gabe und seiner Leidenschaft hat er mich dazu gebracht, zu sagen: Den will ich in meinem Team!

Wie hat Justin das gemacht? Wie werden Menschen auf dich aufmerksam, die keine Ahnung haben, dass du existierst? Indem du ihnen Fanmails schreibst? Das machen Tausende andere auch. Indem du sie stalkst? Das bringt dir höchstens eine einstweilige Verfügung. Indem du ihnen erklärst, warum du alles für sie tun würdest? Nur, wenn sie eitel genug sind, um darauf zu stehen, wenn alle ihnen den Bauch kraulen. Indem du ihnen eine formelle Bewerbung nach den üblichen Regeln schreibst? Vielleicht, wenn dein Skillset einmalig ist und du richtig viel Glück hast.

Aber normalerweise wird all das dich nicht in ihre Nähe bringen. Denn von alldem bekommen sie schon genug. Sie haben genügend Bewunderer und Bewerbungen. Wenn du aus der Masse herausragen willst, musst du anders sein als andere. Du musst dich anders zeigen und dich anders verhalten als alle anderen. Du musst den Mut haben, eben nicht das zu tun, was sie erwarten.

Menschen, die dich weiterbringen können, aber nichts über dich wissen, brauchen einen guten Grund, um dir ihre Aufmerksamkeit und ihre wertvolle Zeit zu schenken. Sie werden auf dich aufmerksam, indem du ihnen etwas gibst, was sie gebrauchen können. Selbst Menschen, die du für unerreichbar hältst, beginnen sich für dich zu interessieren, wenn sie erkennen, dass du etwas hast oder etwas kannst, was ihnen nützt. Einen Baustein für ihr Gedankengebäude. Ein Puzzleteil für ihr Weltbild. Ein Werkzeug für ihre Mission. Eine Variable für ihre Formel. Ein Talent, das ihnen fehlt. Das musst du ihnen geben. Nicht anbieten, nicht andrehen, nicht verkaufen: geben. Du musst es ihnen schenken, erst einmal. Ein kleines Geschenk, damit sie Blut lecken und mehr wollen. Zeig ihnen, was du hast und was du kannst, und niemand wird dir gleichgültig gegenüber stehen – nicht einmal dein Idol.

Justin – der schlaue, mutige, talentierte Justin – hat genau das getan. Justin war ein Fan von mir. Er hat einige Vorträge besucht und an einigen Seminaren teilgenommen, weil er Freude an dem hatte, was ich ihm zu geben hatte. So viel Freude, dass er entschieden hat: Ich will auf Tobis Radar. Ich will in sein Umfeld. Ich will eine persönliche Beziehung zu Tobi, damit ich noch mehr von ihm lernen kann. Ich will, dass Tobi mein Mentor wird. Justin war so angefixt von meiner Mission, Menschen in ihre Größe zu bringen, dass er ein Teil davon sein wollte.

Also hat er beschlossen, mir auch etwas zu geben. Und was Justin mir gegeben hat, das konnte ich nicht übersehen. Es war so reizvoll, so hilfreich und so wichtig für mich, dass ich sofort wusste: Ich will mehr davon. Ich will Justin!

Justin, die coole Socke, hat mir ein Video geschickt. Er war kein Profi und kein Experte darin. Er hatte das nicht studiert und einen Abschluss mit guten Noten als Filmemacher oder

Regisseur vorzuweisen. Aber er hat Talent – und er wusste, wofür er sich reinhängt. Also hat er ein richtig, richtig gutes Video über seinen Seminarbesuch gedreht und produziert, das mich und mein Team aus den Schuhen geweht hat. Also habe ich die einzig sinnvolle Konsequenz gezogen und Justin eingestellt: als Videografen.

So wurde Justin mein Mentee, wie es sein Wunsch gewesen war. Dafür gesorgt hat ganz allein er. Und einen Job hat er noch dazu bekommen. Aber das ist nicht sein Glück – das ist mein Glück!

Du wünschst dir einen engeren Kontakt und eine tiefere Beziehung zu einem Menschen, an dem du dich orientierst und von dem du mehr lernen möchtest? So wird's gemacht. Wenn du deiner Mentorin oder deinem Mentor zeigst, was du für die gemeinsamen Überzeugungen zu leisten vermagst, und wenn du das gut machst, dann wirst du Gehör finden. Nur dann kann diese Person nämlich das tun, wofür eine Mentorin oder ein Mentor da ist: an dich glauben. Wie soll jemand an dich glauben, wenn er nicht weiß, wozu du imstande bist? Wie soll jemand auf dich setzen, wenn er keine Ahnung von deinem Potenzial hat? Du musst nicht die besten Noten schreiben oder irgendetwas perfekt machen, um jemanden davon zu überzeugen, wozu du imstande bist. Du musst nur deine Einsatz- und Leistungsbereitschaft unter Beweis stellen, indem du zeigst, was du am besten kannst. Genau das hat Justin getan: Sein Talent genommen, das Beste daraus gemacht und den Mut gehabt, sich damit zu zeigen. Mehr nicht. Aber eben auch nicht weniger.

Wenn du deine Absichten offengelegt hast, musst du nicht perfekt sein. Dein Mentor ist ja dafür da, dir bei deiner Entwicklung zu helfen. Was gäbe es zu entwickeln bei jemandem, der schon perfekt ist? Niemand ist perfekt, und jeder anständige Mentor weiß das. Er wird wollen, dass du dich als der

Mensch zeigst, der du bist, mit allen Ecken und Kanten. Denn nur an einen ganzen Menschen kann man glauben, nicht an einen polierte Fassade, hinter die man nicht blicken kann. Du kannst falsch abbiegen. Du kannst schlechte Tage haben. Du kannst Fehler machen. Du kannst auch Zweifel haben, sogar an dir selbst! Die gehören zur Entwicklung dazu. Niemand bräuchte einen Mentor, wenn er nie an sich zweifelte. Dessen Aufgabe ist es nämlich, an dich zu glauben, wenn du es selbst gerade nicht kannst. »Manchmal musst du an den Glauben eines anderen an dich glauben – bis dein Glaube einspringt.«

Das ist das Mentor/Mentee-Mindset. Es beruht auf zwei Säulen. Der Glauben aneinander ist die eine.

Die andere Säule wird dich vielleicht überraschen. Wie würdest du das nennen, was Justin für meine Aufmerksamkeit getan hat? Er hat sich in meinen Dienst gestellt. Genauer gesagt: in den Dienst unserer gemeinsamen Sache, die er als seine betrachtet. Du setzt Menschen auf deine Fährte, indem du ihnen dienst.

Ich kann schon hören, wie einige schreien: »Was, dienen? Ich bin doch kein Diener, Tobi!« Oder: »Ich bin doch keine Sklavin, Tobi, ich bin eine Göttin!«

Wer so denkt, hat den Begriff »dienen« falsch verstanden. Und nicht nur den. Weißt du, wer auch eine Göttin ist? Beyoncé ist eine Göttin. Justin, der berühmte Justin, ist ein Gott. (Übrigens: Falls du gegen diese prominenten Namen irgendwelche persönlichen Vorbehalte hast: Es sind Beispiele, und es könnten auch andere sein. Niemand ist perfekt, jeder Mensch macht Fehler. Wenn du die beiden nicht magst, denk an jemand anderen: Das Prinzip ist bei den wirklich Großen immer dasselbe.) Und weißt du, was Beyoncé und Justin machen? Sie und all die anderen Stars, die von Millionen verehrt werden wie Götter?

Sie dienen ihren Fans. Sie dienen dir und mir.

Dienen ist keine Schande. Dienen hat nichts mit Gesichtsverlust zu tun. Wenn du das glaubst, wirst du nie wirklich etwas im Leben erreichen können. Zu dienen ist das Ehrenvollste, was du mit deiner Zeit und deinem Leben anfangen kannst. Wer dienen für eine Zeitverschwendung hält und dienende Menschen für minderwertig, der ist selbst weit geringer als das, was er von diesen Menschen hält.

Die Menschen, die diese Welt wirklich verändert haben; die Menschen, zu denen wir aufschauen; auch die Menschen, an denen du dir ein Vorbild nimmst: Diese Menschen verstehen sich alle als Dienende. Mutter Teresa? Eine Dienerin Gottes. Der Dalai Lama? Ein Diener seiner Anhänger und der Unterdrückten. Barack Obama? Ein Diener seines Volkes und seiner Nation, einschließlich ihrer unterrepräsentierten Minderheiten. Steve Jobs? Ein überzeugter Diener der Apple-Fans, so egozentrisch und radikal er auch war. Und so weiter, und so fort – diese Aufzählung lässt sich unendlich fortsetzen.

Ich, Tobi Beck? Ich bin dein Diener. Ob du es glaubst oder nicht, aber das ist mein Selbstverständnis. Das ist es, was ich tue und womit ich es dahin gebracht habe, wo ich heute bin: Ich diene dir und allen Menschen, die aufstehen, die Welt verändern und etwas aus sich machen wollen.

Und du? Du wirst in deiner erfolgreichen Zukunft der Diener der Menschen sein, die zu dir aufschauen. Zu denen, die wirklich dienen, die der Welt und der Menschheit einen Dienst erweisen, schauen wir nämlich rauf, nicht runter. Deshalb wird man auch zu dir aufschauen, wenn du erst einmal in deine Größe gefunden hast. Erfolg ist eine Konsequenz des Dienens.

Deshalb verdient man damit auch gut. Verdienen kommt von Dienen!

Die Veränderung bist du

Wofür würdest du sterben?

Was haben alle großen Menschen gemeinsam, denen wir Statuen in unseren Innenstädten bauen? Was eint all die, an die man sich noch Generationen später erinnert? Was hat es gebraucht, damit sie in ihre Größe gehen und der Gemeinschaft einen Dienst erweisen konnten, der dafür groß genug war? Welche Parallele gibt es zwischen den Urheberinnen und Urhebern jeder echten *Reh*bellion, die die Welt verändert hat?

Sie hatten eine Vision. Diese Vision bildete den Ursprung und das Ende von allem, was sie getan haben: den Kern ihrer *Reh*bellion. Sie haben daraus eine persönliche Mission kreiert, die zum Leitmotiv ihres Lebens wurde. Dieser Mission sind sie dann für den Rest ihres Lebens ohne Wenn und Aber gefolgt. Und die Anziehungskraft ihrer Vision war dabei so stark, dass auch andere sich ihr aus freien Stücken angeschlossen haben. Das ist der Dreischritt des Wandels: Vision – Mission – *Reh*bellion.

Ich möchte, dass du herausfindest, was an dir einmalig ist und was du so gut kannst, dass die Welt davon profitieren kann. Denn diese Erkenntnis ist der Schlüssel zu deiner Vision. Mach dich nicht verrückt, indem du dir einredest, da wäre nichts. Ich habe Tausende Menschen begleitet, und ich kann dir versichern: Doch, da ist etwas. Du findest allerdings nicht heraus, was das ist, indem du in deine Schulzeugnisse schaust oder deine Eltern fragst. Du kommst darauf, indem du dorthin schaust, wo kein Bewertungssystem im Spiel ist: in die Sphäre deiner Leidenschaft.

Stell dir eine einfache Frage: Was hast du früher gern gemacht, wenn du von der Schule nach Hause gekommen bist und das System in Form deines Schulranzens in die Ecke gestellt hast? Was hast du mit Freude getan, wenn dir niemand vorgeschrieben hat, was du gefälligst gern zu machen hast? Was liebst du? Was würdest du für den Rest deines Lebens gern tun, selbst wenn du keinen Cent dafür bekommst? Was ist dir so wichtig, dass du alles andere in deinem Leben dieser Tätigkeit unterordnen würdest, wenn du könntest?

Da hast du deine Antwort. Und nun denk darüber nach, welche Vision sich daraus ableitet und wie du diese Vision in eine konkrete Mission verwandeln kannst. Und dann? Dann kannst du alles andere in deinem Leben dieser Mission unterordnen. O ja. Du musst es nur wollen.

Welche Mission haben erfolgreiche Menschen? Wenn du große Persönlichkeiten mit einem bedeutsamen Vermächtnis fragst, was ihre Mission ist, erkennst du schnell ein Muster: Es geht ihnen immer darum, das zurückzugeben, was sie selbst als wichtigste Botschaft in ihrem Leben empfangen haben. Diese Mission wird durch Schicksalsschläge und Unglück nicht etwa geschwächt, sondern nur noch weiter gestärkt. Sie ist unzerstörbar, denn sie wird vom Leben selbst genährt. Deshalb hält sie dich aufrecht – und deshalb inspiriert sie andere, die nach dir kommen. Das ist die Macht deiner Mission, und du wirst sie finden.

Wenn es so weit ist, wirst du den Unterschied spüren. Ohne Mission fühlt sich dein Leben an wie eine Autofahrt ohne Ziel und Route: Du fährst einfach irgendwohin und kommst doch nirgendwo an. Mit einer Mission in deinem Leben ist plötzlich jeder Kilometer Wegstrecke ein Geschenk. Kein Weg ist zu weit, wenn es darum geht, dieses Ziel zu erreichen. Wenn du erst weißt, wofür du hier bist, kann dein

Tag nicht mehr genug Stunden haben. Alles ergibt plötzlich einen Sinn, und es gibt immer noch etwas zu tun.

Ganz wichtig ist, dass du verstehst: Du bist auf diesem Weg nicht allein. Niemand kann seine Mission allein erfüllen. Selbst Steve Jobs oder Greta Thunberg konnten erst dann im ganz großen Stil durchstarten, als sie begonnen haben, ihre Vision zu teilen und andere ins Boot zu holen, um gemeinsam die Welt zu erobern.

Entscheidend ist, dass du mit deiner Vision nicht nur dir selbst dienst, sondern wertvoll für andere Menschen bist – für eine Gemeinschaft, die genau das braucht, was du geben kannst. Je klarer du diesen Nutzen formulieren kannst, desto größer wird deine Resonanz und dein Einfluss bei anderen sein. Stell den Menschen, die auf deiner Wellenlänge sind, so lange Fragen, bis du ein glasklares Bild davon hast, was sie brauchen und wie nur du ihnen dabei helfen kannst.

Wenn du erst einmal begonnen hast, nach dieser Vision zu leben und deine Mission mit Leben zu füllen, wirst du spüren: Das ist es, wofür du sogar sterben würdest.

Für wen oder was würdest du sterben? Bevor du das gelesen hast, hättest du vielleicht geantwortet: »Na, für meine Familie, für meine Eltern, für meine Kinder.« Das versteht sich von selbst. Doch jetzt ahnst du möglicherweise, dass die Antwort damit noch nicht vollständig ist, oder?

Wenn du etwas findest, was dir so wichtig ist, kannst du nur noch dafür leben. Wenn du dich wirklich ins Feuer stellst für ein Thema, das du so liebst, dann hat dein Leben plötzlich eine ganz neue Richtung, und der Weg liegt klar vor dir. Finde etwas, wofür du sterben würdest, was dich ausfüllt in dieser Welt, und dann lebe dafür. Mach deine Vision zum Anker für deine Mission und deine Mission zu deinem Hauptprojekt. Wenn dir das gelingt, dann wirst du darin auch erfolgreich werden, weil das Universum nun mal so funktioniert: Das Glück ist mit den

Tüchtigen. Doch diese Sache braucht deine ganze, hundertprozentige Kraft und die Bereitschaft, dafür sogar durch die Hölle zu gehen. Wer hat denn gesagt, dass eine *Reh*bellion easy wird?

Wenn du dich änderst, ändert sich alles

Ertappst du dich manchmal bei dem Gedanken, dass gerade alles den Bach runtergeht? Dass die ganze Welt ein Irrenhaus ist und morgen endgültig das Chaos ausbrechen wird? Zweifelst du manchmal nicht nur an deiner eigenen Zukunft, sondern an der Zukunft der gesamten Menschheit?

Keine Sorge: Das ist völlig normal. Vielen geht es so. Mal davon abgesehen, dass wir wirklich in einer ziemlich verrückten Zeit leben, ist das nämlich die natürliche Reaktion des Menschen auf Veränderung. Die neue Welt, die sich da draußen nach und nach zeigt, macht dir manchmal vielleicht Angst, weil sie so radikal anders werden könnte als alles, was wir kennen. Aber das muss sie. Denn wenn sich nichts radikal ändert, erleben unsere Kindeskinder das Ende der Welt womöglich wirklich.

Wenn so ein radikaler Wandel in der Welt ansteht wie jetzt gerade, kommt es darauf an, wie wir damit umgehen. Wir haben ja nicht wirklich eine Wahl. Also ist es am besten, all das zu nehmen, was du bis hierher bereits über Veränderung und Wachstum gelernt hast, und es auf diese neue Welt anzuwenden, auch wenn dir dabei manchmal die Knie schlottern. Wenn sich die Welt schon verändert, dann doch lieber mutig vorangehen und mitgestalten! Mach die neue Welt zu deiner Welt. Das ist die Chance, die für dich in dieser Zeit des Aufbruchs liegt. Lass sie nicht liegen!

Wir stecken gerade mitten im Erwachen eines neuen Bewusstseins. Wir erleben, dass an allen Ecken und Enden der

Welt gerüttelt wird. Altes muss Neuem weichen. Übrigens auch alte Dinge, die wir gut finden und an die wir uns gewöhnt haben. Aber das Neue braucht ein wenig Energie und Zeit, um sich überhaupt zu entwickeln. Das heißt, wir dürfen alle gemeinsam lernen, das Neue anzunehmen, das gerade kommt, und damit zu tanzen, denn die neue Welt ist schon ganz stark sichtbar für uns alle. Je früher du zu denen gehörst, die mutig vorangehen, desto größer deine Chance, ein bedeutender Teil unserer Zukunft zu werden.

Dieser Wandelprozess steht uns allen in den nächsten Jahren und Jahrzehnten bevor; da gibt es kein Entrinnen. Der Klimawandel ist unaufhaltsam, die globalen Machtverhältnisse sind in Bewegung, die Wirtschaft muss ganz neue Strategien finden. Deshalb wird dein Beitrag, wie auch immer er aussehen mag, nicht nur dich betreffen. Du erinnerst dich an den letzten Abschnitt: Das Zurückgeben ist kein Nebeneffekt, sondern ein zentraler Bestandteil deiner Mission. Es gehört zu deiner Verantwortung, dein selbst gewähltes Umfeld von Gleichgesinnten bei den Veränderungen mitzuziehen, die jetzt anstehen, bevor es den Anschluss verliert.

Kannst du das? Bist du gut genug? Du kennst die Antwort auf diese Fragen!

Weltweit gibt es Millionen Menschen, die sich gerade erheben und nicht mehr leise sind. *No More Bambi!* Beinahe jeden Tag sind die Nachrichten voll davon, auch wenn wir viele dieser Trends und Bewegungen noch gar nicht in ihrer vollen Tragweite einordnen können.

Und du? Du bist ein Teil davon! Wenn du dich änderst, ändert sich alles. In deiner Familie ändert sich alles. In deinem Freundeskreis ändert sich alles. In deinem Unternehmen ändert sich alles. Aber nur, wenn du den Anfang machst. Du änderst alles, indem du dich änderst.

Eines muss dir bewusst sein: Wenn es Menschen gibt, die sich gegen die Veränderung stemmen, dann wirst auch du Gegenwehr erfahren, sobald du Teil des Wandels wirst. Das gehört zur Pionierarbeit immer dazu. Wenn du über deine Vision nachdenkst, beziehe diese Überlegung immer mit ein: Wie werde ich mit Widerstand umgehen? Wie werde ich mich verhalten, wenn andere sich mir in den Weg stellen, wenn sie mich ausgrenzen und über mich lästern, weil ich ihre Lethargie nicht mehr teile und meinen eigenen Weg gehe?

Wie du damit umgehen kannst, hast du in diesem Buch erfahren: Kritik und Hate können dein Feuer nicht löschen, wenn du es nicht zulässt. Du weißt ja schon, dass persönliches Wachstum nicht von jedem verstanden wird. Wann immer du unter Beschuss gerätst, lass dich nicht verunsichern, sondern nimm eine selbstbewusste Haltung gegenüber denen ein, die dich schwächen wollen: »Du musst mich nicht mögen. Du kannst mich kritisieren. Du kannst mich bespucken. Du kannst mit Steinen nach mir werfen, aber ich werde niemals aufgeben. Und aus den Steinen baue ich Wege für die, die noch kommen.«

Das ist Persönlichkeitsentwicklung in ihrer ganzen Wirkungsmacht: Mit deinem Beitrag ebnest du den Pfad für andere, die sich ein Beispiel an dir nehmen. Damit die, die noch zögern, es einmal nicht so schwer haben werden wie du. So rollen *Reh*bellionen los: Wenn du dich veränderst, verändert sich alles. Und das ist das Rezept für ein erfülltes Leben.

Das Universum ist in dir

Diese grenzenlose Selbstverantwortung wird etwas bewirken, das dich überraschen wird. Vielleicht wird es dich anfangs sogar erschrecken, weil es sich so mächtig anfühlt: Wenn sich alles verändert, indem du dich veränderst – dann kannst du mit deinem Leben, mit deiner Mission und deiner Persönlichkeit das ganze Universum beschreiten.

Als ich im Kloster in Thailand die buddhistische Lehre kennenlernte, wurde mir von meinem Mönch-Mentor Lumpur auch diese spannende Theorie vermittelt: In jedem Menschen ist alles verankert, was es im ganzen Universum gibt. Das ganze Glück, das ganze Leid, der ganze Friede, der ganze Krieg: Alles ist in jedem Einzelnen von uns enthalten. Und es liegt einzig und allein an uns, an unserem freien Willen, was wir davon rauslassen.

Das bedeutet: Das Glück der Welt liegt bereits in dir. Deine Aufgabe ist, es anzunehmen und danach zu handeln. Du brauchst dafür nichts von außen: Niemand kann dich glücklich machen, und niemand kann dich unglücklich machen. Konsum und Likes sammeln bei Facebook? Das alles folgt nur der vergeblichen Suche nach Bestätigung im Außen, die dich niemals erfüllen wird. Es ist, als würdest du Salzwasser trinken, um deinen Durst zu stillen. Das alles brauchst du nicht. Es ist sogar gefährlich für deine Seele und ihren Weg von einem Leben zum nächsten und ultimativ ins Nirwana. Die ewige Sucht nach »mehr« in unserer Gesellschaft bringt uns keinen Schritt weiter. Sie lenkt uns nur ab. Sie trübt unseren Blick für das Wesentliche. Du trägst bereits alles in dir, was nötig ist. Das Universum liegt in deinem Atem, deinem Auge und deinem Sein. Wenn man das nicht sehen möchte und diese Wahrheit nicht anerkennt, sagt Lumpur, schwingt man von einem Leben ins nächste wie ein Affe, der im Urwald nach Früchten sucht: ahnungslos, ziellos, hoffnungslos.

Wenn du dich auf deine Vision fokussierst und deine Mission erstellst, widmest du dich genau diesem Thema. Du entscheidest ganz bewusst, was du zukünftig in deinem Leben zulassen wirst und was nicht – also welchen Teil des Universums du künftig bespielen wirst und welchen du unbeschritten lässt, obwohl du ihn in dir trägst. Welchem Teil der Unendlichkeit gibst du Raum in deinem Denken und Handeln, und welchem nicht? Allein die Tatsache, dass du diese Entscheidung aus freiem Willen treffen kannst, zeigt, wie unendlich groß die Freiheit ist, die wir als Menschen genießen.

Das meinte ich zu Beginn mit der Formulierung »deine wahre Größe annehmen«: Im Maßstab des Universums mag jeder von uns nur ein Staubkorn sein. Und doch ist das ganze Universum umgekehrt auch ein Teil von dir. Du allein entscheidest mit deinem Beitrag, wie viel davon du ausfüllst.

Als ich selbst mich auf diese Reise begeben habe, bin ich auf die Lehren eines weiteren weisen Menschen gestoßen. Geshe Michael Roach ist einer der bedeutendsten Lehrer des tibetischen Buddhismus in den USA. Den Ehrentitel »Geshe« bekam er nach über zwanzig Jahren intensiven Studiums der buddhistischen Lehre in den USA und Indien verliehen. Er hat eine ganze Reihe von Institutionen und Unternehmen gegründet, darunter ein Institut in Phoenix, Arizona, an dem er buddhistische Lehren unterrichtet. Von ihm stammt ein Konzept, das mich fasziniert, weil es vieles im Leben erklären kann: das sogenannte *Karmic Management*.

Den Begriff Karma kennst du bestimmt. Das ist ein spirituelles Konzept, das besagt, dass jede Handlung (physisch oder geistig) eine Folge hat, die sich entweder in diesem oder im nächsten Leben manifestieren kann. Karmic Management baut auf dieser Idee auf. Diese Lehre geht davon aus, dass wir von morgens bis abends nichts anderes tun, als Samen zu pflanzen, die später wachsen und gedeihen und sichtbar zu dem heranwachsen, was wir in unserer Umwelt verbreiten – sei es gut oder schlecht, schädlich oder nützlich.

Auf dieses uralte Konzept bezieht sich Karmic Management: Alles, was du tun musst, ist, mit deinem Denken und deinem Tun Samen in deinem Leben zu pflanzen. Der Rest ergibt sich mehr oder weniger von selbst. Je öfter du den richtigen Samen in den richtigen Boden legst, desto mehr von deiner Saat wird im weiteren Verlauf deines Lebens aufgehen und gedeihen und in deinem Sinne in der Welt wirken.

Als ich damals beschloss, Redner zu werden, wusste ich von diesem Konzept noch nichts. Als sich dann vieles in meinem Leben plötzlich sehr schnell entwickelte und ein Rädchen ins andere zu greifen schien, wunderte ich mich, denn ich verstand nicht, warum bestimmte Dinge in meinem Leben passierten. Genau zu diesem Zeitpunkt begegnete ich Geshe Michael Roach bei einem Seminar in Wien. Eine seiner Aussagen, die sich mir an diesem Tag eingeprägt haben, war die folgende: »Den karmischen Gesetzen ist es egal, ob du an sie glaubst oder nicht – sie sind einfach die Gesetze, nach denen das Universum funktioniert.«

Da begann es in mir zu arbeiten, und ich fragte ihn: »Geshe Michael, warum wächst in meinem Leben und in meinem Unternehmen plötzlich alles so schnell? Woher kommt dieses Wachstum, das ich gar nicht erwartet habe? Und wie kann ich diese Entwicklung nutzen und kontrollieren?«

Geshe Michael sah mich lächelnd an und fragte mich: »Was hast du vor fünf Jahren gemacht?«

Daraufhin sah ich ihn verwundert an und schwieg; ich hatte erst einmal keine Antwort auf diese Frage.

Der Meister erkannte meine Verwirrung und stellte sie noch einmal anders: »Wie bist du vorgegangen, als du dein Unternehmen aufgebaut hast?«

Dazu wusste ich eher etwas zu sagen: »Wir haben mit Spaß und Leichtigkeit begonnen. Anfangs war es eher ein Hobby als ein Business. Und die meisten Einnahmen, die wir damit generiert haben, haben wir gespendet.«

An diesem Punkt lächelte Geshe Michael wissend, als ob er verstanden hätte, und fragte weiter: »Okay. Und was hast du vor zwanzig bis fünfundzwanzig Jahren getan?«

Darüber musste ich nachdenken, bis mir einfiel: Damals hatte ich eine Freundin in Brasilien, die stark sozial engagiert war. Deshalb verbrachte ich meine Urlaube mit ihr in Kinderheimen in Rio de Janeiro, wo ich Englisch unterrichtete und mithalf, um diesen Kindern eine bessere Chance für ihre Zukunft zu geben.

Nachdem ich das erzählt hatte, sah Geshe Michael mich an und sagte: »*Das* ist der Grund, warum du heute erfolgreich bist.«

Schon damals legte ich also auf vielerlei Weise die Samen, ohne es zu wissen. Und das gilt nicht nur für meine gemeinnützige Arbeit, die mir gutes Karma bescherte, sondern natürlich auch für die konkreteren, vorbereitenden Schritte. Auch wenn ich damals noch nicht wusste, wohin das alles führen würde: Mit vielem, was ich damals tat, legte ich in irgendeiner Weise die Grundlage für mein heutiges Leben. Ich reiste zu Vorträgen oder hörte mir andere Speaker online an. Ich arbeitete als Moderator und traf meinen Mentor Les Brown. Ich schrieb ein Buch, und dann noch eines, und dann noch eines. Als ich irgendwann Redner geworden war, begann ich zurückzugeben, also anderen zu helfen. Auch damit streue ich jeden Tag eine Saat, die nach und nach wächst und gedeiht und in irgendeiner Weise zu mir zurückkommt, in diesem oder im nächsten Leben: Karma, das sich manifestiert. Deiner Vision zu folgen heißt nichts anderes, als jeden Tag Samen zu legen. Karmic Management bedeutet, deine Mission zu erfüllen.

Wenn du dir die Biografien sehr erfolgreicher Menschen anschaust, wirst du feststellen, dass es nie das eine große Ding ist, das alles verändert und sie von einem Tag auf den anderen erfolgreich gemacht hat. Sie haben ausdauernd und andauernd immer wieder den Boden gepflügt und die richtigen Samen gesetzt, und irgendwann begann der ganze Acker zu gedeihen. Wenn ich auf mein Leben bis hierhin zurückblicke, kann ich erkennen: Die Samen, die ich irgendwann gelegt habe, sind der Grund, warum ich heute da bin, wo ich bin – oder auch nicht, wo ich es versäumt habe. Vielleicht hilft der Ansatz von Karmic Management auch dir zu verstehen, warum die Dinge in deinem Leben sich so entwickeln, wie sie es tun. Und dann kannst du etwas tun, das alles verändern wird: Du kannst beginnen, die Gesetze des Universums ab sofort bewusst für dich anzuwenden.

Ab heute kannst du mit diesem Wissen gezielt Einfluss darauf nehmen, was in deinem Leben geschehen soll. Wenn du die Weite des Universums in dir abschreitest, überlege dir: Welche Samen musst du wann in welchen Boden legen, um später das zu ernten, was du in deiner Rolle auf dieser Welt bewirken willst? Was kannst du heute schon dafür tun, damit morgen dort etwas wächst, wo du Wurzeln schlagen willst? Mit welchem Gedanken und welcher Handlung kannst du heute deine Mission begünstigen, damit du und andere es morgen leichter haben?

Ich gebe dir einen Tipp, der mir besonders in schlechten Phasen schon oft geholfen hat. Wie wäre es, wenn du in dem Moment, wenn du dich unglücklich fühlst, anderen Menschen hilfst, die noch unglücklicher sind als du – um am Ende auch für dich selbst mehr Glück zu bekommen? Wenn du zum Beispiel unter deinem Übergewicht leidest: Wie wäre es, wenn du anderen Menschen beim Abnehmen hilfst, die noch flauschiger sind als du, und dabei selbst motiviert wirst, Gewicht zu verlieren? Wenn du unglücklich in deiner Beziehung bist oder keinen Partner findest: Wie wäre es, wenn du anderen Singles hilfst, indem du zum Beispiel Partys organisierst, bei denen einsame Menschen sich begegnen können – und auf diese Weise irgendwann vielleicht selbst dem richtigen Menschen über den Weg läufst?

Im Corona-Jahr 2020 gab es viele Momente, in denen ich wirklich daran gezweifelt habe, ob mein Business diese lange Krise überstehen würde und ich meine Mitarbeiter halten könnte. Würden wir überhaupt wieder Events durchführen können, und wenn ja: wann und in welchem Umfang? Als ich überlegte, was zu tun sei, erinnerte ich mich wieder an das Prinzip des Karmic Management. Welche Samen könnte ich jetzt pflanzen, um später die Früchte zu ernten? Schnell wurde mir klar: Eigentlich müsste ich, obwohl ich selbst gerade keine Energie habe und nicht weiß, was zu tun ist, genau jetzt anderen Menschen helfen, die noch weniger Energie haben und noch mehr Unterstützung brauchen. Und genau das haben wir dann getan. Gemeinsam mit anderen Rednern und Veranstaltungsprofis organisierten wir ein Online-Event für Kinder und Jugendliche. Das Ziel war, den vernachlässigten und desillusionierten jungen Menschen in dieser Zeit wieder Hoffnung zu geben, die am meisten unter den gesellschaftlichen Folgen der Pandemie zu leiden hatten. Wir veranstalteten dieses Event mehrere Tage lang, und es wurde mehrere Hunderttausend Male aufgerufen, bis die Corona-Krise vorbei war.

In dieser Zeit, die für uns alle schwierig war, wäre das Einknicken einfacher gewesen als das Zurückgeben, wenn man selbst keine Kraft mehr hat. Jeder kennt solche Situationen, in denen man am liebsten alles hinschmeißen möchte, weil scheinbar alles keinen Sinn mehr macht. In diesen Momenten kann Karmic Management dir über die Durststrecke hinweghelfen: Wenn du etwas Sinnvolles tust, anstatt aufzugeben, wird das in irgendeiner Weise wieder zu dir zurückkommen.

Auch in meinem Unternehmen wenden wir dieses Prinzip an, um unsere Energie aufrechtzuerhalten und nie den Kontakt zu unserer Vision zu verlieren. Wir feiern nicht Umsatzrekorde oder andere Erfolge, die sich in Zahlen messen lassen. Stattdessen feiern wir, wenn die Samen, die wir bei anderen legen, Früchte tragen. Zu diesem Zweck haben wir eine Gruppe auf der Kommunikationsplattform Slack angelegt, in der alle Mitglieder des Teams Erfolgsbotschaften posten, die uns von Menschen wie dir geschickt werden: Menschen, die sich mit unserer Hilfe auf ihren Weg gemacht haben und uns nun an einem Meilenstein ihres neuen Lebens teilhaben lassen. Abends vor dem Schlafengehen schauen wir uns diese Videos oder Direktnachrichten oder Social-Media-Kommentare an und schöpfen daraus neue Energie. Das kannst auch du mit deinen Freunden und Unterstützern tun, wenn ihr gemeinsam anderen helft.

Welche Samen auch immer du ab heute zu pflanzen entscheidest: Ganz wichtig ist, dass du Geduld entwickelst – wie die Mönche beim Meditieren. Gib dem Universum in dir Zeit für ein Wachstum, denn die wird es brauchen. Erwarte nicht zu schnell Ergebnisse, denn nichts Großes kann von heute auf morgen gedeihen. In der Natur geht auch nichts auf Knopfdruck. Die Wachstumszyklen dauern, solange sie dauern; so ist es mit jedem natürlichen Prozess. Um den Wind und den Regen, das Sonnenlicht und die Gezeiten musst du dich nicht kümmern – dafür sorgt das Universum ganz von allein. Pflanze Samen und lass der Entwicklung ihren Lauf. Denke und plane langfristig: Was musst du tun, damit du in zehn oder zwanzig Jahren die Früchte deines Lebens genießen kannst? Wer ernten will, muss erst einmal säen.

You are the voice

In jedem Menschen steckt eine Geschichte

Vielleicht ist dir im Laufe dieses Buches etwas aufgefallen: Die meisten Abschnitte deines Weges gehst du nicht allein, und auch nicht allein für dich. Persönliches Wachstum findet zwar innen statt, manifestiert sich aber im Außen. Deshalb hat es auch Auswirkungen auf andere. Das betrifft umso mehr Menschen, je weiter du es mit deiner Vision bringst. Und das bedeutet: Je höher du auf der Leiter steigst, desto öffentlicher wird zumindest ein Teil deiner Mission werden.

Es ist wichtig, dass du dafür bereit bist. Du kannst mehr erreichen, wenn du dich in der Öffentlichkeit zeigen und deine Vision darstellen kannst. Deshalb rate ich dir von Herzen: Lerne öffentlich zu reden und leg deine Scheu davor ab, vor Menschen zu sprechen.

Du musst ja nicht gleich mit einem Fußballstadion anfangen. Heute gibt es für alles und jeden eine passende Bühne, auch online. Gerade, wenn du die Augen der Zuschauer noch scheust, sind Online-Videos oder Streams ein toller Startpunkt. Doch irgendwann werden die Menschen dir auch physisch begegnen und live mit dir interagieren wollen. Suche gezielt nach Foren und Orten, die zu dir und deinen Zielen passen. Du findest sie dort, wo sich Menschen versammeln, die deine Interessen teilen. Jede Kompetenz hat ihre Räume, ihren Verein, ihre Convention. Je mehr Erfahrung du im Kontakt mit anderen sammelst und je bekannter du wirst, desto größer werden die Events und die Zahl der Interessierten sein. Finde deine Bühne, und du kannst deine Ergebnisse potenzieren.

Vielleicht stellen sich dir gerade die Nackenhaare auf, weil du denkst: Öffentlich reden, ich? Ist der Tobi jetzt völlig übergeschnappt?

Mag sein, aber ich spreche aus Erfahrung. Jeder kann eine Bühnenpersönlichkeit sein. Auch du. Und zwar umso besser, je mehr du dir selbst treu bleibst und dich so zeigst, wie du bist. Abgesehen davon braucht es fürs Reden nichts anderes als die richtige Haltung und eine Reihe von Skills, die du lernen kannst. Wenn du die einmal draufhast, ist der Rest nur noch Übungssache. Ich kann dir versichern: Es ist viel leichter, als du denkst.

Ich weiß, dass die größte Angst vieler Menschen ist, den Mund aufzumachen und glasklar zu kommunizieren, besonders, wenn sie mit ihrer *Reh*bellion noch am Anfang stehen. Deshalb möchte ich dich und deine Mission unterstützen, indem ich dir hier und jetzt eine Starthilfe gebe. Ich schenke dir mein Hörbuch *You Are The Voice* im Wert von 59,95 Euro. Um es zu erhalten, scanne einfach diesen QR-Code ab:

Warum ist es so wichtig, dass du öffentlich über dein Thema sprichst? Ganz einfach: Irgendeine Stimme hat dich hierhergebracht. Und genauso kann deine Stimme andere Menschen dazu bringen, aufzustehen und sich dir anzuschließen – oder ihr ganz eigenes Ding zu machen. Denke daran: Du tust das nicht nur für dich. Du stehst für uns alle auf. Alles, was dich betrifft, betrifft andere in deinem Umfeld ebenfalls. Du und ich und alle Menschen um dich herum, die du erreichen kannst, wir sind nicht zufällig gleichzeitig auf der Welt, nein: *Wir sind die Welt!* Indem du den Mund aufmachst und über das sprichst, was dir wichtig ist, kannst du andere inspirieren.

Persönlichkeitsentwicklung ist die Essenz für Public Speaking. Authentizität bedeutet, deiner inneren Stimme außen Gehör zu verleihen. Obwohl du inzwischen so viel über dich gelernt und so große Schritte nach vorn gemacht hast, zweifelst du vielleicht manchmal noch daran, dass die Welt deine Stimme braucht. Aber weißt du was? Jeder hat eine Geschichte zu erzählen – und du ganz besonders. Sonst wären wir gemeinsam nämlich nicht bis zu diesem Punkt gekommen. Du glaubst, du hast kein Publikum? O doch, das hast du. Was du in deinem Leben erlebt hast und in deiner Entwicklung gerade erfährst, ist wertvoll für andere, und sie werden davon angezogen.

Ganz wichtig ist die Frage: Worüber sprichst du gern? Was bringt dich zum Leuchten? Womit kannst du andere fesseln, wenn du zum Beispiel auf einer Party oder beim gemeinsamen Essen ins Schwärmen kommst? Womit lässt du andere verstummen und gebannt zuhören? Finde es heraus, und du findest dein Thema.

Vielleicht machst du dir auch Sorgen darüber, dass die Konkurrenz zu groß oder zu stark ist. »Aber Tobi«, höre ich dich sagen, »es gibt doch schon für jedes Thema eine Rednerin oder einen Redner, und die können das so viel besser als ich!«

Gibt es nicht, und können sie nicht. Dich gibt es noch auf keiner Bühne, und keiner kann besser du sein als du. Meine Meinung ist: Auf diesem Markt ist genügend Platz, und es gibt Raum für jede Nische und jedes Spezialinteresse. Wenn du es nur eng genug an deine Persönlichkeit und deine individuelle Botschaft knüpfst, kannst du dich von der Masse abheben und die Menschen mit deiner originellen Stimme faszinieren. Wir leben in einer sehr schnelllebigen, komplexen Welt, die sich immer schneller dreht. Menschen suchen Ausgleich, Information und individuelle Problemlösungen, die ihrer Lebenssituation und ihren Bedürfnissen gerecht werden. Du ziehst andere Menschen an als ich oder eine andere Rednerin, die mit ihrer Persönlichkeit und Vorgeschichte wiederum ganz bestimmte Menschen anspricht.

Du musst auch nicht gleich ins Speaker-Business aufbrechen, um für dich zu erkennen, was du mit deinen Worten bewirken kannst. Dein Wirkungskreis kann auch in deinem Netzwerk oder in deiner Abteilung bestehen. Es kommt darauf an, dass du den Radius deiner Mission vergrößerst und andere motivierst, dir zu folgen und selbst aufzustehen. Dafür braucht die Gruppe, die du erreichst, dafür braucht ein ganz bestimmter Teil der Welt deine Wahrheit – und deine Stimme, die sie verkündet.

Für deine persönliche Entwicklung bedeutet öffentliches Sprechen unabhängig von Thema und Publikum einen gewaltigen Sprung. Indem du deine Angst davor überwindest, erweiterst du deine Komfortzone extrem. Kaum etwas anderes kann dein Selbstbewusstsein schneller wachsen lassen und dir mehr Auftrieb für deine Mission geben, als deine Gedanken mit anderen Menschen zu teilen. Nichts ist erhebender, als zu erleben, dass man dir zuhört und sich für deine Ideen begeistert.

Falls du immer noch glaubst, du könntest deine Mission ganz allein und im stillen Kämmerlein erfüllen, ist meine Antwort: Vielleicht kannst du das. Aber nur vielleicht, und vor allem nur in einem begrenzten Maßstab. Relativ schnell wird der Punkt kommen, an dem du nicht mehr daran vorbeikommst, vor Menschen zu sprechen: in praktisch jeder Art von Business, in Meetings, in persönlichen Gesprächen, bei Netzwerk-Veranstaltungen und auch online. Irgendwann wirst du irgendeine Art von Präsentation leiten müssen. Und wer das gut kann, erreicht mehr für seine Ziele, hat mehr Einfluss, verdient mehr Geld, wird schneller befördert und hat gesellschaftlich ein ganz anderes Standing als Menschen, die sich lieber in der letzten Reihe verstecken. Redeangst kann ein echter Karrierekiller sein, weil sie verhindert, dass du bekannt und weitergereicht und hochgehalten wirst. Überwinde sie, und du kannst jede andere Hürde auch überwinden.

Ich verspreche dir: Wenn du dich erst einmal aufgerafft hast, wirst du das Gefühl lieben, auf der Bühne zu stehen und über das zu sprechen, was dich antreibt. Da hinten in der letzten Reihe – da sitzt Bambi und duckt sich weg. Und du? Du stehst hier vorn und zeigst allen, wer du bist. Du bist wichtig. Du, mit deiner Geschichte, bist interessant. Du hast etwas zu sagen. Wenn du willst, dass die Welt dich hört, musst du zu ihr sprechen. Erhebe deine Stimme. *You are the voice!*

Frauen reden zu wenig!

Dieser Abschnitt richtet sich ganz konkret an dich, liebe Lese*rin*. Nicht, weil irgendetwas von dem, was ich gerade über das öffentliche Reden geschrieben habe, für dich weniger gelten würde. Sondern weil es für dich im Gegenteil noch viel mehr gilt. Hör meine Bitte: Ich will, dass du aufstehst, den Mund aufmachst und redest. Du, genau du, ganz besonders! Und weißt du, warum? Weil es leider immer noch viel zu wenige Frauen gibt, die sich das trauen und ihre Stimme einbringen.

Vor Kurzem habe ich als Keynote Speaker bei einem der größten Finanzunternehmen der Welt gesprochen. Diese Rede hätte ich beinahe abgebrochen. Und zwar wegen dir, oder viel mehr: weil du nicht da warst! Als ich da so stand und redete, über die verschiedenen Menschentypen und wie man sie motiviert, da fiel mein Blick plötzlich auf eine Tafel, die an der Wand neben den Zuhörern hing. Darauf stand die Rednerliste für dieses mehrtägige Event. Und in diesem Moment zog es mir fast die Schuhe aus! Ich schaute die Liste an, von oben nach unten, von unten nach oben und noch einmal zurück, aber es blieb dabei. Und neben dieser Liste hing noch eine andere, auf der die Redner desselben Events in den Vorjahren aufgezählt waren – mit derselben Bilanz.

Weißt du, wie viele Frauen da aufgetreten waren? Keine. Null! Fucking *zero*!

Ich war so irritiert, dass ich das nicht einfach auf sich beruhen lassen konnte. Mitten in der Keynote wechselte ich das Thema und fragte ins Publikum: »Ist hier irgendjemand aus dem Vorstand oder der Geschäftsführung anwesend?« In der zweiten Reihe meldete sich jemand und sah mich verwundert an. In dem älteren Herrn erkannte ich ein Vorstandsmitglied.

»Darf ich mal eine Frage stellen?«, sprach ich ihn direkt an. »Ich sehe hier im Raum etwa 40 Prozent Frauen. Und auf der Rednerliste steht keine einzige. Was ist denn hier los?«

Der Manager wedelte beschwichtigend mit der Hand und raunte mir zu: »Reden Sie einfach weiter, das müssen wir nicht jetzt klären.«

»Doch«, erwiderte ich, »ich diskutiere das jetzt und hier mit Ihnen, von der Bühne, damit man uns hören kann.« So langsam redete ich mich richtig in Rage. »Und ich sage Ihnen noch etwas: Sie haben mich ja für nächstes Jahr wieder gebucht. Wenn dann nicht ein paar Frauen auf dieser RednerInnenliste stehen, dann kommt Vati nächstes Mal überhaupt nicht wieder. Da lese ich lieber meiner kleinen Tochter eine Geschichte vor, als hier vorzutanzen. Wozu mache ich das denn, wenn nichts durchdringt von dem, was ich sage? Ich bin hier nicht, damit Sie alle schön nicken und sich inspiriert fühlen können. Ich will, dass Sie was *tun.* Und wenn ich diese Liste so sehe, dann tun Sie scheinbar nix!« Allmählich wurde es totenstill im Raum. Ich fühlte mich sehr rebellisch bei dem, was ich sagte.

Bis mir der Vorstand seine Antwort gab: »Das ist ja alles schön und gut, Herr Beck. Aber wo sind sie denn, diese Rednerinnen?«

Da fror mir das Gesicht ein, und das Blut in den Adern, und ein kalter Schauer lief mir den Rücken hinunter. Diese Retourkutsche saß. Denn ich wusste sofort: Verdammt noch mal, der Mann hat recht! Wo sind sie denn, diese Rednerinnen?

Vielleicht hält es dich ja gerade kaum noch auf deinem Stuhl, weil du mir widersprechen möchtest: »Aber Tobi, da gibt es doch ...!« Ja, gibt es. Natürlich gibt es ein paar von euch. Ich bin sicher, du kannst eine Handvoll toller Rednerinnen aufzählen, die viele Menschen kennen. Aber bei der zweiten Hand wird es schon knapp, oder? Und das kann doch nicht sein, wenn die Reihe der männlichen Top-Speaker sich bis zum Horizont schlängelt, weil es verdammt noch mal so viel zu sagen gibt!

Nein, es hilft alles nichts: Der Mann hatte recht. Mit diesem Einwand hat er mich gehabt. Ich konnte nicht anders, als ihm zuzustimmen und kleinlaut zu meinem Thema zurückzukehren. Und weißt du was? Das macht mich wütend. Es kotzt mich an. Das darf nicht sein! Ich will, dass du dafür sorgst, dass sich das ändert. Ich will deinen Namen auf dieser Liste sehen!

Die Frage ist natürlich: Warum ist das so? Warum hat mich das so kalt erwischt? Warum reicht ein einziger Blick ins Namensverzeichnis jeder beliebigen Speaker-Vereinigung, jeder Agentur und jedes Events, um sich von dieser traurigen Wahrheit zu überzeugen? Warum trauen sich viel mehr Männer auf

Bühnen als Frauen, egal in welcher Branche und egal zu welchem Thema?

Die Antwort ist so einfach wie schockierend: Weil Männer dazu neigen, ihre Bedeutung zu überschätzen – während Frauen dazu neigen, ihre Bedeutung zu unterschätzen.

Damit muss Schluss sein! *Reh*bellion jetzt!

Sieh doch nach draußen, achte auf die Zeichen: Es gibt überhaupt keinen vernünftigen Grund mehr, dich zu verstecken und dein Licht unter den Scheffel zu stellen. Das Zeitalter der Frauen hat doch längst begonnen! Leider noch nicht überall, aber an immer mehr Orten und mit immer mehr Power gewinnen Frauen an den entscheidenden Schnittstellen der Macht an Einfluss. Das geschieht in Wirtschaft und Politik und jedem anderen Teil der Gesellschaft. Frauen wie Angela Merkel, Sanna Marin oder Jacinda Ardern regierten Staaten. Frauen wie Greta Thunberg oder Luisa Neubauer führen die größten Gesellschaftsbewegungen des Planeten an. Frauen wie Janet Yellen oder Christine Lagarde bekleiden die höchsten Posten in der globalen Finanzwirtschaft. Und damit ist noch nicht einmal die Spitze des Eisbergs benannt.

Und doch gibt es Milliarden von Frauen, die immer noch Angst vor ihrem eigenen Licht haben. Frau leiden viel mehr als Männer unter dem MIDMAWAM-Syndrom: »**M**ir **i**st **d**ie **M**einung **a**nderer **w**ichtiger **a**ls **m**eine.« Du weißt inzwischen, was ich davon halte: Ich finde das verwerflich. Ich finde das inakzeptabel. Ich kann das nicht tolerieren. Weil selbst die Natur uns zeigt, dass das angeblich »schwache Geschlecht« ein Mythos ist, den Männer sich ausgedacht haben, um sich selbst stärker zu fühlen. Vom Tierreich können wir viel lernen – viel mehr noch, als du glaubst. Und weißt du, wer beim Hochadel der Tiere, bei der imposantesten Spezies überhaupt jagen geht? Die Löwin geht jagen! Die Löwin versorgt ihre Familie! Die Urkraft dieser Welt, die Amazonas-Energie, der Ursprung des Lebens – er kommt aus dir!

Wie kann es dann sein, dass so viele Frauen sich noch immer von Männern die Butter vom Brot nehmen lassen – in einer Welt, die dich mehr braucht als je zuvor? Wie kann es sein, dass du dir immer noch vom System und von den Männern, die es steuern, sagen lässt, wer du bist und was du sein darfst? Von so vielen Frauen habe ich Geschichten gehört, wie ich sie auch in Mayas Kindergarten bereits gehört habe, mitten im 21. Jahrhundert: Storys darüber, wie die Jungs sich nehmen, was sie wollen, und die Frauen sie widerstandslos gewähren lassen.

Sag mir, wie kann das sein: Wenn jemand dir sagt, du bist schön, dann glaubst du das für eine Sekunde. Aber wenn jemand dir sagt, du seist hässlich – dann glaubst du es dein Leben lang. Verrate mir, wie ist das möglich? Erkläre mir, warum lässt du das zu?

Du weißt so gut wie ich, dass sich nichts verändern wird, wenn du nicht dafür sorgst. Alles, was mutige Frauen geleistet haben, war umsonst, wenn du nicht in ihre Fußstapfen trittst und ihr Vermächtnis fortsetzt. Du hast die Macht, dich auf die Bühnen dieser Welt zu stellen und deinen Beitrag zu leisten. Sobald du den Mund aufmachst, sagst du der Welt, wer du bist. Aber wenn du es nicht tust – dann wird sie es nie erfahren. Schweigend hat noch keine *Reh*bellion begonnen.

Schluss mit der Unterordnung. Schluss mit dem Schweigen. Steh auf und erlebe, wie deine Stimme trägt. *No more Bambi!*

Kurskorrekturen

Das war's – mit deinem inneren Bambi, mit diesem Buch und mit dem, was ich dir auf diesem Wege mitgeben möchte, damit du zu deiner Größe findest. Den Rest besprechen wir in einem anderen Rahmen, denn du weißt ja: Bei mir findest du immer ein offenes Ohr und eine Chance zu wachsen. Du hast jetzt alles, was du brauchst, um deine persönliche *Reh*bellion zu starten. Ich kann es kaum erwarten, dich dabei zu erleben. Wenn du mich in meinem alten VW Käfer an der roten Ampel entdeckst, lass doch mal das Fenster runter und erzähl mir, was du erreicht hast.

Zum Abschluss möchte ich dir einen Kompass mitgeben, den du in die Tasche stecken und immer bei dir führen kannst. Er wird dir helfen, deinen Kurs zu korrigieren, wann immer du in einen Sturm gerätst oder die Zweifel dein stolzes Schiff zu versenken drohen. Die folgenden Tipps werden dich aufrichten und dich zurück an Bord deiner Mission holen – an guten wie an schlechten Tagen. Solltest du tatsächlich immer noch zweifeln und Angst vor deinem eigenen Licht haben, dann können sie dir hier und jetzt helfen, den ersten Schritt zu wagen und ins Handeln zu kommen. Was ich dir jetzt beibringe, wird dir helfen, von dem Ort aufzubrechen, an dem du jetzt bist. Es wird dafür sorgen, dass du nie wieder stagnierst und immer weiter in Bewegung bleibst.

Falls du am Ende dieses Buches immer noch einen Motivationsschub nötig hast: Hier ist er. Fünf Dinge musst du verstehen oder tun – nur fünf Dinge, damit sich alles verändert:

1. Arbeite an deinem Mindset, sonst bist du für immer out of your mind.
2. Du bekommst im Leben nicht das, was du willst, sondern das, was du bist.
3. Toleriere keine Menschen mit Opferhaltung – und sei nie wieder selbst einer.
4. Dein Kopf kann sich nur 25 Prozent mehr vorstellen als das, was du in deinem aktuellen Umfeld bereits hast – also raus da, wenn es dich kleinhält.

5. Arbeite an deiner Kommunikationsfähigkeit: Sobald du den Mund aufmachst, sagst du der Welt, wer du bist.

Das ist das Grundgerüst deiner *Reh*bellion. Beherzige diese fünf Ratschläge, und alles wird sich verändern.

Dieses Buch mag hier enden, doch für dich fängt alles erst an, sobald du es zuklappst und ins Tun gehst. Schon die klitzekleinste Änderung in deinem Denken und Verhalten reicht, um den Anstoß für etwas ganz Großes zu geben. Irgendwann wird aus dem Pflänzchen, das du mit dem allerersten Samen aus deiner Hand in die Welt setzt, ein riesiger, stolzer Baum geworden sein, dessen Wurzeln tief und weit in die Erde reichen. Der Boden, auf dem du stehst, wird dich nähren, und du wirst andere nähren. In deinem Schatten werden sie sich versammeln und zu dir aufschauen, wenn sie Rat und Geborgenheit suchen. Kein Sturm wird dich entwurzeln, kein Förster dich fällen können – und kein verdammtes Reh wird es wagen, dir auf die Rinde zu gehen.

Lass dich nie wieder von deiner Mission ablenken. Hör nicht auf, dich weiterzuentwickeln. Opfer lieben Entertainment; Macher lieben das Lernen. Lebenslang arbeiten sie weiter an sich, nicht, weil sie müssen, sondern weil sie Freude daran haben. Probiere deine Talente nicht nur aus, um dir auf die Schulter klopfen zu lassen. Bleib dran und werde immer noch besser, dann brauchst du bald von niemandem mehr ein Schulterklopfen. Vertiefe dieselben Überzeugungen und erfolgreichen Handlungen immer weiter, dann wird deine Vision jeden Tag noch ein bisschen klarer vor dir stehen und dein Weg sich wieder ein Stück nach vorn öffnen.

Dein inneres Bambi wird dir dabei nicht mehr im Weg stehen, denn es hat längst aufgegeben. Es liegt irgendwo weit abgeschlagen hinter dir am Wegesrand im Gebüsch und keucht. Dreh dich nicht nach ihm um. Lass diesen Klotz am

Bein für immer zurück. Und sollte es dich doch einmal einholen, nimm seine Anwesenheit zur Kenntnis, verstehe die Botschaft, und dann schick es zurück in den Wald.

Du bist kein Opfer, und du wirst nicht mehr leise sein. Du bist gut genug, und du wirst deine Stimme erheben. Du wirst deine Vision finden und deine Mission vollenden. Deine *Reh*bellion wird die Welt verändern. Und wenn du deine Richtung einmal optimieren musst, dann tust du das eben. Kurskorrekturen gehören zu jeder Reise dazu. Jeder Weg, den es sich zu gehen lohnt, hält Kurven und Überraschungen und Hindernisse bereit. Entscheidend ist, wie du damit umgehst.

Du hast alles, was du brauchst. Du bist bereit. *Reh*bellion jetzt!

Ich möchte mich an dieser Stelle bei dir bedanken, dass du dieses Buch bei der Auswahl von Millionen Büchern gekauft hast. Für dich ist es vielleicht eine kleine Entscheidung, für mich als Autor bedeutet es die Welt. Deshalb möchte ich deine Wahl an dieser Stelle wertschätzen und habe ein Geschenk für dich vorbereitet. Cheers,

Tobias Beck

EXKLUSIVES GESCHENK FÜR DICH

Wo das Buch aufhört, beginnt deine eigene Geschichte. Willkommen zu deiner Rehbellion! Du willst Bambi hinter dir lassen und bist jetzt bereit, dein volles Potenzial zu entfalten? **Dann sichere dir dein kostenfreies Geschenk:**

Brandneues E-Book mit geheimen Insights: „Wie du die ungeteilte Aufmerksamkeit der Menschen gewinnst!"

Hochwertiges Hörbuch mit zahlreichen lukrativen Tipps: „Wie du Menschen überzeugst und mit Worten begeisterst!"

IM WERT VON 79,90 €

SCANNEN FÜR TOBI IN DEINEM OHR

Der Nr.1 Podcast für Persönlichkeitsentwicklung. Tobias Beck und seine Interview-Gäste motivieren, inspirieren und hinterfragen den Status quo. Für Menschen mit großen Visionen und alle, die den Traum verfolgen, ihr eigenes Ding zu machen.

Weitere Bücher von Tobias Beck

Unbox your Network: Die Geheimnisse der Network Marketing Professionals

176 Seiten
Softcover
20,00 € (D)
978-3-949458-24-8

Unbox Your Life! Das Geheimnis für deinen Erfolg im Leben – Das BEWOHNERFREI®-Programm

144 Seiten
Softcover
19,90 € (D)
978-3-86936-869-6

Weitere Bücher von Tobias Beck

Unbox Your Relationship! Wie du Menschen für dich gewinnst und stabile Beziehungen aufbaust

176 Seiten
Softcover
19,90 € (D)
978-3-86936-938-9

Die Rede deines Lebens: Wie du als Trainer und Speaker Menschen inspirierst und ein stabiles Business aufbaust

248 Seiten
Hardcover
29,90 € (D)
978-3-86936-968-6